W0412040

Steuererklärung 2020/2021

Rentner, Pensionäre

Angela Rauhöft

Steuererklärung 2020/2021

Rentner, Pensionäre

Stiftung Warentest

Liebe Leserin, lieber Leser!

Immer mehr Ruheständler machen die Erfahrung, dass Alter nicht vor Steuern schützt. Vor allem wer erst seit Kurzem Rente bezieht, kommt am Finanzamt nicht vorbei. Aber auch wer seit vielen Jahren seinen wohlverdienten Ruhestand genießt, muss sich immer häufiger mit dem Thema Steuern befassen. Für das Steuerjahr 2020 werden nach den Berechnungen des Bundesfinanzministeriums bereits 5,12 Millionen Rentner Einkommensteuer zahlen – etwa ein Drittel aller Rentenbezieher. Der stetige Zuwachs hat vor allem zwei Gründe. Zum einen wird jeder neue Rentnerjahrgang per Gesetz etwas stärker besteuert als seine Vorgänger. Zum anderen erhöhen die jährlichen Anpassungen der Altersbezüge auch die steuerliche Belastung. Da ist es gut zu wissen, ab wann Handlungsbedarf besteht und falls ja, welche steuermindernden Ausgaben die Steuerlast reduzieren oder sogar ganz vermeiden können.

Dieser Ratgeber erklärt auch denen, die sich im Steuerrecht wenig auskennen, ihre steuerliche Lage. Dabei helfen nachvollziehbare Beispiele, Übersichten und Tabellen. An den jeweiligen Formularabschnitten gibt es Tipps und Erläuterungen, die Ruheständler besonders betreffen. Eine Übersicht der Begriffe rund um Rente und Pension und beispielhaft ausgefüllte Originalformulare für 2020 bieten zusätzliche Orientierung.

Unser Buch wendet sich an alle, die ihre Steuererklärung traditionell auf Papier oder auf elektronischem Weg abgeben. Der Abschnitt zur Elektronischen Steuererklärung ELSTER wurde im Vergleich zur vorjährigen Ausgabe erneut überarbeitet und erweitert. Damit helfen wir Schritt für Schritt allen, die sich erstmals auf den Weg vom Papierformular zu Computer & Co. begeben wollen oder müssen. Aber auch wer bereits im „elektronischen Steuerraum“ schwebt, findet bodenständige Hilfen, verständlich auch für steuerliche und technische Laien.

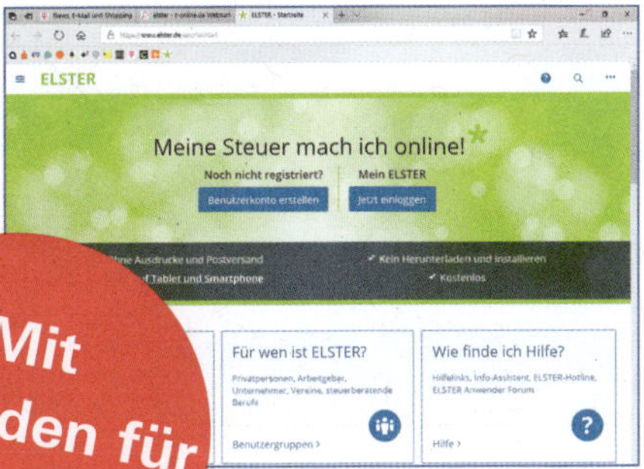

Mit Leitfaden für ELSTER

Inhaltsverzeichnis

Pflicht oder nicht?

Sind Renten und Pensionen steuerpflichtig? Muss ich in meinem Alter eine Steuererklärung abgeben – und wenn ja, warum? Bedeutet eine Steuererklärung immer auch die Zahlung von Steuern?

Bei der Rentenbesteuerung ist es so wie beim Radiosender Eriwan: „Im Prinzip ja, aber ...", beginnen seine Antworten auf Hörerfragen. Tatsächlich müssen nicht alle Rentner eine Einkommensteuererklärung abgeben. Von den gut 21 Millionen Rentnern im Land zahlen bisher erst etwas mehr als 5 Millionen Rentnerhaushalte Steuern. Allerdings wächst jedes Jahr die Anzahl der abgabepflichtigen Rentner. Ursache sind Änderungen, die durch das sogenannte **Alterseinkünftegesetz** eingeführt wurden. So ist seit 2005 mindestens die Hälfte der gesetzlichen Rente jedes Einzelnen steuerpflichtig. Für jeden neuen Rentnerjahrgang steigt der steuerpflichtige Anteil der Rente. Er beträgt für Ruheständler, die 2020 erstmalig Rente erhalten, 80 Prozent. Ab 2020 wächst dieser Teil jährlich um 1 Prozent, bis bei einem Rentenbeginn 2040 die gesamte Bruttorente steuerpflichtig wird (→ Seite 18).

Außerdem ist die regelmäßige Rentenanpassung nicht nur anteilig steuerpflichtig, sondern in voller Höhe. Auch deshalb werden einige Rentner, die vorher keine Steuererklärung einreichen mussten, vom Finanzamt dazu aufgefordert.

Steuerpflicht ja, Steuernachzahlung nein, Abgabe einer Steuererklärung vielleicht? Auf den ersten Blick mag das verwirrend und widersprüchlich klingen. Die passenden Antworten finden Ruheständler, wenn sie die Steuerpflicht mit den eigenen Bezügen prüfen.

Im folgenden Beispiel fehlen aus Vereinfachungsgründen die Rentenerhöhungen, danach haben wir sie berücksichtigt.

→ Zum Beispiel Anton A.

Der 65-Jährige ist alleinstehend und seit dem 1. Januar 2020 Rentner, seine gesetzliche Jahresrente beträgt 11 700 Euro. Andere steuerpflichtige Einkünfte hatte er nicht. Muss er Steuern zahlen? Da 80 Prozent seiner Rente steuerpflichtig sind (warum 80 Prozent → ab Seite 29), geht das Finanzamt von 9 360 Euro steuerpflichtigen Einnahmen aus. Diese liegen innerhalb des steuerfreien Grundfreibetrags, der 2020 für Alleinstehende 9 408 Euro beträgt. Also muss Anton A. nichts versteuern und nicht einmal eine Steuererklärung abgeben.

Kurzausflug ins „Steuerchinesisch"

Steuerliche Fachbegriffe werden in diesem Ratgeber so weit wie möglich vermieden. Sie verhindern oft, dass Otto Normalsteuerzahler versteht, worum es geht. Dennoch lässt es sich an dieser Stelle nicht vermeiden, einen Grundbegriff zu klären. Es ist der bereits verwendete Begriff der Einkünfte. Das Wort wird auch in der Alltagssprache genutzt, oft als ein anderer Ausdruck für Einnahmen oder für Einkommen. In der steuerlichen Fachsprache liegen zwischen diesen Begriffen aber Welten.

Einkünfte sind im Steuerrecht, kurz gesagt, die Einnahmen aus einer Quelle beziehungsweise aus einer Tätigkeit minus der Ausgaben, die erforderlich sind, um diese Einnahmen zu erzielen. Bei einem Arbeitnehmer ist das zum Beispiel der Bruttolohn minus der Ausgaben für den Job, Werbungskosten genannt.

Rentner berechnen ihre Einkünfte ähnlich: Vom steuerpflichtigen Rentenanteil gehen die Werbungskosten ab, zum Beispiel Kosten für eine Rentenberatung oder auch Ausgaben für eine juristische Auseinandersetzung um die Rente. Meist fallen solche Ausgaben nicht an. Dann berücksichtigt das Finanzamt automatisch eine **Werbungskostenpauschale** von 102 Euro im Jahr. Auch Pensionäre ziehen von der Bruttopension Werbungskosten ab, um die Einkünfte zu ermitteln – meist ebenfalls pauschal 102 Euro. Hinzu kommt ein sogenannter **Versorgungsfreibetrag** mit Zuschlag (→ Seite 18).

Zusammengefasst: Einkünfte sind Bruttoeinnahmen abzüglich der für sie erforderlichen Ausgaben.

Muss ich eine Steuererklärung abgeben?

Ob eine Erklärung abzugeben ist, entscheidet zunächst die Höhe der jährlichen Einkünfte. Die kritische Grenze liegt 2020 bei 9 408 Euro für Alleinstehende und 18 816 Euro für Ehepaare oder eingetragene Lebenspartner, die gemeinsam eine Steuererklärung abgeben. Wird sie überschritten, ist die Abgabe einer Steuererklärung Pflicht.

Rentnern hilft die Rentenbezugsmitteilung, um den steuerpflichtigen Teil ihrer Rente zu berechnen. Nach einmaligem Antrag bei der Rentenversicherung wird sie jährlich als Service per Post nach Hause geschickt. Nach dem einleitenden Hinweis, dass die angegebenen Daten ebenfalls dem Finanzamt gemeldet wurden, können sie folgende Werte ablesen:

- den Rentenbeginn
- den Jahresbetrag der Rente
- den steuerpflichtigen Rentenanpassungsbetrag der Rente
- von der Rente abgezogene Beiträge für die Kranken- und Pflegeversicherung oder den geleisteten Beitragszuschuss zur Krankenversicherung

→ Zum Beispiel das Ehepaar B.

Beide Partner leben in Hamburg und sind seit 2005 Rentner. Im Jahr 2020 erhielt Bernd 23 160 Euro Rente. Die Mitteilung der Rentenversicherung weist einen Rentenanpassungsbetrag von 5 160 Euro aus, der voll steuerpflichtig ist. Von den Renteneinnahmen ohne den steuerpflichtigen Rentenanpassungsbetrag bleiben 50 Prozent, das sind 9 000 Euro, steuerfrei (→ Seite 159). Brigitte bekam 12 352 Euro Rente. Die Mitteilung der Rentenversicherung weist einen Rentenanpassungsbetrag von 2 752 Euro aus. Von der Rente ohne Anpassungsbetrag sind 4 800 Euro steuerfrei und ebenso viel steuerpflichtig. Das Ehepaar B. muss eine Steuererklärung abgeben, weil die gemeinsamen Einkünfte mit 21 508 Euro oberhalb des Grenzbetrags für die Abgabepflicht von 18 816 Euro liegen. Steuern werden trotzdem nicht fällig. Dank abzugsfähiger Ausgaben, etwa der Beiträge zur Kranken- und Pflegeversicherung von mehr als 3 000 Euro, landet das Ehepaar am Ende deutlich unterhalb des Grundfreibetrags (→ Seite 24).

Gesamtrente Bernd	**23 126**
minus Anpassungsbetrag der Rente	–5 160
Rente ohne Anpassungsbetrag	18 000
davon 50 % steuerfrei (Rentenbeginn 2005)	–9 000
steuerpflichtiger Teil	9 000
plus steuerpflichtiger Anpassungsbetrag	+5 160
minus Werbungskostenpauschale Bernd	–102
Gesamtrente Brigitte	**12 334**
minus Anpassungsbetrag der Rente	–2 752
Rente ohne Anpassungsbetrag	9 600
davon 50 % steuerfrei (Rentenbeginn 2005)	–4 800
steuerpflichtiger Teil	4 800
plus steuerpflichtiger Anpassungsbetrag	+2 752
minus Werbungskostenpauschale Brigitte	–102
Einkünfte (alle Angaben in Euro)	**21 508**

Wenn zur Rente weitere Einkünfte hinzukommen

Ob und wie eine Abgabepflicht für die Steuererklärung entsteht, lässt sich am besten mit Beispielen erläutern. Sehr oft bewirken Zusatzeinkünfte die Pflichtabgabe. An dieser Stelle ist ein weiterer Fachbegriff unvermeidlich. Er heißt **Altersentlastungsbetrag** und verliert sofort seinen Schrecken, wenn man weiß: Er senkt die Steuerlast.

Der Altersentlastungsbetrag ist ein Freibetrag, der allen zusteht, die 65 Jahre und älter sind. Um den Altersentlastungsbetrag für das Jahr 2020 nutzen zu können, muss man vor dem 2. Januar 1956 geboren sein. Er ist auf Arbeitslohn und Einkünfte aus Zinsen und Mieten anwendbar, jedoch nicht auf Renten und Pensionen. Dieser Freibetrag beläuft sich auf maximal 40 Prozent des Lohnes oder der Einkünfte, höchstens aber auf 1900 Euro im Jahr (→ auch Seite 163). Wer 2020 seinen 65. Geburtstag feierte, kann noch 16 Prozent der begünstigten Einnahmen, maximal 760 Euro, steuerfrei kassieren. Der Freibetrag muss nicht gesondert beantragt werden, daher finden die Rentner im Formularvordruck der Steuererklärung auch keine Frage zum Altersentlastungsbetrag.

Bei einer sogenannten Zusammenveranlagung erhält nur der Ehepartner den Altersentlastungsbetrag, der selbst die entsprechenden Einkünfte und das Alter hat. Sind beispielsweise beide Partner Eigentümer einer vermieteten Wohnung, können beide ihren jeweiligen Altersentlastungsbetrag für die anteiligen Mieteinkünfte nutzen. Ist nur einer Eigentümer, geht der andere beim Altersentlastungsbetrag leer aus.

TIPP: Wenn Ihre Rente selbst steuerfrei bleibt, können Sie häufig neben dieser etwas steuerfrei hinzuverdienen. Wie viel das ist, zeigt auch eine Tabelle → ab Seite 168.

Beschäftigung als Arbeitnehmer

Wenn ein Rentner noch ein paar Stunden pro Woche versicherungspflichtig arbeitet, gilt er als Arbeitnehmer. Er kommt um eine Steuererklärung nicht herum, wenn er Arbeitslohn und mehr als 410 Euro Renteneinkünfte im Jahr versteuern muss.

→ Zum Beispiel Doris D.

Die ledige Kölnerin geht im Januar 2020 in den Ruhestand. Sie bezieht insgesamt 10 000 Euro Altersrente. Gleichzeitig geht sie noch in die alte Firma, um ihre Rente mit 900 Euro im Monat aufzubessern. Von der Rente sind 80 Prozent steuerpflichtig (→ Seite 159). Doris kann die Pauschalen für Werbungskosten (102 Euro als Rentnerin, 1 000 Euro als Arbeitnehmerin) sowie den Altersentlastungsbetrag nutzen (→ Seite 163). Trotzdem muss sie eine Steuererklärung abgeben, da sie neben dem Lohn mehr als 410 Euro andere Einkünfte hat.

steuerpflichtiger Rentenanteil (80 % von 10 000 Euro)	**8 000**
minus Werbungskostenpauschale	–102
plus Bruttolohn (900 × 12)	+10 800
minus Arbeitnehmerpauschbetrag (→ Seite 99)	–1 000
minus Altersentlastungsbetrag (16 % von 10 800, maximal 760)	–760
Einkünfte (alle Angaben in Euro)	**16 938**

Manche Ruheständler verdienen sich in einem Minijob etwas hinzu. Diese „geringfügige Beschäftigung" bleibt für Arbeitnehmer steuer- und abgabenfrei, wenn der Arbeitgeber den Lohn pauschal besteuert. Die monatliche Höchstverdienstgrenze beträgt 450 Euro. Wer mehrere Minijobs nebeneinander ausübt, darf im Monat insgesamt nicht mehr als 450 Euro Lohn verdienen.

→ **TIPP:** Prüfen Sie, ob der Arbeitgeber den Minijob pauschal versteuert. Händigt er Ihnen eine Lohnsteuerbescheinigung aus, ist das nicht der Fall. Dann ist der Verdienst nachträglich mit der Steuererklärung zu versteuern. Die zweiprozentige Pauschalsteuer ist oft günstiger.

→ Zum Beispiel Friderike E.

Die alleinstehende Rostockerin ist seit Januar 2020 Rentnerin. Ihre Jahresrente von 11 850 Euro ist zu 80 Prozent steuerpflichtig (→ Seite 159). Für den Minijob im Architekturbüro erhält sie 450 Euro im Monat, die der Arbeitgeber pauschal versteuert. Friderike F. muss keine Steuererklärung abgeben, weil ihre Einkünfte innerhalb des 2020 erhöhten Grundfreibetrags von 9 408 Euro liegen.

steuerpflichtiger Rentenanteil (80 % von 11 850)	**9 480**
minus Werbungskostenpauschale	–102
Lohn aus Minijob (450 × 12 = 4 800), davon steuerpflichtig	0
Einkünfte (alle Angaben in Euro)	**9 378**

Ehrenamt

Viele Ruheständler engagieren sich in Vereinen oder in Einrichtungen, die gemeinnützigen, mildtätigen oder kirchlichen Zwecken dienen. Wird ihnen dort eine Aufwandsentschädigung gezahlt, kann sie bis zu einer Höhe von 2400 Euro im Jahr steuerfrei bleiben. Dieser „Übungsleiter-Freibetrag“ wird für ausbildende, betreuende, erzieherische, künstlerische oder pflegerische Jobs gewährt. Die begünstigten Auftraggeber sind etwa (Volks-)Hochschulen, Kirchengemeinden oder Sportvereine. Es kann sich dabei um ein reguläres Angestelltenverhältnis, eine selbstständige Tätigkeit oder einen Minijob handeln.

→ Zum Beispiel Fritz F.

Der alleinstehende rüstige Rentner erhält seit dem 1. Januar 2020 eine gesetzliche Altersrente. Die 12 300 Euro sind zu 80 Prozent steuerpflichtig (→ Seite 159). Fritz betreut eine Sportgruppe für Kleinkinder, wofür ihm die Gemeinde 300 Euro Honorar pro Monat zahlt. Weil er Einkünfte oberhalb des Grundfreibetrags von 9 408 Euro hat, muss er eine Steuererklärung abgeben. Warum er trotzdem keine Steuern zahlen muss, erfahren Sie ab Seite 24 (→ auch Seite 99).

steuerpflichtiger Rentenanteil (80 % von 12 300)	**9 840**
minus Werbungskostenpauschale	–102
1. Zwischenergebnis	**9 738**
Honorar für den Nebenjob (300 × 12)	+3 600
minus Übungsleiter-Freibetrag	–2 400
bleibt steuerpflichtiges Honorar (3 600 minus 2 400)	1 200
minus Altersentlastungsbetrag (16 % von 1 200)	–192
2. Zwischenergebnis (1 200 minus 192)	**1 008**
Einkünfte (1. plus 2. Zwischenergebnis, alle Angaben in Euro)	**10 746**

TIPP: Viele ehrenamtlich Tätige können bis 2 400 Euro steuerfrei erhalten. Wenn die Einnahmen aus dem Ehrenamt vollständig steuerfrei sind, müssen sie nicht wie andere Selbstständige die Anlage EÜR mit der Steuererklärung einreichen(→ Seite 96).

Selbstständigkeit

Einige Ruheständler verdienen sich ein freiberufliches oder gewerbliches Zubrot. Sie schreiben Zeitungsartikel, Bücher, halten Vorträge oder verkaufen Versicherungen. Das gilt auch, wenn sie Einkünfte mit einer Photovoltaikanlage erzielen. Das Finanzamt sieht in ihnen Unternehmer und behandelt sie auch so. Sie müssen neben der Rente ihren **Gewinn** erklären. Dieser ergibt sich aus ihren Betriebseinnahmen abzüglich der Betriebsausgaben.

Ruheständler, die sich nebenbei als Gewerbetreibende oder Freiberufler etwas dazuverdienen, sind in der Regel Kleinunternehmer. Was das für sie bedeutet, lesen Sie ab Seite 110.

→ Zum Beispiel das Ehepaar G.

Gerhard G. ist seit 2009 Rentner. Er lebt in Kiel und hat 14832 Euro Jahresrente. Davon sind 12000 Euro nur zu 58 Prozent steuerpflichtig (→ Seite 159). Die restlichen 2832 Euro sind voll steuerpflichtig, weil sie aus Rentenanpassungen stammen. Seine Ehefrau Gudrun ist ebenfalls seit 2009 in Rente. Sie erhält im Jahr 2020 rund 8900 Euro Jahresrente, davon sind 7200 Euro zu 58 Prozent und 1700 Euro zu 100 Prozent steuerpflichtig.
Gerhard betreibt seinen kleinen Weinhandel weiterhin mit einem steuerpflichtigen Jahresgewinn von 5000 Euro. Weil die Einkünfte von 18868 Euro über dem Grundfreibetrag liegen und Gerhards Gewinn aus dem Weinhandel durch freudige Weintrinker auch steigen kann, müssen die Gs jährlich eine Steuererklärung abgeben.

steuerpflichtiger Rentenanteil Gerhard (58 % von 12 000)	**6 960**
plus steuerpflichtige Rentenanpassung	+2 832
minus Werbungskostenpauschale Gerhard	−102
plus steuerpflichtiger Rentenanteil Gudrun (58 % von 7 200)	+4 176
plus steuerpflichtige Rentenanpassung Gudrun	+1 700
minus Werbungskostenpauschale Gudrun	−102
plus Gewinn aus Weinhandel	+5 000
minus Altersentlastungsbetrag (33,6 % von 5 000, maximal 1 596)	−1 596
Einkünfte (alle Angaben in Euro)	**18 868**

Werkspension oder Beamtenpension

Einige Arbeitnehmer, die in Rente gehen, bekommen neben ihrer gesetzlichen Rente eine von ihrem früheren Arbeitgeber finanzierte Werkspension. Auch ehemalige Beamte erhalten im Ruhestand eine Pension.

Die Pensionszahlung erfolgt entweder direkt vom Arbeitgeber als Direktzusage oder über eine Unterstützungskasse. Die Werkspension wird ebenso wie eine Beamtenpension steuerrechtlich als Arbeitslohn behandelt. Der Arbeitgeber führt die Lohnsteuer sowie die gesetzlichen Versicherungsbeiträge ab und stellt eine Lohnsteuerbescheinigung aus.

Als Steuervorteil gibt es für Pensionäre ab dem 63. Lebensjahr einen

- Versorgungsfreibetrag von maximal 40 Prozent der Werkspension, höchstens aber 3 000 Euro im Jahr.
- den Zuschlag zum Versorgungsfreibetrag von maximal 900 Euro
- und eine Werbungskostenpauschale von 102 Euro.

Der Versorgungsfreibetrag sinkt für jeden neuen Pensionärsjahrgang. Wer 2020 erstmals Pension bezieht, bekommt nicht mehr 40 Prozent, sondern nur noch 16 Prozent, maximal 1200 Euro steuerfrei. Im Jahr 2040 wird der Freibetrag auf Null abgeschmolzen sein. Der Zuschlag teilt das Schicksal des Versorgungsfreibetrags und sinkt ebenfalls. Der Betrag für den Zuschlag wird mit Pensionsbeginn als Festbetrag ermittelt. Beide Freibeträge sind zeitanteilig für Monate ohne Pension zu kürzen. Die einzelnen Werte der Freibeträge finden Sie ab Seite 166.

→ Zum Beispiel Hans H.

Der alleinstehende Ruheständler Hans ist seit dem 1. Januar 2020 in Rente. Er bekommt 12 437 Euro Rente, die zu 80 Prozent steuerpflichtig ist (→ Seite 159). Zusätzlich erhält er 500 Euro Werkspension im Monat. Hans muss eine Steuererklärung abgeben, weil er neben seiner Werkspension im Jahr mehr als 410 Euro Renteneinkünfte hat. Den Altersentlastungsbetrag kann Hans nicht abziehen. Altersbezüge wie Rente und Pension, für die bereits andere Freibeträge gewährt werden, sind vom Altersentlastungsbetrag ausgenommen.

steuerpflichtiger Rentenanteil (80 % von 12 437)	**9 950**
minus Werbungskostenpauschale für die Rente	– 102
plus Werkspension (500 × 12)	+ 6 000
minus Versorgungsfreibetrag (16 % von 6 000, → Seite 166)	– 960
minus Zuschlag zum Versorgungsfreibetrag	– 360
minus Werbungskostenpauschale für die Pension	– 102
Einkünfte (alle Angaben in Euro)	**14 426**

Mehrere gesetzliche Renten

Bekommt der Ruheständler mehrere Renten von der gesetzlichen Versicherung, wird in steuerlicher Hinsicht zunächst jede einzeln bewertet. Das kann die eigene Altersrente und eine Witwenrente sein. Die Renten gehören in der Steuererklärung in unterschiedliche Spalten der Anlage R (→ Seite 79).

→ Zum Beispiel Johanna J.

Die verwitwete Johanna ist seit 2020 Rentnerin. Sie erhält 8 532 Euro Altersrente, die zu 80 Prozent steuerpflichtig ist (→ Seite 159). Johanna bezieht zudem seit 2018 eine Witwenrente. Den Prozentsatz für den steuerfreien Anteil der Witwenrente hat sie von ihrem verstorbenen Ehemann „geerbt". Deshalb sind 50 Prozent steuerpflichtig, weil ihr verstorbener Mann bereits seit 2005 Rentner war (→ Seite 32 und

159). Der Freibetrag wird aus der Witwenrente 2019 berechnet, die in dem Jahr 10 300 Euro betrug.
Johanna J. muss eine Steuererklärung abgeben, denn ihre Einkünfte übersteigen den Grundfreibetrag. Warum sie trotzdem keine Steuern zahlt, lesen Sie ab Seite 24.

steuerpflichtiger Anteil eigene Rente (80 % von 8 532)	**6 826**
plus steuerpflichtiger Anteil Witwenrente 2019 (50 % von 10 300)	+5 150
plus steuerpflichtige Rentenanpassung Witwenrente 2020	+326
minus Werbungskostenpauschale (nur eine für beide Renten)	−102
Einkünfte (alle Angaben in Euro)	**12 200**

Privatrente

Bezüge aus einer privaten Renten- oder Vorsorgeversicherung sind ebenfalls steuerpflichtig. Sie werden vom Fiskus aber „milder" behandelt als die gesetzliche Rente, weil die früher gezahlten Rentenbeiträge meist aus bereits versteuertem Einkommen bezahlt wurden. Der steuerpflichtige Anteil der Leistungen nennt sich „Ertragsanteil" und seine Höhe richtet sich nach dem Lebensalter bei Rentenbeginn. Wer zum Beispiel mit 65 Jahren erstmals eine solche Privatrente bezieht, muss 18 Prozent davon versteuern. Wer in jüngerem Alter schon eine private Rente bekommt, muss mehr versteuern. Die Höhe des Ertragsanteils hat der Gesetzgeber festgeschrieben (→ Tabelle auf Seite 160).

→ Zum Beispiel das Ehepaar K.

Konrad K. ist am 1. Januar 2020 in Rente gegangen. Er erhält 16 800 Euro gesetzliche Rente, davon sind 13 440 Euro steuerpflichtig (80 Prozent, → Seite 159). Seine Privatrente beginnt ebenfalls im Januar und bringt ihm monatlich einen Betrag von 100 Euro. Diese Rente ist mit dem sogenannten Ertragsanteil steuerpflichtig. Er beläuft sich auf 18 Prozent, weil Konrad bei Rentenbeginn 65 Jahre alt war (→ Tabelle Seite 160). Ehefrau Karola ging gleichzeitig mit Konrad in Rente. Sie bekommt eine gesetzliche Altersrente von 7 800 Euro, davon sind 6 240 Euro steuerpflichtig (80 Prozent). Das Ehepaar aus Leverkusen muss eine Steuererklärung abgeben, weil die Einkünfte von 19 692 Euro den Grundfreibetrag von 18 816 Euro übersteigen.

steuerpflichtiger Rentenanteil Konrad (80 % von 16 800)	**13 440**
plus Privatrente Konrad (100 × 12 = 1 200, davon 18 % steuerpflichtig)	+ 216
minus Werbungskostenpauschale (für Konrads beide Renten)	– 102
plus steuerpflichtiger Rentenanteil Karola (80 % von 7 800)	+ 6 240
minus Werbungskostenpauschale Karola	– 102
Einkünfte (alle Angaben in Euro)	**19 692**

Zinsen

Mancher Ruheständler war in seinem Leben sparsam und hat im Alter Einnahmen wie Zinsen, Dividenden und andere Kapitalerträge. An den Zinsen & Co. möchte aber der Fiskus teilhaben, wenn sie den Sparerpauschbetrag übersteigen. So müssen die Banken für Zinsen und andere Kapitalerträge die Abgeltungsteuer von 25 Prozent an das Finanzamt abführen. Das betrifft auch private Veräußerungsgewinne aus Wertpapieren und Dividenden (→ ab Seite 86).

→ Zum Beispiel das Ehepaar L.

Ludwig L. ist seit 2009 Rentner und bezieht 2020 eine Jahresrente von 19 254 Euro. Davon sind 15 600 Euro zu 58 Prozent steuerpflichtig, der Rest (3 654 Euro) stammt aus voll steuerpflichtigen Rentenanpassungen. Ehefrau Luise bekommt ebenfalls seit 2009 Rente (8 886 Euro). Davon sind 7 200 Euro zu 58 Prozent steuerpflichtig, die Rentenanpassung von 1 686 Euro wird voll besteuert. Luise hat ordentlich angespart. Aus ihrem Depot mit Aktien und Anleihen bezog sie 12 000 Euro Zinsen, Dividenden und Kursgewinne. Ehepaar L. muss trotz der erheblichen Kapitalerträge keine Steuererklärung abgeben, weil ihre Einkünfte unterhalb des Grundfreibetrags von 18 816 Euro bleiben. Für Zinsen und andere Kapitalerträge hat die Bank bereits Abgeltungsteuer (25 Prozent) an das Finanzamt überwiesen, sie tauchen deshalb hier nicht auf. Das Ehepaar sollte aber unbedingt freiwillig eine Steuererklärung abgeben, denn nur so kann Luise zu viel gezahlte Abgeltungsteuer zurückholen. Warum das so ist, können Sie ab Seite 86 nachlesen.

steuerpflichtiger Rentenanteil Ludwig (58 % von 15 600)	**9 048**
plus voll steuerpflichtige Rentenanpassung Ludwig	+3 654
minus Werbungskostenpauschale Ludwig	−102
plus steuerpflichtiger Rentenanteil Luise (58 % von 7 200)	+4 176
plus voll steuerpflichtige Rentenanpassung Luise	+1 686
minus Werbungskostenpauschale Luise	−102
Einkünfte (alle Angaben in Euro)	**18 360**

→ **TIPP:** Für die Ersparnisse der Rentner führen die Banken häufig Abgeltungsteuer ans Finanzamt ab. Wird dann eine Steuererklärung eingereicht, ergibt sich meistens eine Steuererstattung.

Miete und Pacht

Wer eine Wohnung vermietet, bezieht ebenfalls Nebeneinkünfte. Steuerpflichtig ist aber nicht die gesamte Miete, sondern der Überschuss der Mieteinnahmen über die Werbungskosten. Solche Ausgaben sind zum Beispiel Zinsen fürs Hypothekendarlehen, Abschreibungen auf das Gebäude, Instandhaltungs- und Hausverwaltungskosten. Bei verbilligter Vermietung an Verwandte ist einiges zu beachten, lesen Sie hierzu weiter ab → Seite 109.

→ Zum Beispiel das Ehepaar M.

Das Ehepaar M. ist 65 Jahre alt und seit 1. Januar 2020 Rentner. Murat bezieht insgesamt 15 500 Euro Rente. Der steuerpflichtige Anteil beträgt 80 Prozent (→ Seite 159). Seine Frau Martina erhält 7 300 Euro Jahresrente. Beiden gehört ein Mietshaus, das ihnen nach Abzug aller Kosten 10 000 Euro im Jahr einbringt.

Das Ehepaar M. muss trotz Altersentlastungsbetrag eine Steuererklärung abgeben, weil seine Einkünfte über dem Grundfreibetrag von 18 816 Euro liegen.

steuerpflichtiger Rentenanteil Murat (80 % von 15 500)	**12 400**
minus Werbungskostenpauschale Murat	–102
plus steuerpflichtiger Rentenanteil Martina (80 % von 7 300)	+5 840
minus Werbungskostenpauschale Martina	–102
plus steuerpflichtige Mieteinkünfte	+10 000
minus Altersentlastungsbetrag (16 % von 10 000, maximal 2 × 760 → Seite 163)	–1 520
Einkünfte (alle Angaben in Euro)	**26 516**

Werden bei Pflichtabgabe stets Steuern fällig?

Die Antwort lautet: Nein. Wer eine Steuererklärung abgeben muss, wird nicht zwangsläufig zur Kasse gebeten. Das liegt an weiteren Entlastungsmöglichkeiten mit sogenannten Sonderausgaben, außergewöhnlichen Belastungen und Dienstleistungen im Haushalt. Diese Kosten sind grundsätzlich privat, können jedoch in voller Höhe oder anteilig die Steuerlast deutlich mindern.

Dazu gehören zum Beispiel bestimmte Versicherungsbeiträge, Spenden oder Unterhaltszahlungen, Kirchensteuern, Ausgaben für Krankheit, Pflege oder Handwerker. Die folgenden Beispiele zeigen Möglichkeiten, wie man trotz der Pflichtabgabe einer Steuererklärung von Steuerzahlungen verschont bleiben kann. Aber auch wenn Steuern fällig werden, können diese Abzugsmöglichkeiten eine erhebliche Entlastung bringen.

Sonderausgaben

Beiträge zur Kranken- und Pflegeversicherung müssen grundsätzlich alle zahlen, die eine gesetzliche Rente, eine Betriebsrente oder eine Pension beziehen. Die Beiträge für den Basisschutz können unbeschränkt vom Ruheständler als Sonderausgaben abgezogen werden. Das sind in der Regel die gesamten gesetzlichen Beiträge zur Kranken- und Pflegeversicherung. Daneben kann jeder Rentner den Sonderausgaben-Pauschbetrag von 36 Euro für Ledige oder 72 Euro für Ehe- und Lebenspartner geltend machen (→ Seite 72 und 173).

→ Zum Beispiel Fritz F. von Seite 16

Der sportliche Rentner kommt mit seiner Rente und seinen Zusatzeinnahmen auf 10 746 Euro steuerpflichtige Einkünfte. Das bedeutet die Abgabe einer Steuererklärung, weil Fritz damit Einkünfte oberhalb des Grundfreibetrags von 9 408 Euro hat. Seine Vorsorgeaufwendungen, die Beiträge zur Krankenversicherung, zur Pflegeversicherung

sowie der individuelle Zusatzbeitrag zur Krankenversicherung sind noch von den Einküften abzuziehen. Damit unterschreitet Fritz den Grundfreibetrag von 9408 Euro und muss trotz Steuererklärung keinen einzigen Cent Steuern zahlen (→ auch Seite 173 und Seite 177).

Einkünfte	**10746**
minus Krankenversicherung (7,3 % von 12300 Euro Bruttorente)	–898
minus Zusatzbeitrag (0,55 % von 12300 Euro Bruttorente)	–68
minus Pflegeversicherung (3,05 % von 12300 Euro Bruttorente)	–375
minus Sonderausgaben-Pauschbetrag	–36
zu versteuern (alle Angaben in Euro)	**9369**

Außergewöhnliche Belastungen

Unter diesen Begriff fallen abzugsfähige Ausgaben, die Ruheständlern häufig entstehen. Dazu gehören zum Beispiel Ausgaben für

- Gesundheit,
- Behinderung,
- die Pflege von Angehörigen,
- den Unterhalt von Angehörigen.

Einige dieser Kosten berücksichtigt das Finanzamt nur, wenn der Betroffene einen Teil davon selbst schultert. Dieser Teil nennt sich zumutbare Belastung und richtet sich nach Einkommen, Familienstand und Kinderzahl (→ Seite 58 und 164). Ob der Eigenanteil auch für Krankheits- und Pflegekosten gilt, ist umstritten. Steuerbescheide bleiben in diesem Punkt bis zur Entscheidung des Bundesverfassungsgerichts offen (→ Seite 135).

→ Zum Beispiel Johanna J. von Seite 19

Die Rentnerin hat mit ihrer eigenen und mit ihrer Witwenrente 19 158 Euro Einnahmen. Davon sind Einkünfte von 12 200 Euro steuerpflichtig. Sie muss eine Steuererklärung abgeben. Auch mithilfe der Beiträge zur Kranken- und Pflegeversicherung (insgesamt 10,9 Prozent) kommt sie nicht darum herum. Trotzdem zahlt sie keine Steuern, weil sie nach Abzug der Eigenbelastung für Zahnarzt, Kur und ärztlich verordnete Medikamente 779 Euro als außergewöhnliche Belastung geltend machen kann. Damit bleibt sie unter dem Grundfreibetrag von 9 408 Euro.

Einkünfte	**12 200**
minus SV-Beiträge (10,9 % von 19 158)	–2 089
minus Sonderausgaben-Pauschbetrag	–36
minus Krankheitskosten nach Abzug der zumutbaren Belastung	–779
zu versteuern (alle Angaben in Euro)	**9 296**

Dienstleistungen im Haushalt

Sogar wenn das Finanzamt am Ende eine Steuer berechnet, ist es möglich, ungeschoren davonzukommen. Bestimmte Ausgaben können die Steuerschuld unmittelbar verringern. Dazu gehören Kosten für „haushaltsnahe Dienstleistungen" und für „Handwerkerleistungen im Haushalt". Das ist zum Beispiel der Fall, wenn Ruheständler eine Firma beauftragen, um

- Fenster zu putzen,
- den Garten zu pflegen,
- bei der Betreuung im Alltag zu helfen oder
- das Badezimmer zu sanieren.

Für haushaltsnahe Dienstleistungen erkennt das Finanzamt Personalkosten bis zu 20 000 Euro pro Jahr an. Davon senken 20 Prozent, also maximal 4 000 Euro, unmittelbar die Steuerschuld. In diesem Rahmen ist auch die Beschäftigung einer sozialversicherungspflichtig angestellten Haushaltshilfe förderfähig. Im Rahmen der haushaltsnahen Dienstleistungen können nahezu alle Wohnungsmieter und Eigentümer, die ihre Wohnung selbst nutzen, Aufwendungen geltend machen. Dazu zählen zum Beispiel die Treppenreinigung, der Winterdienst oder die Gartenpflege. Der Vermieter oder der Verwalter bescheinigt die förderfähigen Leistungen in der Regel auf der Nebenkostenabrechnung (→ Tipp Seite 66). Daneben sind Handwerkerleistungen rund um Haus und Wohnung bis zu 6 000 Euro im Jahr förderfähig. Auch hier senken 20 Prozent davon, also bis zu 1 200 Euro, unmittelbar die Steuerschuld (→ ab Seite 64).

→ Zum Beispiel das Ehepaar M. von Seite 23

Das Ehepaar erzielt Einkünfte von 26 516 Euro. Auch unter Berücksichtigung der Kranken- und Pflegeversicherungsbeiträge müsste das Ehepaar 848 Euro Einkommensteuer zahlen. Aber dazu kommt es nicht: Für die sozialversicherungspflichtige Beschäftigung einer Hausangestellten, die ihr Einfamilienhaus putzt, zahlen sie 4 500 Euro im Jahr. Mit 20 Prozent davon (900 Euro → Seite 63) drücken die Eheleute Martina und Murat M. ihre Steuerschuld auf null.

Einkünfte	**26 516**
minus SV-Beiträge (10,9 % beider Bruttorenten von 22 800)	–2 486
minus Sonderausgaben-Pauschbetrag (2 × 36)	–72
zu versteuerndes Einkommen	23 958
Einkommensteuer auf 23 958	848
minus Steuerermäßigung für Reinigungskraft (20 % von 4 500)	–900
verbleibende Steuer (alle Angaben in Euro)	**0**

TIPP: Selbst wenn Ruheständler eine Steuererklärung abgeben müssen, können sie wegen ihrer Versicherungsbeiträge, Ausgaben für eine Haushaltshilfe oder für Handwerker von der Steuerzahlung verschont bleiben.

Zinsen: Eine kleine Steuererstattung

Manchmal zahlen Rentner und Pensionäre Steuern, ohne je eine Steuererklärung abzugeben. Das geht ganz einfach. Wer Zinsen oberhalb des Sparerpauschbetrags hat (801/1602 Euro, alleinstehend beziehungsweise verheiratet/verpartnert), zahlt 25 Prozent Abgeltungsteuer plus 5,5 Prozent Solidaritätszuschlag. Manche merken das gar nicht, denn die Bank behält die Steuer automatisch ein und führt sie an das Finanzamt ab.

→ Zum Beispiel Nina N.

Die alleinstehende Rentnerin hat eine Jahresbruttorente von 13 450 Euro, die steuerfrei bleibt, weil ihr Einkommen unterhalb des Grundfreibetrags von 9 408 Euro liegt. Auf Empfehlung der Bank hat Nina ihre Investmentanteile verkauft und erzielte einen Gewinn in Höhe von 4 000 Euro. Bei voll ausgeschöpftem Freistellungsauftrag führte die Bank 844 Euro Abgeltungsteuer (25 Prozent plus 5,5 Prozent Soli) an das Finanzamt ab.

Nina N. staunte nicht schlecht: Anstelle der befürchteten Steuerzahlung gab es für sie eine Steuererstattung.

steuerpflichtiges Renteneinkommen (unter Berücksichtigung der Sonderausgaben)	**6 611**
plus Zinsen	+4 000
minus Sparerpauschbetrag	−801
steuerpflichtige Kapitaleinkünfte (4 000 minus 801)	3 199
minus Altersentlastungsbetrag (40 % von 3 199, → Seite 13)	−1 280
zu versteuerndes Einkommen	8 530
Einkommensteuer	0
gezahlte Abgeltungsteuer (25 % von 3 199 plus Soli)	−844
Steuererstattung (alle Angaben in Euro)	**844**

Warum immer mehr Ruheständler mit dem Fiskus rechnen müssen

Seit 2005 gilt das Alterseinkünftegesetz und verändert grundlegend die Besteuerung von Ruhestandseinkommen. Ein Urteil des Bundesverfassungsgerichts vom 6. März 2002 hat die Gesetzesänderung ausgelöst. Mit dieser Rechtsprechung wurde die unterschiedliche Besteuerung der Beamtenpensionen und der Renten aus der gesetzlichen Rentenversicherung als Verstoß gegen das Gleichbehandlungsgebot des Grundgesetzes gewertet. Das Bundesverfassungsgericht forderte den Gesetzgeber auf, die Besteuerung der Renten und Pensionen gleichzustellen. Das daraufhin eingeführte Alterseinkünftegesetz enthält eine Übergangszeit und im Jahr 2040 wird die Gleichbehandlung umgesetzt sein. Während der Übergangszeit können Arbeitnehmer die Einzahlung in die gesetzliche Rentenversicherung und gleichgestellte Versicherungen in wachsendem Umfang und ab 2025 zu 100 Prozent abziehen. Gleichzeitig steigt jedes Jahr der Besteuerungsanteil für „Neurentner" (vereinfachtes Beispiel → Seite 30).

Wer 2005 Rentner war oder wurde, muss 50 Prozent seiner damaligen Rente versteuern. Für die Steuererklärung 2020 fallen bei diesen „Altrentnern" bis zu einer Jahresrente von rund 19 000 Euro (alte Bundesländer) und 17 750 Euro (neue Bundesländer) keine Steuern an. Rentnerehepaare erhalten das Doppelte steuerfrei. Voraussetzung ist aber, dass zur gesetzlichen Rente keine weiteren Einkünfte hinzukommen. Wer zum Beispiel

Miete, eine Werkspension oder den Arbeitslohn des berufstätigen Ehepartners zu versteuern hat, muss schon bei weit geringeren Renteneinkünften mit dem Finanzamt rechnen (→ Seite 168).

Rentnerjahrgänge mit einem Rentenbeginn nach 2005 müssen auch ohne weitere Einkünfte bereits bei niedrigeren Rentenbezügen mit dem Fiskus rechnen. Jeder neue Jahrgang muss etwas mehr von seiner Rente versteuern als der Vorgängerjahrgang. Bei einem Rentenbeginn im Januar 2020 kann beispielsweise bereits ab einer Jahresrente von 13815 Euro eine Steuerbelastung auftreten. Rentner mit einem Rentenbeginn zwischen 2005 und 2020 können den Wert auf der Tabelle → Seite 162 ablesen.

Auch Altrentner mit höherem Rentenfreibetrag, die bisher keine Steuererklärung abgeben mussten, sollten ihre steuerliche Situation beispielsweise anhand der Tabelle auf Seite 162 überprüfen. Die jährliche Rentenanpassung, die auf Grundlage der Entwicklung der Beschäftigungen und Löhne erfolgt, ist nicht nur anteilig steuerpflichtig, sondern in voller Höhe. Dadurch wächst bei den Ruheständlern regelmäßig der steuerpflichtige Anteil der Renten und bewirkt, dass immer mehr Senioren in die Steuerpflicht „rutschen“. Jährlich müssen mehrere Zehntausend Rentner (rund 51000 im Jahr 2020) erstmals eine Steuererklärung bei ihrem zuständigen Finanzamt einreichen. Anfänglich ist es nur eine geringe Steuerlast im zweistelligen Bereich.

→ Zum Beispiel Paul P.

Der alleinstehende 80-jährige Paul aus Leipzig ist seit 2005 Rentner. Im Jahr 2019 erhielt er Rentenbezüge von insgesamt 17 720 Euro. Steuern musste P. bisher nicht zahlen, weil sein steuerpflichtiges Einkommen innerhalb des steuerfreien Existenzminimus blieb. Dazu reichten bereits Pauls Beiträge zur Kranken- und Pflegeversicherung. Mit der Rentenanpassung im Jahr 2020 änderte sich jedoch die Situation. Von Januar bis Juni 2020 betrug Pauls Monatsrente 1 505 Euro und stieg ab Juli 2020 um 4,2 Prozent auf 1 568 Euro. Dadurch erhöht sich sein Einkommen im Jahr 2020 auf 9 787 Euro. Zwar wächst 2020 auch das steuerfreie Existenzminimum, der

Grundfreibetrag auf 9408 Euro. Das Einkommen von Paul steigt jedoch etwas stärker, sodass seit Rentenbeginn erstmals eine Einkommensteuer anfällt, 54 Euro für das Jahr 2020.

Der steuerpflichtige Anteil der Rente wird bei mit dem Rentenbeginn festgelegt. Wer 2019 erstmals eine Rente bezieht, muss 78 Prozent versteuern (→ Seite 160). Während sich der Prozentsatz nach dem Kalenderjahr des Renteneintritts richtet, wird der persönliche Rentenfreibetrag erst im Folgejahr endgültig festgelegt. Beim Rentenbeginn 2019 erfolgt das mit der Jahresrente 2020, wie das Beispiel zeigt:

Zwei Beispielrechnungen

	2019	2020
Renteneinnahmen	17720	18439
ab Rentenfreibetrag	–6504	–6504
ab Werbungskosten- und Sonderausgabenpauschale	–138	–138
ab Kranken- und Pflegeversicherungsbeiträge (10,9%)	–1931	–2010
Einkommen	9147	9787
Grundfreibetrag	9168	9408
Steuern	**0**	**54**

→ Zum Beispiel Regina R.

Die 66-jährige verheiratete Bankangestellte aus Berlin ging am 1. Juli 2019 in Rente, sie erhielt 1 000 Euro Monatsrente. Davon muss sie 78 Prozent versteuern. Damit ist zwar der Prozentsatz klar, nicht aber die Höhe des persönlichen Rentenfreibetrags. Der Freibetrag wird immer auf der Grundlage der Rente des Folgejahres ermittelt. Das ist für Regina R. vorteilhaft. Da sich die Rente zum 1. Juli 2020 um 4,2 Prozent erhöht hat (also um 252 Euro), wächst auch ihr Rentenfreibetrag ein klein wenig mit: nämlich auf 2 696 Euro. Dort bleibt er stehen, egal welche Rentenanpassungen danach noch kommen. Das bedeutet für sie auch: Jede Rentenerhöhung nach 2020 ist nicht nur anteilig, sondern voll steuerpflichtig.

Bruttorente Januar bis Juni 2020	**6 000**
plus Bruttorente Juli bis Dezember 2020	+ 6 252
Bruttorente 2020	12 252
davon 22 Prozent steuerfrei (alle Angaben in Euro)	**2 696**

Die sogenannte Mütterrente für vor 1992 geborene Kinder ist ebenfalls eine Rentenerhöhung. Die nachträgliche Anrechnung von Kindererziehungszeiten wird jedoch steuerlich nicht wie die regelmäßige Rentenanpassung behandelt, sondern bleibt zumindest teilweise steuerfrei. Der Rentenfreibetrag für die gesamte Altersrente wird von der Rentenversicherung neu ermittelt.

Tod des Partners

Wer seinen Ehepartner oder eingetragenen Lebenspartner verliert, sollte sich nach dem Trauerjahr den steuerlichen Fragen zuwenden. Haben die Eheleute bereits bisher eine Steuererklärung eingereicht, erwartet den Hinterbliebenen keine Veränderung.

Wenn beide Partner aufgrund ihrer Rentenhöhe bisher keine Steuererklärung einreichen mussten, sollte der Hinterbliebene steuerlichen Rat suchen. Die Rentenbezüge des alleinstehenden Ruheständlers sind häufig

höher als das steuerfreie Existenzminimum, wenn neben der Altersrente nun auch noch eine Witwen-/Witwerrente oder Pensionszahlungen gezahlt wird. Allerdings gewährt das Finanzamt etwas Aufschub:

Der Steuertarif für Verheiratete und eingetragenen Lebenspartner, das sogenannte Ehegattensplitting, wird nochmals sowohl für das Sterbe- als auch für das Folgejahr gewährt. Erst im zweiten Jahr nach dem Tod des Ehepartners gilt nur noch der Steuertarif für Alleinstehende, die Grundtabelle.

Ist ein Ehepartner im Jahr 2020 verstorben, wird die Steuererklärung für das Jahr 2020 genauso ausgefüllt, als würde der Verstorbene noch leben. Wie bisher sind die Einnahmen von beiden Partnern in die Steuererklärung einzutragen. Ebenso können bestimmte Freibeträge und andere Steuervergünstigungen im Todesjahr noch in voller Höhe als Jahresbeträge genutzt werden. Das betrifft etwa den Sparerpauschbetrag von 1602 Euro (für Ehepaare beziehungsweise eingetragene Lebenspartner) oder den Altersentlastungsbetrag, wenn die entsprechenden Einkünfte und das Alter vorliegen (→ Seite 13). Der Tod des Partners kann gegenüber dem Finanzamt mit der Sterbeurkunde angezeigt werden, um Nachfragen beispielsweise wegen der fehlenden Unterschrift zu vermeiden.

Für das Folgejahr 2021 reicht der verwitwete Partner nur seine persönliche Steuererklärung ein und vermerkt im Hauptvordruck, dass er 2020 verwitwet ist (→ Seite 45). Das Finanzamt berechnet die Steuer für 2021 dann nochmals mit dem Splittingtarif.

TIPP: Reichen Sie auch alle steuerlich erforderlichen Unterlagen für den verstorbenen Ehe- oder eingetragenen Lebenspartner beim Finanzamt ein.

Für die Besteuerung von Hinterbliebenenbezügen, beispielsweise Witwenrenten oder Werkspensionen, gelten die steuerlichen Bedingungen, die für den verstorbenen Partner galten. Der Hinterbliebene „erbt" auch den Freibetrag des verstorbenen Partners. Wurde etwa der verstorbene Ehemann vor 2006 Rentner, ist eine erstmals 2020 gezahlte Witwenrente nur zu 50 Prozent steuerpflichtig (→ Seite 159). Das gleiche Verfahren gilt für den Versorgungsfreibetrag und den Zuschlag zum Versorgungsfreibetrag für Pensionäre, die sich jeweils nach dem Jahr des Pensionsbeginns des verstorbenen Partners richten.

TIPP: Mit dem Tod des Ehe- beziehungsweise eingetragenen Lebenspartners können größere Steuerprobleme auftauchen, die die Einkommensteuer und darüber hinaus die Erbschaftsteuer betreffen. Wer damit nicht klarkommt, sollte sich (eventuell nur einmalige) Hilfe bei einem Steuerprofi holen (→ ab Seite 129).

Kurze Zwischenbilanz

Die Frage, ob eine Steuererklärung abzugeben ist oder nicht, lässt sich nicht pauschal beantworten. Dafür ist die steuerliche Situation jedes Einzelnen zu unterschiedlich und das Steuerrecht zu unübersichtlich. Die Beispiele zeigen aber auch, dass es mit eigenen Berechnungen, ein paar Überlegungen und Vergleichen möglich ist, für die persönliche Situation eine Antwort zu finden. Dabei können die aufgeführten Beispiele Hilfestellung geben, wenn die individuellen Daten eingesetzt und durchgerechnet werden.

Ab Seite 174 finden Sie ein vereinfachtes Berechnungsschema, das Ihnen hilft, Ihre steuerpflichtigen Einkünfte zu ermitteln. Liegt das Ergebnis oberhalb des ab 2020 geltenden Grundfreibetrags von 9 408/18 816 Euro (Alleinstehende/Ehepaare sowie eingetragene Lebenspartnerschaften), ist grundsätzlich eine Steuererklärung fällig.

Nachdem Sie die steuerpflichtigen Einkünfte ermittelt haben, können Sie anschließend auf Seite 176 Ihr zu versteuerndes Einkommen berechnen. Das erfolgt unter Berücksichtigung

- von **Sonderausgaben** (→ Seite 48 und 69) und
- **außergewöhnlichen Belastungen** (→ Seite 54).

Mit den Einkommensteuertabellen ab Seite 177 lässt sich überschlägig feststellen, ob überhaupt und welche Steuerlast auf Sie zukommt. Genauer können Sie im Internet unter test.de/Steuerrechner oder bmf-steuer

rechner.de („Berechnung der Einkommensteuer“) die Steuerschuld ermitteln, einschließlich der Grenz- und Durchschnittssteuersätze.

Wenn die Einkünfte nur ein wenig über der kritischen Grenze für die Abgabepflicht der Steuererklärung liegen, kann nicht viel passieren. Wie Sie gesehen haben, werden von den steuerpflichtigen Einkünften noch verschiedene Ausgaben abgezogen. Ruheständler können mindestens ihre Beiträge zur Kranken- und Pflegeversicherung geltend machen. Wenn danach keine Steuern anfallen, verzichtet das Finanzamt – auf Antrag – regelmäßig auf künftige Steuererklärungen. Wer unsicher ist, sollte einfach eine Steuererklärung abgeben. Dann entsteht so oder so Klarheit.

Der Aufwand für eine Steuererklärung hält sich bei Ruheständlern in der Regel in Grenzen, und außerdem gibt es mit diesem Ratgeber Unterstützung: Wie die Ruheständler die Steuererklärung ausfüllen sollten, erläutern wir ab Seite 39 ausführlich. Mit seiner strikten Orientierung an den Formularzeilen kann dieser Ratgeber allen helfen, die eine Steuererklärung abgeben. Das gilt unabhängig davon, ob sie noch „analog“ auf Papier arbeiten oder per Computer bereits „digital“ unterwegs sind. Wer erstmals ELSTER oder ein kommerzielles Computerprogramm nutzen will oder muss, findet ab Seite 139 eine stark erweiterte Schritt-für-Schritt-Hilfe für den Übergang.

Ab Seite 119 erhalten Sie Zusatztipps, etwa dazu, wie Sie sich gegenüber dem Finanzamt richtig verhalten oder was sich steuergesetzlich geändert hat.

Das Buch schließt mit einer ausführlichen Übersicht oft genutzter Begriffe rund um Rente und Pension (→ ab Seite 205) und mit den ausgefüllten Originalformularen des Jahrgangs 2020 (→ ab Seite 184). Das bietet – genauso wie die einleitenden Begriffserklärungen und die Beispielfälle – zusätzliche Orientierung für die Steuererklärung.

Wer vom Finanzamt dann letztendlich doch zur Kasse gebeten wird, kann sich vielleicht ein wenig mit der gesicherten Erkenntnis trösten: Das Schöne am Steuerzahlen ist, dass es garantiert nicht süchtig macht.

Schritt für Schritt

Die folgende Anleitung führt Schritt für Schritt durch die für Sie wichtigsten Formulare. Dabei hilft Ihnen die strikte Orientierung an den Zeilennummern, egal ob Sie die Formulare auf Papier oder elektronisch ausfüllen.

Zugegeben: Beim Durchblättern der Formulare löst die Mischung aus Amtsdeutsch und Steuerchinesisch nicht selten ein Stirnrunzeln aus. Das Lesen, Verstehen und Ausfüllen der Einkommensteuererklärung bleibt anstrengend. Wer die Formulare ausfüllen muss, kann sich aber damit trösten, nicht allein zu sein. Rund 29 Millionen Erklärungen werden jedes Jahr abgegeben, und all diese Menschen haben es schließlich auch geschafft. Außerdem müssen viele Angaben in die Papiervordrucke nicht mehr eingetragen werden.

Auf den nächsten Seiten finden Sie eine Anleitung, die Schritt für Schritt durch die Formulare führt und dabei die Belange von Rentnern und Pensionären besonders berücksichtigt. Am Ende steht das gute Gefühl, den „Papiertiger" oder den „digitalen Sumpf" besiegt zu haben.

Die Formulare erhalten Sie beim Finanzamt. Wer Schwierigkeiten hat, dorthin zu kommen, bittet die Beamten telefonisch oder schriftlich um Zusendung oder fragt Nachbarn, Bekannte oder Verwandte, ob sie die Unterlagen mitbringen können. Auch über das Internet können Sie die Steuererklärungsformulare finden. Unter formulare-bfinv.de ist „Formularcenter“ anzuklicken und danach das Feld „Steuerformulare“ sowie „Einkommensteuer“ auszuwählen. Die Vordrucke können auch am PC ausgefüllt und danach ausgedruckt werden. Wer eine Erklärung für die Jahre vor 2020 abgibt, muss unbedingt die alten Formulare verwenden. Zur elektronischen Steuererklärung finden Sie ab Seite 139 ausführliche Hinweise für die Arbeit mit ELSTER und kommerziellen Steuerprogrammen.

TIPP: Prüfen Sie die Angaben in den zugesandten Bescheinigungen von der Deutschen Rentenversicherung, dem ehemaligen Arbeitgeber oder von privaten Versicherungsträgern. Stimmen die enthaltenen Beträge, müssen Sie diese in die Papiervordrucke zur Steuererklärung 2020 nicht eintragen. Die Felder, die bereits übermittelte „eDaten“ abfragen, sind in den Vordrucken besonders gekennzeichnet.

> Daten für die mit (e) gekennzeichneten Zeilen liegen im Regelfall vor und müssen nicht eingetragen werden.
> – Bitte Infoblatt eDaten / Anleitung beachten –

Zahlreiche Daten für die Steuerberechnung werden bereits von anderen Stellen an die Finanzverwaltung gemeldet. Gleichzeitig erhalten Sie per Post einen Ausdruck dieser elektronisch gesendeten „eDaten“. Beim Pensionär ist es die Lohnsteuerbescheinigung des ehemaligen Arbeitgebers, beim Rentner die Rentenbezugsmitteilung der Rentenversicherung, die Leistungsmitteilung der Pensionskasse oder eine Bescheinigung von der Krankenkasse über die gemeldeten Beiträge zur Basiskrankenversicherung. Wenn die Angaben in den zugesandten Bescheinigungen richtig sind, müssen diese gemeldeten E-Daten in die Papiervordrucke der Steuererklärung NICHT eingetragen werden. In den Vordrucken sind die Zeilen, die das betrifft, mit (e) gekennzeichnet und dunkelgrün unterlegt. Außerdem enthält jedes Formular, in dem bestimmte Zeilen nicht ausgefüllt werden müssen, einen Hinweis im oberen Bereich.

Wenn Sie zum Beispiel in der Anlage R nur Angaben in den dunkelgrünen Feldern eintragen würden, könnten Sie auf das Formular sogar ganz verzichten. Der Ruheständler, der ausschließlich Bezüge erhält, die elektronisch an die Finanzverwaltung gemeldet werden und der bis auf die ebenfalls automatisch gemeldeten Kranken- und Pflegeversicherungsbeiträge keine weiteren Ausgaben geltend machen will, kann einfach den Hauptvordruck mit seinen persönlichen Daten und der Unterschrift zu seinem Finanzamt schicken. Damit hat er seine Pflicht zur Abgabe der Steuererklärung erfüllt. Sie sollten dabei folgendes beachten:

Wenn Sie Felder mit E-Daten frei lassen, werden die gemeldeten Daten des Arbeitgebers oder Ihrer Krankenkasse so behandelt, als ob Sie die Beträge tatsächlich in die Steuererklärung eingetragen hätten. Die Daten gelten als Ihre Angaben und die unterschriebene Steuererklärung ist trotz nicht ausgefüllter Zeilen und fehlender Anlagen aus Sicht des Finanzamtes vollständig.

Diese Regelung bedeutet jedoch keineswegs, dass Sie alles so hinnehmen können, wie es gemeldet wurde. Einerseits kann eine Datenmeldung falsch sein und die Steuer zu Ihrem Nachteil zu hoch ausfallen. Andererseits müssen Sie auch Angaben ergänzen oder berichtigen, wenn Sie feststellen, dass etwas fehlt, beispielsweise eine Rentenzahlung und die Steuer möglicherweise zu niedrig ausfallen würde.

Bevor Sie mit der Steuererklärung beginnen, sind die gewohnten Vorarbeiten notwendig. Suchen Sie alle Bescheide, Mitteilungen und andere Belege über steuerpflichtige Einnahmen heraus, zum Beispiel Rentenbescheide, Lohnsteuerbescheinigungen oder Steuerbescheinigungen von Banken. Weiter geht es mit Kontoauszügen, Quittungen, Rechnungen oder anderen Belegen für Ausgaben. Besonders wichtig ist der Schritt, die Unterlagen zu den gemeldeten Daten zu kontrollieren. Prüfen Sie in der Rentenbezugsmitteilung, ob Ihre Rentenbeträge korrekt an die Finanzverwaltung übermittelt wurden. Finden Sie einen Fehler, müssen Sie die richtigen Werte unbedingt in die betreffende Anlage eintragen. Legen Sie am besten einen Beleg oder eine Erläuterung zum festgestellten Fehler der Steuererklärung bei. Der Sachbearbeiter im Amt muss dann ermitteln, welcher Betrag im Steuerbescheid zu berücksichtigen ist.

Ein Blick in die „Anleitung" zu den einzelnen Vordrucken hilft beim Ausfüllen der Steuererklärung. Die bisher zusammengefassten Erläuterungen für den Mantelbogen gibt es seit 2019 nicht mehr. Mit der Umstellung muss der Rentner nicht mehr seitenweise für seinen Steuerfall völlig überflüssige Informationen durchlesen. Jedem Formular wird seine eigene Anleitung an die Seite gestellt. Die Finanzverwaltung möchte, dass die gesuchte Information nach kurzem Lesen gefunden wird.

Besonders wichtig ist das **Infoblatt E-Daten**. Für eine Übergangszeit wird das Infoblatt Sie in den nächsten Jahren begleiten. In einem Frage-/ Antwortkatalog werden die Neuerungen dargestellt.

Das Weglassen der Eintragungen bei den E-Daten gilt nur für die Steuererklärung auf Papier. Wer seine Steuererklärung elektronisch ausfüllt, übernimmt weiterhin die Beträge aus den Bescheinigungen oder dem elektronischen Abruf (Leitfaden für ELSTER, → Seite 154) in seine Steuererklärung. Mit einem Steuerprogramm kann dann bereits im Voraus berechnet werden, ob eine Steuernachzahlung anfällt und wie sich Ausgaben steuermindernd auswirken.

Alle in diesem Ratgeber genannten Bestimmungen für Ehen zwischen Männern und Frauen gelten ebenso für Ehen gleichgeschlechtlicher Partner und für eingetragene Lebenspartnerschaften, auch wenn das nicht überall gesondert erwähnt wird. Die Partner der beiden letztgenannten Verbindungen werden in den Formularen als „Person A" und „Person B" bezeichnet (→ Seite 44).

TIPP: Vergessen Sie nicht, sich von allem, was Sie ans Finanzamt schicken, eine Kopie zu machen. Kommt es zu Rückfragen, können Sie besser reagieren. Und Sie haben eine gute Vorlage für das nächste Jahr. Wer elektronisch abgibt, hat die sowieso.

Los geht's mit dem Hauptvordruck

Der Mantelbogen ist Vergangenheit. Der Hauptvordruck wurde bisher landläufig Mantelbogen genannt, weil er die einzelnen Papier-Anlagen wie ein Mantel umschlossen hat. Ab der Steuererklärung 2019 besteht das Formular nur noch aus zwei Seiten. Schlanker muss die eingereichte Steuererklärung deshalb nicht zwangsläufig ausfallen, da die „ausgelagerten" Abfragen nun in vier weiteren Anlagen enthalten sind (→ das ausgefüllte Formular Seite 184).

TIPP: Manche Rentner werden bei dieser Buchlektüre entdecken, dass sie, wenn sie die Erklärung in Papierform abgeben, nur noch den Hauptvordruck ausfüllen müssen und ihre Steuererklärung damit erledigt haben. Dann helfen ihnen aber womöglich weitere Anlagen vor allem, Steuern zu sparen.

Zeile 1 bis 5: Aller Anfang ist leicht

Ganz oben links in **Zeile 1** machen Sie Ihr Kreuz bei „Einkommensteuererklärung". **Zeile 2** kreuzen kirchensteuerpflichtige Rentner und Pensionäre an, wenn die Bank von ihren Zinsen oder anderen Kapitalerträgen im Jahresverlauf keine Kirchensteuer einbehalten hat. Das ist beispielsweise der Fall, wenn Sie beim Bundeszentralamt für Steuern einen „Sperrvermerk" eingereicht haben. Dann muss die Kirchensteuer auf diesem Weg nachträglich berechnet werden. Hat die Bank laut ihren Abrechnungen bereits Kirchensteuer einbehalten, bleibt dieses Kästchen frei.

Wenn Sie eine Steuernummer haben, tragen Sie diese **in Zeile 3** ein, ansonsten lassen Sie diese Zeile frei oder schreiben das Wort „NEU" hinein. Die Persönliche Identifikationsnummer wird in **Zeile 7 und 18** abgefragt. Das zuständige Finanzamt (**Zeile 4**) ist das Amt, in dessen Amtsbezirk Sie derzeit wohnen. Nur nach einem Wohnsitzwechsel ist ein Eintrag in **Zeile 5** erforderlich. In Zeile 4 am rechten Rand finden Sie ebenfalls den ersten Hinweis, dass Sie gemeldete Daten, zum Beispiel von der Rentenversicherung, in der Regel nicht mehr in die Steuererklärung eintragen müssen. Die Felder, in denen Sie in der Regel keine Eintragungen vornehmen sollen, sind mit einer dunkelgrünen Farbe hervorgehoben.

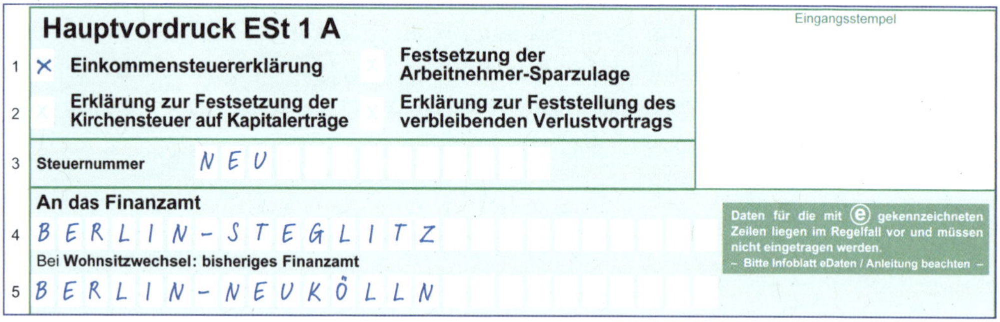
Hauptvordruck ESt 1 A

Eingangsstempel

1 X Einkommensteuererklärung — Festsetzung der Arbeitnehmer-Sparzulage

2 Erklärung zur Festsetzung der Kirchensteuer auf Kapitalerträge — Erklärung zur Feststellung des verbleibenden Verlustvortrags

3 Steuernummer NEU

An das Finanzamt

4 BERLIN-STEGLITZ

Bei Wohnsitzwechsel: bisheriges Finanzamt

5 BERLIN-NEUKÖLLN

Daten für die mit (e) gekennzeichneten Zeilen liegen im Regelfall vor und müssen nicht eingetragen werden.
– Bitte Infoblatt eDaten / Anleitung beachten –

Zeile 6 bis 27: Allgemeine Angaben

Geben Ehemann und Ehefrau eine gemeinsame Steuererklärung ab, schreiben sie ihre Daten ab **Zeile 7** beziehungsweise ab **Zeile 18** in das Formular. Bei gleichgeschlechtlichen Ehepaaren und eingetragenen Lebenspartnern kommt in **Zeile 7 bis 16** derjenige als „Person A", dessen Nachname im Alphabet zuerst steht. Der andere gehört als „Person B" in **Zeile 18 bis 27**. Bei gleichen Namen entscheidet der Vorname, bei Gleichheit auch dort zählt das Geburtsdatum: der ältere Partner bekommt **Zeile 7 bis 16**. Die Religion wird rechts in **Zeile 10 und 21** mit den dort abgedruckten Abkürzungen angegeben, weitere Abkürzungen stehen in der „Anleitung zur Einkommensteuererklärung" des Finanzamts.

TIPP: Auf Antrag kappen viele Kirchenbehörden bei hohen Einkünften die Kirchensteuer bei 3 bis 4 Prozent des zu versteuernden Einkommens oder sie erstatten bei Abfindungen einen Teil der Kirchensteuer. Eine Nachfrage bei der Kirche bringt Klarheit und eventuell weniger Steuerbelastung.

Weil zu den Adressdaten erstmals bei Wohnsitz im Ausland die Postleitzahl und der Staat gesondert abgefragt werden, verschieben sich ab der Mitte der ersten Seite die Zeilen gegenüber dem Vorjahr.

Zeile 17 betrifft bestehende oder gewesene Ehe-/Lebenspartner. Wer ganz rechts (dauernd getrennt) ein Datum vor Neujahr 2020 einträgt, wird wie ein Lediger besteuert.

Zeile 28: Nur für Ehepaare/Lebenspartner

Diese Paare entscheiden selbst, ob sie eine gemeinsame Steuererklärung abgeben wollen („Zusammenveranlagung" ankreuzen) oder zwei getrennte. Zusammen ist in der Regel vorteilhafter. Eine „Einzelveranlagung" kann sich ausnahmsweise lohnen, etwa bei hohen medizinischen Kosten, Auslandseinkünften oder Abfindungen. Dann sollte vorher eine Vergleichsrechnung gemacht oder ein Steuerprofi befragt werden.

Wer nicht zusammen abgeben will, kann die „Einzelveranlagung" wählen. Die erlaubt es aber nicht, bestimmte Kosten, etwa Sonderausgaben, außergewöhnliche Belastungen oder Steuerermäßigungen nach freier Entscheidung einem der Partner zuzuordnen: Die Kosten darf nur noch der absetzen, der sie auch getragen hat. Ehe- und Lebenspartner können aber beantragen, dass sie bei jedem zur Hälfte berücksichtigt werden.

Ist ein Partner 2020 verstorben, kann der andere für 2020 und 2021 noch partnerschaftsbedingte Steuervorteile nutzen (→ ab Seite 32).

Zeile 31 bis 34: Bankverbindung

Wegen zusätzlicher Zeilen auf der ersten Seite ist die Abfrage der Bankverbindung je auf Seite 2 verschoben. In **Zeile 31** schreiben Sie die IBAN Ihrer inländischen Bank. Handelt es sich um ein ausländisches Kreditinstitut, das innerhalb des „Europäischen Zahlungsverkehrsraums" (SEPA) agiert, gehört die IBAN in **Zeile 32**, die BIC in **Zeile 33**. Bankverbindungen außerhalb des SEPA-Raums müssen dem Finanzamt formlos schriftlich mitgeteilt werden. Das Buchstabenfeld in **Zeile 34** füllen Sie nur aus, wenn eine Steuererstattung nicht an Sie oder Ihren Partner überwiesen werden soll.

Zeile 35 bis 41: Abweichende Adresse

Sie füllen **Zeile 35 bis 41** nur aus, wenn der Steuerbescheid nicht Ihre Wohnadresse gehen soll. Sie können generell festlegen, dass der Steuerbescheid nicht an Sie, sondern an jemand anderen geschickt werden soll oder an eine andere Adresse. Hat das Finanzamt bereits eine Vollmacht, brauchen Sie das jedoch nicht nochmals anzugeben. In **Zeile 41** tragen Sie den Staat ein, falls der Steuerbescheid im Ausland zugestellt werden soll.

Zeile 42: Arbeitnehmer-Sparzulage

Anspruch auf eine Arbeitnehmer-Sparzulage haben Sie nur, wenn Sie 2020 noch in einem Arbeitsverhältnis standen. Die Zulage für eingezahlte Vermögenswirksame Leistungen beantragen Sie per Eintragung der Ziffer 1 in **Zeile 42**. Zudem müssen Sie in **Zeile 1** des Hauptvordrucks die „Festsetzung der Arbeitnehmersparzulage" ankreuzen. Die eingezahlten Beiträge werden vom Anbieter elektronisch an die Finanzverwaltung übermittelt.

Zeile 43 und 44: Ersatzleistungen

In diesen Zeilen wird nach „Einkommensersatzleistungen" gefragt. Das sind Leistungen, die anstelle eines Einkommens gezahlt wurden, etwa Arbeitslosen- oder Krankengeld. Die meisten Ruheständler müssen hier keine Ersatzleistungen erklären. Es sei denn, im Jahr des Renteneintritts bezogen sie zuvor zunächst zum Beispiel Arbeitslosengeld. Hat der Anbieter Ihnen mitgeteilt, was er dem Finanzamt übermittelt hat, können Sie die **Zeile 43** frei lassen. Die elektronischen Daten werden vom Finanzamt automatisch übernommen. Im Steuerbescheid sollten Sie unbedingt überprüfen, ob die übernommenen Ersatzleistungen mit denen auf Ihrer Bescheinigung übereinstimmen. Der Betrag steht in den Erläuterungen zur Steuerfestsetzung (→ ab Seite 133). Erhalten Sie vergleichbare Leistungen aus dem EU- oder EWR-Ausland oder der Schweiz, liegen der Finanzverwaltung keine elektronische Daten vor und die Beträge sind in **Zeile 44** einzutragen.

	Einkommensersatzleistungen – ohne Beträge lt. Zeile 28 der Anlage N –		stpfl. Person / Ehemann / Person A EUR		Ehefrau / Person B EUR	18
43	– die dem Progressionsvorbehalt unterliegen, z. B. Arbeitslosengeld, Elterngeld, Insolvenzgeld, Krankengeld, Mutterschaftsgeld, Verdienstausfallentschädigung (Infektionsschutzgesetz)	120	,–	121	,–	
44	– vergleichbare Leistungen i. S. d. Zeile 43 aus einem EU- / EWR-Staat oder der Schweiz	136	1020,–	137	,–	

Zeile 45: Ergänzende Angaben

Hintergrund ist die zunehmende Fähigkeit der Verwaltung, Steuererklärungen vollautomatisch, also ohne persönliche Bearbeitung oder Prüfung durch Finanzbeamte zu verarbeiten. Das „Gesetz zur Modernisierung des Besteuerungsverfahrens" sieht aber vor, dass jeder Bürger die Möglichkeit haben muss, Angaben zu machen, die weiterhin eine persönliche Bearbeitung durch Finanzbeamte erfordern. Es kann sich dabei um Angaben handeln, die Sie in andere Zeilen der Steuererklärung nicht eintragen können oder um eine abweichende Rechtsauffassung. Wer in **Zeile 45** die Ziffer „1" einträgt, erreicht die personelle Bearbeitung seiner Steuererklärung. Die zusätzlichen Angaben sind auf einer formlosen Anlage mit der Überschrift: „Ergänzende Angaben zur Steuererklärung" einzureichen. Wer elektronisch abgibt, hat für diese Angaben ein zusätzliches Textfeld in der Steuererklärung.

Zeile 46 bis 47: Steuerberatung und Unterschrift

In das Kästchen in **Zeile 46** gehört die Ziffer „1", wenn ein Steuerberater oder Lohnsteuerhilfeverein bei der Steuererklärung geholfen hat. Vergessen Sie vor lauter Freude über das Ende des Hauptvordrucks die Unterschrift in **Zeile 47** nicht, unterschreiben Sie deshalb lieber gleich. Ohne Unterschrift ist die Steuererklärung auf dem Papierformular unwirksam. Für die elektronische Steuererklärung gelten andere Regeln (→ ab Seite 141). Denken Sie bei einer gemeinsamen Steuererklärung auch an die Unterschrift des Ehe- oder Lebenspartners. Hat ein Steuerberater oder Lohnsteuerhilfeverein bei der Steuererklärung geholfen, kommen die Angaben dazu in den Kasten rechts neben der Unterschrift. Hat der Nachbar ein bisschen mitgemacht, behalten Sie das besser für sich, denn der ist dazu in der Regel nicht befugt. Wenn er es doch getan hat, kann es für alle Beteiligten Ärger geben.

Anlage Sonderausgaben

Die in dieser Anlage einzutragenden Aufwendungen bieten Rentnern und Pensionären interessante Steuersparchancen. Der Fiskus berücksichtigt automatisch nur eine geringe Pauschale von 36 Euro für Alleinstehende, 72 Euro für Ehepaare/Lebenspartner. Bis zur Steuererklärung 2018 wurden diese Angaben auf der Seite 2 des Mantelbogens abgefragt. Nach der Umgestaltung 2019 sind sie in die neue Anlage Sonderausgaben einzutragen.

Zu Beginn schreiben Sie zunächst nochmals Ihren Namen und die Steuernummer. Das gilt für alle Anlagen, die zusätzlich zum Hauptvordruck abgegeben werden. Zusammen veranlagte Ehepaare und eingetragene Lebenspartner füllen eine gemeinsame Anlage aus.

Zeile 4: Kirchensteuer

Hierher gehört die tatsächlich gezahlte Kirchensteuer, einschließlich im Jahresverlauf geleisteter Voraus- oder Nachzahlungen. Erstattete Kirchensteuer ist in der Zeile rechts gesondert anzugeben. Freiwillige Beiträge oder Zahlungen sind nicht hier, sondern unter Spenden (**Zeile 5**) einzutragen. Kirchensteuer, die die Bank oder ein anderer Finanzdienstleister im Rahmen der Abgeltungsteuer bereits an das Finanzamt abgeführt hat, gehört nicht hierher. Ob etwas abgeführt wurde, ergibt sich in der Regel aus den Mitteilungen der Banken (→ Anlage KAP ab Seite 86).

	Kirchensteuer		2020 gezahlt EUR		2020 erstattet EUR
4	soweit diese nicht als Zuschlag zur Abgeltungsteuer einbehalten oder gezahlt wurde	103	487,–	104	212,–

Spenden sind für viele Rentner und Pensionäre ein wichtiges Thema, wobei das Finanzamt dabei bisher oft keine Rolle spielte. Mit der wachsenden Anzahl von Ruheständlern, die der Fiskus zur Kasse bittet, ändert sich das gerade.

Absetzbar sind Spenden „zur Förderung steuerbegünstigter Zwecke“ im Inland (**Zeile 5**) und im Ausland (**Zeile 6**). Hinter dieser Formulierung verbirgt sich so ziemlich alles, zum Beispiel Kultur und Bildung, Jugend und

Sport, Denkmalschutz und Heimatpflege, auch Mitgliedsbeiträge mancher Organisationen, etwa des DRK, sind absetzbar. Spenden können grundsätzlich bis zur Höhe von 20 Prozent der Einkünfte abzugsfähige Sonderausgaben sein (→ Beispiel Seite 51).

TIPP: Beiträge an Kulturfördervereine sind auch dann absetzbar, wenn die Mitglieder Sondervorteile, zum Beispiel verbilligte Karten für Veranstaltungen, erhalten.

Für die Anerkennung der Spende ist in der Regel die Spendenbescheinigung des Empfängers nach amtlichem Muster im Original erforderlich – eine sogenannte Zuwendungsbescheinigung. Spenden an Empfänger in der EU und im Europäischen Wirtschaftsraum (EWR) gehören in **Zeile 6**. Bei Spenden bis 200 Euro ist keine Zuwendungsbescheinigung nötig, es reicht der Kontoauszug. Der gleiche Nachweis genügt auch für höhere Beträge in Katastrophenfällen, wenn auf bestimmte Sonderkonten gespendet wurde.

→ Zum Beispiel Käte und Karl K.

Das Ehepaar hat nach Abzug von Werbungskosten und Sonderausgaben (außer Spenden) gemeinsam steuerpflichtige Einkünfte von 20 000 Euro. Sie haben 500 Euro an ein Heim des Deutschen Roten Kreuzes für behinderte Kinder gespendet, 500 Euro für die neue Orgel der Dorfkirche und 800 Euro für den örtlichen Fußballverein. Sie dürfen die gespendeten 1 800 Euro absetzen, denn ihr „Spendenvolumen" beträgt 4 000 Euro (das sind 20 Prozent von 20 000 Euro).

Auch gespendete Sachen wie Kleider, Möbel oder Bücher sind von der Steuer absetzbar, wenn sich der Wert der Gegenstände nachvollziehbar ermitteln lässt. Bei erbrachten Leistungen ist das mitunter leichter festzustellen, zum Beispiel, wenn unter Verzicht auf einen – rechtlich zustehenden – Kostenersatz Pkw-Fahrten für den Verein unternommen wurden. Auch in diesen Fällen ist eine Spendenbescheinigung erforderlich.

WICHTIG: Spendenbescheinigungen müssen der Steuererklärung nicht mehr beigefügt werden. Sie müssen aber auf Anforderung vorgelegt und bis zu einem Jahr nach Erhalt des Steuerbescheids aufbewahrt werden.

In Zeile **7 bis 8** gehören Mitgliedsbeiträge und Spenden an politische Parteien sowie unabhängige Wählervereinigungen. Davon drücken bei Ledigen bis zu 1650 Euro, bei Ehe-/Lebenspartnern bis zu 3300 Euro zur Hälfte direkt die Steuerschuld. Höhere Spenden können bis zu 1650 beziehungsweise 3300 Euro zusätzlich als Sonderausgaben abgesetzt werden. Spendet beispielsweise ein Lediger 2000 Euro an eine Partei, zahlt er 825 Euro weniger Steuern (50 Prozent von 1650). Die darüber hinaus gespendeten 350 Euro darf er als Sonderausgaben geltend machen (2000 minus 1650). Zusätzlich zu seiner Parteispende und in gleicher Weise steuerlich gefördert dürfte er an eine unabhängige Wählervereinigung spenden.

In den **Zeilen 9 bis 12** geht es um Zuwendungen an bestimmte Stiftungen. Wer damit zu tun hat, braucht ohnehin einen Steuerberater. Das gilt auch für Großspenden oberhalb der 20-Prozent-Grenze.

Der Freibetrag für alle, die sich im Verein gemeinnützig engagiert haben und dafür eine Aufwandsentschädigung bekamen, gehört nicht hierher, sondern in Anlage N oder S (→ Seite 99, 111).

Zeile 13 bis 14: Berufsausbildung

Hierher gehören Kosten für eine erste Berufsausbildung und für ein Erststudium. Die Betonung liegt hier auf „Erst", denn das Finanzamt unterscheidet strikt zwischen einer Erst- und einer Folgeausbildung. Eine Erstausbildung ist bei den Sonderausgaben nur zu berücksichtigen, wenn bisher überhaupt noch kein Berufs- oder Studienabschluss vorhanden war

und 2020 erstmals eine Ausbildung mit dem Ziel erfolgte, Einnahmen zu erzielen. Das wird bei Ruheständlern gewöhnlich nicht zutreffen, sodass dann diese Zeilen leer bleiben.

Zeile 15 bis 18: Gezahlte Versorgungsleistungen

In **Zeile 15 bis 18** geht es um Versorgungsleistungen - oft im Zusammenhang mit Vermögensübertragungen der Älteren an die Jüngeren der Familie. Für das Vermögen erhalten die Älteren zum Beispiel eine lebenslange Rente. Diese Zahlungen können die Jüngeren unter bestimmten Voraussetzungen als Sonderausgaben absetzen. Für Ruheständler sind diese Zeilen weniger interessant, weil sie meist die Empfänger (→ Seite 103) solcher Leistungen sind. Außerdem geht es hier um komplizierte Rechtsverhältnisse, bei denen ein Fachmann helfen sollte.

Zeile 19 bis 23: Zahlungen an den oder die Ex

Zeile 19 behandelt Unterhaltsleistungen, die an einen geschiedenen oder getrennt lebenden Ehegatten oder Lebenspartner geleistet wurden. Voraussetzung für die steuermindernde Berücksichtigung ist, dass der Unterhaltsempfänger auf der Anlage U (→ Seite 103) zugestimmt hat, die Zahlungen als Einnahmen zu versteuern. Sie sind beim Zahler in dem Umfang als Sonderausgaben abzugsfähig, wie sie beim Empfänger steuerpflichtig sind. Hier ist auch die Steueridentifikationsnummer des Unterstützten einzutragen.

TIPP: Zusätzlich zum Höchstbetrag von 13 805 Euro Unterhalt kann der Zahler übernommene Beiträge zur Basiskrankenversicherung und die Beiträge zur gesetzlichen Pflegeversicherung des Unterstützten als Sonderausgaben geltend machen.

In **Zeile 20** (links) muss der Teil der Unterhaltszahlung, der auf Beiträge zur Kranken- und Pflegeversicherung entfällt, nochmals separat aufgeführt werden. Krankenversicherungsbeiträge, die Anspruch auf Krankengeld auslösen, müssen rechts zusätzlich separat erscheinen.

	Unterhaltsleistungen lt. **Anlage U** an den		IdNr. der unterstützten Person			
19	– geschiedenen Ehegatten, Lebenspartner einer aufgehobenen Lebenspartnerschaft – dauernd getrennt lebenden Ehegatten / Lebenspartner	117	08 154 711 081		116	14500,–
			EUR			
20	In Zeile 19 enthaltene Beiträge (abzgl. Erstattungen und Zuschüsse) zur Basis-Kranken- und gesetzlichen Pflegeversicherung	118	695,–	Davon entfallen auf Krankenversicherungsbeiträge mit Anspruch auf Krankengeld	119	0,–

Zeile 21 und 22 behandelt Ausgleichszahlungen, die im Rahmen eines vertraglichen oder gerichtlich angeordneten Versorgungsausgleiches an einen geschiedenen Ehegatten oder Lebenspartner geleistet wurden. Sie werden vom Finanzamt in der Höhe als Sonderausgaben abgezogen, in der sie beim Empfänger steuerpflichtig sind. In **Zeile 23** gehören Zahlungen, die als Ausgleich erfolgt sind, um einen Versorgungsausgleich, also eine Kürzung der eigenen Altersbezüge, zu vermeiden. Für den Abzug ist die Anlage U erforderlich. Hier muss 2020 erstmals auch die Steuer-ID des Empfängers eingetragen werden.

Anlage Außergewöhnliche Belastungen

Die neue Anlage enthält die Angaben, die bis 2018 auf der dritten Seite des Mantelbogens abgefragt wurden. Für Rentner und Pensionäre kann sie ganz besonders interessant sein, weil hinter den „außergewöhnlichen Belastungen" so manches steckt, womit gerade sie ihre Steuerlast senken können. Und so „außergewöhnlich" ist das alles gar nicht, geht es doch zum Beispiel um Krankheit, Unterstützung Bedürftiger, Behinderung oder Pflege.

Daneben gibt es eine Reihe weiterer Sachverhalte, die manchmal erst nach gerichtlicher Klärung anerkannt werden. So kann nach Urteilen des Bundesfinanzhofs die Beseitigung von Gebäudeschäden durch Hausschwamm, Brand oder Hochwasser eine außergewöhnliche Belastung sein (VI R 70/10), ebenso die Abwehr einer Gesundheitsgefährdung durch ein mit Asbest verseuchtes Dach (VI R 47/10).

Zeile 4 bis 9: Behinderung

Je nach Grad der Behinderung gewährt das Finanzamt einen pauschalen Freibetrag zwischen 310 und 3700 Euro jährlich (→ Seite 165). In die **Zeilen 4 und 9** werden die Gültigkeitsdaten der entsprechenden Dokumente (zum Beispiel Ausweis des Versorgungsamts) eingetragen sowie rechts der Grad der Behinderung, der auf ihnen vermerkt ist. Legen Sie bei einer erstmaligen Beantragung eines Behindertenpauschbetrags eine Kopie des Dokuments bei. Die kleinen Kästchen in den **Zeilen 5 bis 6** und **8 bis 9** sind, wenn die genannten gesundheitlichen Einschränkungen vorliegen, mit der Ziffer „1" auszufüllen. Die Merkzeichen Bl oder H auf dem Ausweis stehen für blind oder hilflos, die Merkzeichen G und aG (außergewöhnliche Gehbehinderung) bedeuten geh- und stehbehindert. In diesen Fällen gewährt das Finanzamt die höchste Pauschale von 3700 Euro. Diese wird auch ab einem Pflegegrad von 4 gewährt.

Behinderten-Pauschbetrag

– bei erstmaliger Beantragung / Änderung bitte Nachweis einreichen –

		Ausweis / Rentenbescheid / Bescheinigung gültig von		bis	unbefristet gültig		Grad der Behinderung
4	stpfl. Person / Ehemann / Person A	100	0 4 1 5	101 M M J J	102 1	1 = Ja	105 6 0
5	Ich bin – geh- und stehbehindert (Merkzeichen „G“ oder „aG“)			104 1	1 = Ja		
6	– blind / ständig hilflos (Merkzeichen „Bl“ und / oder „H“), schwerstpflegebedürftig (Pflegegrad 4 oder 5)			103	1 = Ja		

Pauschbeträge gewährt das Finanzamt grundsätzlich erst ab einem Behinderungsgrad von 50. Es gibt aber Ausnahmen, zum Beispiel bei einer Behinderung wegen einer typischen Berufskrankheit oder wenn wegen der Behinderung ein gesetzlicher Anspruch auf Rente besteht. Ob im konkreten Fall Ausnahmen zutreffen, kann eine Nachfrage beim zuständigen Finanzamt klären.

→ **TIPP**: Viele Ruheständler haben erhebliche Gesundheitsprobleme, wissen aber oftmals nicht, dass ihnen dafür eigentlich ein Behindertenpauschbetrag zusteht. Fragen Sie den Hausarzt, ob und wie ein Antrag auf einen Behindertenausweis Erfolgsaussichten haben kann.

Neben dem Pauschbetrag können Behinderte weitere Ausgaben geltend machen, zum Beispiel für andere Krankheitskosten und für Kfz-Fahrten. Ohne Nachweis sind das bis 900 Euro Kfz-Kosten (ab einem Behinderungsgrad von 80 oder ab 70 und Merkzeichen G), mit Nachweis bis 4 500 Euro bei Merkzeichen aG, Bl und H. Auch Ausgaben für einen behindertengerechten Umbau eines Kfz oder einer Wohnung können absetzbar sein. Das gilt auch für bestimmte Kosten einer Begleitperson im Urlaub.

Anstelle des Behindertenpauschbetrags können auch die tatsächlichen, nachgewiesenen Kosten der Behinderung geltend gemacht werden. Das passiert alles in **Zeile 18** beziehungsweise in ergänzenden Aufstellungen zu diesen Zeilen.

Um behinderungsbedingte Steuervorteile auszuschöpfen, kann die Hilfe eines Steuerprofis zumindest beim erstmaligen Ausfüllen einer Steuererklärung zweckmäßig sein.

In der **Zeile 10** ist ein Pauschbetrag für Hinterbliebene zu beantragen. Er beläuft sich auf 370 Euro und steht Menschen zu, denen aufgrund ganz bestimmter gesetzlicher Regelungen Hinterbliebenenbezüge gewährt werden, zum Beispiel nach einem Dienstunfall eines Beamten.

Zeile 11 bis 12: Pflege zu Hause

Wer eine andere Person in seiner Wohnung oder in deren Wohnung unentgeltlich pflegt, kann den Pflegepauschbetrag von 924 Euro im Jahr erhalten. Dafür gilt aber eine Reihe von Voraussetzungen:

- Die Pflege muss persönlich geleistet werden (eine Unterstützung durch einen ambulanten Pflegedienst schadet aber nichts).
- Der Gepflegte muss hilflos sein (Merkmal H) oder den Pflegegrad 4 oder 5 haben.
- Den Pauschbetrag erhalten Menschen, die unterhaltsberechtigte Angehörige pflegen. Es gibt ihn aber auch, wenn andere Verwandte, Lebensgefährten, Freunde oder Nachbarn gepflegt werden. Dann muss der Pflegende darlegen können, dass er die Pflege aus tatsächlichen oder sittlichen Gründen übernehmen musste.
- Sind mehrere Menschen an der Pflege einer Person beteiligt, etwa Geschwister, die ihre Eltern pflegen, wird der Pauschbetrag nach Zahl der beteiligten Personen aufgeteilt.

→ **TIPP:** Den Pflegepauschbetrag gibt es auch, wenn die gepflegte Person in einem Heim untergebracht ist und nur an den Wochenenden zu Hause gepflegt wird.

Zeile 11 fragt, wer der Pflegende ist und bietet mit den Ziffern „1", „2" oder „3" eine Auswahl an. In **Zeile 12** gehören Angaben zur gepflegten Person

und dem Verwandtschaftsverhältnis. In das rechte Kästchen schreiben Sie die Anzahl eventueller „Mitpfleger“ und fügen ein Extrablatt bei.

Pflegekosten können auf unterschiedlichen Wegen geltend gemacht werden: als Pflegepauschbetrag (**Zeile 11 bis 12**), als „allgemeine“ außergewöhnliche Belastung (**Zeile 14**), als Steuerermäßigung über die Beschäftigung einer Hausangestellten als geringfügige (**Zeile 14 und 20**) oder voll sozialversicherungspflichtige Tätigkeit (**Zeile 14 und 21**) und über den Behindertenpauschbetrag (**Zeile 4 bis 9**).

Wichtig ist, dass die entsprechenden Voraussetzungen gegeben sind. Die unterscheiden sich aber erheblich. So kann etwa jemand, der einen Verwandten zu Hause oder in einem Heim pflegen lässt, seine Ausgaben in der Regel als allgemeine außergewöhnliche Belastung nur geltend machen, wenn er gegenüber der zu pflegenden Person unterhaltsverpflichtet ist und der Gepflegte die Kosten nicht allein tragen kann. Das wäre etwa dann der Fall, wenn ein Kind Pflegeheimkosten für die bedürftigen Eltern übernimmt. Demgegenüber ist die Nutzung des Pflegepauschbetrags oder einer Steuerermäßigung für Pflegeleistungen im Haushalt nicht an diese Voraussetzungen gebunden. Kombinationen sind ebenfalls möglich. So lässt sich für den Teil der Pflegekosten, der wegen der „zumutbaren Belastung“ (→ Seite 58) nicht als außergewöhnliche Belastung absetzbar ist, eine Steuerermäßigung als Pflegeleistung im Haushalt beantragen (**Zeilen 14, 20, 21**). Auch kann jemand, der Pflegeleistungen im Haushalt als haushaltsnahe Dienstleistung absetzt, neben dem Höchstbetrag von 20 000 Euro weitere Pflegekosten als außergewöhnliche Belastungen geltend machen.

Was im Einzelfall möglich und was steuerlich günstiger ist, sollte mit einem Steuerprofi besprochen werden. Grundsätzlich ist ein Abzug als außergewöhnliche Belastung günstiger, wenn der Grenzsteuersatz mehr als 20 Prozent beträgt. Alleinstehende erreichen diesen Steuersatz bereits bei einem zu versteuernden Einkommen von rund 12 500 Euro (→ Seite 172).

Zeile 13 bis 21: Krankheit, Todesfall und andere Katastrophen

Hier wird eingetragen, was das Steuerrecht unter „außergewöhnlichen Belastungen allgemeiner Art" versteht. Der Begriff entzieht sich einer klaren Definition und soll es wohl auch, denn hier findet sich so ziemlich alles von Krankheitskosten im weitesten Sinn über Grundwasserschäden bis zum Verlust von Hausrat durch Naturkatastrophen oder Diebstahl. Damit das Ganze nicht ausufert, muss jeder, der eine solche „allgemeine" Belastung absetzen will, einen Teil davon selbst schultern. Der nennt sich „zumutbare Belastung", beläuft sich je nach Familienstand, Kinderzahl und Höhe der Einkünfte auf 1 bis 7 Prozent der Einkünfte (→ Seite 25, 58 und 164).

Krankheitskosten sind die außergewöhnlichen Belastungen, die Ruheständler am häufigsten geltend machen. Dazu gehören die Kosten für alle vom Arzt oder Heilpraktiker verordneten Medikamente, Heilbehandlungen und Hilfsmittel, aber nur der Anteil, der selbst bezahlt wurde. Auch dabei gibt es immer wieder umstrittene Positionen, aber grundsätzlich sollten Sie alle Belege sammeln, die etwas mit Kosten für Krankheit und Gesundheit zu tun haben, zum Beispiel Zuzahlungen bei Arzt, Zahnarzt, Masseur und Apotheke, Zahlungen für Heilbehandlungen und Medikamente, die zwar verordnet, aber von der Kasse nicht getragen wurden, zum Beispiel homöopathische Mittel. Ausgaben für Brillen, Einlagen oder Rollstühle gehören dazu ebenso wie die Fahrtkosten zum Arzt und bestimmte Kurkosten.

Ausgaben für einen krankheits- oder pflegebedingten Heimaufenthalt können wie Krankheitskosten als außergewöhnliche Belastung geltend gemacht werden, auch Zahlungen für dort untergebrachte Verwandte, die unterhaltsberechtigt sind.

→ Zum Beispiel das Ehepaar B.

Berthold und Bettina B. sind beide Rentner, die Kinder längst aus dem Haus. Ihre steuerpflichtigen Einkünfte belaufen sich auf 26 000 Euro, das Einkommen beträgt 21 000 Euro. Krankheitskosten fielen reichlich an. Berthold musste beim Zahnarzt 2 000 Euro zuzahlen und Bettina bei ihrer vom Amtsarzt bestätigten Kur 800 Euro. Hinzu kamen Zuzahlungen für Medikamente, Bertholds neue Lesebrille und Fahrtkosten zum Arzt für zusammen nochmals 800 Euro. Beide haben die Kur- und Zahnarztkosten insgesamt in diesem Jahr konzentriert, um die Hürde der zumutbaren Belastung sicher zu überwinden (→ Seite 164). Ohne die 3 600 Euro Krankheitskosten müssten sie 328 Euro Steuer bezahlen, durch die Krankheitskosten bleiben sie steuerfrei.

Einkommen	**21 000**
Einkommensteuer	328
Krankheitskosten	3 600
minus zumutbare Eigenbelastung (→ Seite 164)	–1 146
bleiben abzugsfähige Krankheitskosten (3 000 minus 1 146)	2 454
steuerpflichtig (21 000 minus 2 454)	18 546
Einkommensteuer (alle Angaben in Euro)	**0**

	Andere Aufwendungen				
	Krankheitskosten (z. B. Arznei-, Heil- und Hilfsmittel, Kurkosten) Art der Aufwendungen		Summe der Aufwendungen EUR		Anspruch auf zu erwartende / Erhaltene Versicherungsleistungen, Beihilfen, Unterstützungen; Wert des Nachlasses usw. EUR
13	ZAHNARZTKOSTEN UND WEITERE	302	3 600,–	303	0,–

Prozesskosten sind nur noch absetzbar, wenn sie eine existenzbedrohende Situation abwenden sollen. Scheidungsverfahren gehören nach Auffassung der Richter nicht dazu.

Wenn Hausrat oder Kleidung durch Feuer, Unwetter, Hochwasser oder Diebstahl verloren gegangen sind, können Ausgaben für die Wiederbeschaffung eine außergewöhnliche Belastung sein. Da prüft das Finanzamt aber sehr genau. Stellt sich beispielsweise heraus, dass keine Hausratversicherung abgeschlossen wurde, hält der Fiskus seine Taschen zu.

Schadstoffe in Haus oder Wohnung können zu einer außergewöhnlichen Belastung führen. Wenn zum Beispiel Asbest, Formaldehyd oder giftige Holzschutzmittel zu beseitigen sind, berücksichtigt das Finanzamt die anfallenden Kosten. Die Anforderungen dafür sind allerdings hoch: Ein Arzt muss in der Regel den Zusammenhang zwischen der Schadstoffbelastung und den gesundheitlichen Folgen attestieren; außerdem will das Finanzamt die Gutachten über die konkrete Gesundheitsgefährdung sehen.

Unter bestimmten Voraussetzungen akzeptiert das Finanzamt auch Beerdigungskosten (**Zeile 17**) als außergewöhnliche Belastung, wenn sie ein Verwandter oder eine dem Toten nahestehende Person übernommen hat, 7 500 Euro nicht übersteigen und nicht aus dem Nachlass bezahlt werden können.

Zeile 19 bis 21 füllen Sie nur aus, wenn in Zeile 19 Aufwendungen enthalten sind, für die es grundsätzlich auch eine Steuerermäßigung als Pflege- oder Handwerkerleistung geben kann (→ auch Seite 62). Das betrifft zum Beispiel Pflegeleistungen, die im Rahmen eines Minijobs erbracht wurden, andere haushaltsnahe Pflegeleistungen und Arbeitskosten für Handwerkerleistungen, beispielsweise für behinderungsbedingte Umbauten.

Sie hatten beispielsweise Kosten für einen Pflegedienst von 4000 Euro im Jahr. Diesen Betrag haben Sie in **Zeile 14** bereits eingetragen. Wegen der zumutbaren Belastung konnten Sie 1500 Euro von diesen 4000 Euro nicht absetzen. Wenn Sie die 4000 Euro auch in **Zeile 21** eintragen, kann es für den nicht absetzbaren Betrag eine Steuerermäßigung für haushaltsnahe Dienstleistungen geben.

14	Pflegekosten (z. B. häusliche Pflege und Heimunterbringung) Art der Aufwendungen PFLEGEDIENST	304	4 000,–	305	0,–
15	Behinderungsbedingte Aufwendungen (z. B. Umbaukosten) Art der Aufwendungen	306	,–	307	,–
16	Behinderungsbedingte Kfz-Kosten Art der Aufwendungen 3.000 KM PKW-FAHRTEN WG. BEHIND.	308	900,–	309	0,–
17	Bestattungskosten (z. B. Grabstätte, Sarg, Todesanzeige) Art der Aufwendungen	310	,–	311	,–
18	Sonstige außergewöhnliche Belastungen Art der Aufwendungen	312	,–	313	,–
	Für folgende Aufwendungen wird die Steuerermäßigung für haushaltsnahe Beschäftigungsverhältnisse / Dienstleistungen / Handwerkerleistungen beantragt, soweit sie wegen Abzugs der zumutbaren Belastung nicht als außergewöhnliche Belastungen berücksichtigt werden (die Beträge sind nicht zusätzlich in den Zeilen 4 bis 9 der Anlage Haushaltsnahe Aufwendungen einzutragen):				Aufwendungen (abzüglich Erstattungen) EUR
19	Die in Zeile 14 enthaltenen Pflegeleistungen im Rahmen eines geringfügigen Beschäftigungsverhältnisses im Privathaushalt – sog. Minijob – betragen			370	,–
20	Die in Zeile 14 enthaltenen übrigen haushaltsnahen Pflegeleistungen (ohne Minijob) und in Heimunterbringungskosten enthaltenen Aufwendungen für Dienstleistungen, die denen einer Haushaltshilfe vergleichbar sind, betragen			371	4 000,–
21	Die in Zeile 13 bis 18 enthaltenen Arbeitskosten für Handwerkerleistungen betragen			372	,–

Anlage Haushaltsnahe Aufwendungen: 20 Prozent Steuerbonus

Viele Ruheständler lassen sich für Arbeiten an Haus, Hof oder Wohnung helfen. Unter bestimmten Voraussetzungen können sie die Kosten in dieser Anlage eintragen und verringern ihre Steuerlast.

Zeile 4 bis 9: Rund um den Haushalt

Wer eine Haushaltshilfe einstellt, kann damit Steuern sparen. Die Hilfskraft muss aber typische Hausarbeiten erledigen, zum Beispiel einkaufen, putzen, waschen, kochen, Familienangehörige betreuen oder den Garten pflegen. Arbeitet die Haushaltshilfe in einem Minijob, gehören die Angaben in **Zeile 4**. Die Verdienstgrenze liegt bei 450 Euro im Monat, zudem gilt Rentenversicherungspflicht. Davon können sich Minijobber aber auf eigenen Antrag bei ihrem Arbeitgeber befreien lassen (→ Seite 15). Die Formulare und weitere Informationen gibt es bei der Minijobzentrale (telefonisch 03 55/2 90 27 07 99 oder im Internet: minijobzentrale.de).

Die Angaben für **Zeile 4** können Sie der Bescheinigung der Minijobzentrale entnehmen, die die Sozialabgaben und Steuern pauschal eingezogen und abgeführt hat. Hierher gehört auch eine kurze Tätigkeitsbeschreibung, etwa „Reinigungsarbeiten". Von den Lohnkosten verringern 20 Prozent die Steuerschuld. Die Steuererstattung für einen Minijob bleibt jedoch auf 510 Euro im Jahr begrenzt.

→ Zum Beispiel das Ehepaar U.

Ulrike und Ulrich U. sind beide Rentner. Sie haben Vera V. als Haushaltshilfe in einem Minijob eingestellt. Als Arbeitgeber rechnen sie mit der Minijobzentrale ab, 20 Prozent ihrer Ausgaben für Vera V., maximal 510 Euro, verringern direkt ihre Steuerschuld. Die Ausgaben bestehen aus dem Arbeitslohn und einer Pauschalabgabe von 14,69 Prozent.

Lohn für Vera V. (12 × 450)	**5 400**
plus Pauschalabgabe (14,69 % von 5 400)	+ 794
Lohnkosten des Ehepaars U.	6 194
Steuererstattung (20 % von 6 194, maximal 510, alle Angaben in Euro)	**510**

Für andere haushaltsnahe Dienstleistungen akzeptiert das Finanzamt Ausgaben bis jährlich 20 000 Euro. Die Ausgaben gehören alle in **Zeile 5**. Förderfähig sind einfache Arbeiten, zum Beispiel Gartenarbeiten, Putzen, Kochen, Kinder- und Seniorenbetreuung. Das Finanzamt zieht 20 Prozent der Arbeitskosten (von bis 20 000 Euro) unmittelbar von der Steuerschuld ab. Das ergibt bis zu 4 000 Euro Steuererstattung im Jahr. Ob sich der eigene Haushalt in einer gemieteten Wohnung oder in einem Eigenheim befindet, ist dabei egal. Auch die Pflege und Betreuung von Personen im Haushalt wird von dieser Zeile erfasst. Dabei muss keine der zu pflegenden Personen Leistungen aus der Pflegeversicherung erhalten oder einem Pflegegrad zugeordnet sein. Lebt die Person im Heim, sind die einer Hilfe im Haushalt vergleichbaren Dienstleistungen absetzbar. Allerdings kann dann nur derjenige, der im Heim lebt, eine Steuerermäßigung auf diese Kosten erhalten.

Angaben zur versicherungspflichtigen Beschäftigung einer Haushaltshilfe mit mehr als 450 Euro Monatslohn gehören ebenfalls hierher. Auch

dafür kann es eine Steuererstattung von maximal 4 000 Euro im Jahr geben. Das Arbeitsverhältnis muss aber wie jeder andere versicherungspflichtige Job angemeldet und abgerechnet werden. Wer das alles richtig machen will, sollte besser einen Steuerprofi zurate ziehen, wenigstens im ersten Jahr der Beschäftigung. Die Lohnunterlagen sollten beigefügt werden. Arbeitsverhältnisse mit Bekannten und Verwandten sind ebenfalls förderfähig. Die Helfer dürfen aber nicht zum eigenen Haushalt gehören. Wird der Ehe-/Lebenspartner als Haushaltshilfe beschäftigt, spielt das Finanzamt nicht mit.

Haushalte, die niemanden einstellen, sondern eine Firma engagieren, können ebenfalls steuerlich geförderte Hilfe im Haushalt nutzen. Das können zum Beispiel Fensterputzer, Gärtner oder Betreuungs- und Pflegedienste sein. Übrigens können in diesem Rahmen auch Speditionskosten eines privaten Umzugs und Entrümpelungsaktionen gefördert werden.

TIPP: Das Finanzamt akzeptiert auch die häusliche Betreuung von Haustieren als haushaltsnahe Dienstleistungen, einschließlich das „Gassiführen“ von Hunden. Förderfähig sind auch Aufwendungen für Hausnotrufdienste im betreuten Wohnen.

Zusätzlich zu den haushaltsnahen Dienstleistungen werden Handwerkerleistungen gefördert (**Zeile 6 bis 9**). Eigentümer und Mieter, die die von ihnen selbst genutzte Wohnung modernisieren, renovieren oder instand halten, können ihre Steuerschuld senken, wenn sie dafür Handwerker, etwa Maler oder Elektriker, engagieren. Das Finanzamt akzeptiert bis zu 6 000 Euro Handwerkerkosten im Jahr, 20 Prozent davon, also bis zu 1 200 Euro, drücken die Steuerschuld.

	Handwerkerleistungen für Renovierungs-, Erhaltungs- und Modernisierungsmaßnahmen im eigenen Haushalt (ohne öffentlich geförderte Maßnahmen, für die zinsverbilligte Darlehen oder steuerfreie Zuschüsse in Anspruch genommen werden, z. B. KfW-Bank, BAFA, landeseigener Förderbanken oder Gemeinden) Art der Aufwendungen	Rechnungsbeträge EUR	darin enthaltene Lohnanteile, Maschinen- und Fahrtkosten inkl. Umsatzsteuer EUR
6	MALERARBEITEN	1 250,–	820,–

NEU: Für bestimmte Baukosten zur Energieeinsparung können Sie in der Anlage Energetische Maßnahmen einen Steuerbonus geltend machen. Dabei wird auch das Material mit gefördert.

Gefördert werden Reparaturen sowie Modernisierungsarbeiten an und in vorhandenen Gebäuden. Aber auch Dachausbauten und Anbauten wie Wintergärten können förderfähig sein, ebenso Arbeiten auf dem Grundstück und an Grundstücksanschlüssen außerhalb des Grundstücks. Ob auch Arbeiten begünstigt sind, die teilweise in der Werkstatt geleistet werden, muss der Bundesfinanzhof noch entscheiden (→ Seite 135).

Zu den begünstigten Arbeiten gehören auch die Wartung und Reparatur technischer Geräte im Haushalt, etwa Waschmaschinen oder Kochherde. Förderfähig sind nur die Arbeitskosten. Dazu gehört alles, was nicht unter „Material“ fällt, auch die Anfahrtskosten und die Umsatzsteuer auf die Arbeitskosten. Material- und Arbeitskosten müssen voneinander getrennt nachgewiesen werden. Die aktuelle Liste der geförderten Tätigkeiten finden Sie im Internet unter bundesfinanzministerium.de.

TIPP: Angehörige von Eigentümergemeinschaften und Mieter dürfen ihre anteiligen Kosten für Leistungen wie Treppenreinigung, Gartenarbeiten oder Schneeräumung als haushaltsnahe Dienstleistungen an das Finanzamt weitergeben. Die Höhe steht in der Nebenkostenabrechnung des Verwalters oder Vermieters.

Zum Nachweis haushaltsnaher Dienst- und Handwerkerleistungen brauchen Sie zwei Belege: die Rechnung des Dienstleisters und den Überweisungsbeleg (Kontoauszug) des Auftraggebers. Die Nachweise müssen der Steuererklärung nicht mehr beigefügt werden, aber auf Verlangen vorzeigbar sein. Alleinstehende, die das gesamte Jahr mit einem oder mehreren anderen Alleinstehenden im gemeinsamen Haushalt lebten, tragen in **Zeile 10** die Anzahl dieser anderen Personen und in **Zeile 11** die persönlichen Daten der ersten Person ein. Die Angaben zu weiteren Personen gehören auf ein Extrablatt. Der Grund dieser Abfrage ist, dass die Höchstbeträge für die Steuerermäßigung pro Haushalt gelten.

Zusammenlebende Alleinstehende sowie Ehe- und Lebenspartner, die keine gemeinsame Steuererklärung abgeben, können jedoch die Höchstbeträge für haushaltsnahe Dienst- und Handwerkerleistungen, die sie in den **Zeilen 4 bis 9** eingetragen haben, unter sich aufteilen. Die **Zeilen 12 bis 14** ermöglichen eine genaue Zuordnung. Der Höchstbetrag für Minijobs aus **Zeile 4** kann in **Zeile 12** aufgeteilt werden, der für andere haushaltsnahe Dienstleistungen laut **Zeile 5** in **Zeile 13**. Den Höchstbetrag für Handwerkerleistungen in **Zeile 9** können sich die Partner in **Zeile 14** zuordnen. Die Aufteilung geschieht per gemeinsamem Antrag, den Sie der Steuererklärung beifügen müssen. Wenn Sie in die Zeilen nichts eintragen, teilt das Finanzamt hälftig auf zwei Personen auf. Die Aufteilung der Höchstbeträge in den **Zeilen 12 bis 14** gilt auch für Eintragungen auf Steuerermäßigung in den Zeilen 19 bis 21 der **Anlage Außergewöhnliche Belastungen** (→ Seite 60). **Zeile 15** betrifft nur Ehepaare und Lebenspartner, die 2020 einen gemeinsamen Haushalt gründeten oder diesen auflösten.

Anlage Energetische Maßnahmen: 40 000 Euro Steuerersparnis

Bis zu 40 000 Euro Steuerermäßigung sind ab 2020 für Baumaßnahmen, die zur Energieeinsparung beitragen, möglich. Solidaritätszuschlag und Kirchensteuererstattung kommen zum Steuerbonus noch dazu.

Im Unterschied zum bisherigen Steuerbonus auf Handwerkerleistungen wird nicht nur die Arbeitsleistung, sondern auch Baumaterial und Energieberatung gefördert.

Wegen der Höhe wird die Steuerermäßigung auf drei Jahre verteilt:

- **Die ersten beiden Jahre** beträgt die Steuerermäßigung jeweils 7 Prozent der Baukosten.
- **Im dritten Jahr** noch einmal 6 Prozent. Insgesamt sind das 20 Prozent Einkommensteuererstattung.

Allerdings ist die Steuerermäßigung an strenge Auflagen geknüpft. Das Gebäude muss älter als 10 Jahre sein und die Baumaßnahme von anerkannten Fachunternehmen unter Beachtung von energetischen Mindestanforderungen ausgeführt werden. Für diese gilt eine sogenannte Energetische Sanierungsmaßnahmen-Verordnung. Der Nachweis erfolgt über eine Bescheinigung des Fachunternehmens nach amtlichem Muster, die mit der Einkommensteuererklärung einzureichen ist. Wer diese Voraussetzungen erfüllen will, braucht eine professionelle Bau- oder Energieberatung.

Die geförderten Baumaßnahmen dürfen frühestens 2020 beginnen. In der Steuererklärung 2020 können nur die Baumaßnahmen eingetragen werden, die bereits abgeschlossen sind. Wenn die energetische Sanierung beispielsweise bis Frühjahr 2021 dauert, kommen die gesamten Baukosten aus 2020 und 2021 in die Steuererklärung 2021.

WICHTIG: Wer den Steuerbonus nutzen will, darf für die Baumaßnahme keine weitere Förderung aus öffentlichen Mitteln erhalten. Staatliche Zuschüsse oder begünstigte Darlehen der KfW-Bank schließen die Steuerförderung vollständig aus – unabhängig von ihrer Höhe.

Zeile 4 bis 8: Angaben zum Bauobjekt

In **Zeile 4 und 5** sind die Adresse des Bauobjekts und das Jahr des ursprünglichen Baubeginns des Gebäudes einzutragen. Das ist nicht der Baubeginn der energetischen Sanierung! Es geht hierbei um das Alter des Gebäudes.

In **Zeile 6** kommt das Einheitswertaktenzeichen und in **Zeile 8** die Angaben zur Wohnfläche und zur Nutzung. Der Steuerbonus wird nur für die selbst genutzte Wohnfläche gewährt. Werden Wohnungen vermietet oder unentgeltlich beispielsweise an die Eltern überlassen, gilt die Steuerermäßigung für die darauf entfallenden Baukosten nicht. Bei Vermietung gehört der Kostenanteil dann in die Anlage V. Ohne Nachteil für den Steuerbonus bleibt jedoch, wenn nur einzelne Zimmer der selbst genutzten Wohnung von der Tante oder jemand anderem kostenfrei genutzt werden.

Zeile 9 bis 27: Geförderte Baumaßnahmen & Weitere Angaben

Folgende energieeinsparende Baumaßnahmen werden beispielsweise gefördert:

- Wärmedämmung von Dach, Fassade, Decken
- Neue Türen und Fenster
- Lüftungsanlagen
- Elektronische Regelungen zur Energieeinsparung u. ä. Systeme
- Heizungserneuerung und Optimierung bestehender Heizungsanlagen
- Beratung und Baubetreuung durch einen Energieberater

Die entsprechenden Kosten werden in **Zeile 9 bis 20** eingetragen. Für Brennwertheizungskessel ist ein weiterer Nachweis erforderlich und in **Zeile 21 und 22** einzutragen.

In **Zeile 23 bis 25** erfolgt die Aufteilung des Steuerbonus, wenn mehrere Personen Eigentümern sind. Falls bestimmte Baukosten in der Anlage außergewöhnliche Belastung geltend gemacht werden, sind diese Beträge in **Zeile 26 und 27** vom geförderten Betrag abzuziehen. Das kann zutreffen, wenn die energetische Sanierung mit einem behindertengerechten Umbau verbunden wird.

Anlage Sonstiges

Seit die Finanzverwaltung den Mantelbogen abgeschafft hat, gibt es die neue Anlage Sonstiges. Viele Ruheständler werden die neue Anlage nicht benötigen, da sie hier keine Eintragungen vornehmen müssen. In der Anlage werden vor allem „spezielle“ Sachverhalte erfragt wie erbschaftssteuerlicher Erwerb, der Besitz von schutzwürdigen Kulturgütern, Spendenvortrag oder Verlustabzug.

Zeile 4: Erbschaftsteuer

Hier geht es um Einkünfte, die in der Steuererklärung auftauchen und die bestimmte Erbfälle ab 2014 betreffen. Haben Sie die Erbschaftsteuer bereits entrichtet, kann hierfür die Einkommensteuer ermäßigt werden. Denkbar sind in diesem Zusammenhang beispielsweise Mietforderungen oder andere Forderungen des Erblassers, die zum Zeitpunkt bereits bestanden und mit Erbschaftsteuer belegt worden sind. Gehen diese steuerpflichtigen Zahlungen später beim Erben ein, sollte ein Steuerprofi um Rat gefragt werden.

Zeile 5: Investitionen in Kulturgüter

Haben Sie sich an den Kauf einer alten Mühle, Parkanlage oder Bibliothek gewagt, ist eventuell ein gefördertes Baudenkmal oder Kulturgut in Ihrem Besitz. Bis zu 9 Prozent der Herstellungs- und Erhaltungskosten sind als Sonderausgaben absetzbar, wenn die (umfangreichen) Voraussetzungen eingehalten werden.

Zeile 6: Spendenvortrag

Großzügige Spender nutzen **Zeile 6**. Wurde mit der Steuererklärung 2019 ein Spendenvortrag festgestellt, tragen Sie hier eine 1 ein. Nachdem Sie den Höchstbetrag für den Abzug von Spenden im Vorjahr voll ausgeschöpft haben, beachtet das Finanzamt den verbleibenden Teilbetrag im Steuerjahr 2020.

Zeile 7 und 8: Verluste

Renten und Pensionen führen in der Regel nicht zu Verlusten. Die können aber bei anderen Einkünften entstehen, zum Beispiel aus Vermietungen. Über bereits festgestellte Verluste aus Vorjahren, die in 2020 einzurechnen sind, informieren Sie das Finanzamt in **Zeile 7**. Ergibt sich mit der Steuererklärung 2020 insgesamt ein Verlust, wird der negative Betrag vom Finanzamt automatisch im Vorjahr berücksichtigt. Wer das nicht will, weil sich der Verlust in folgenden Jahren günstiger auswirkt, nutzt **Zeile 8**. Sie können einen Teilbetrag im Vorjahr berücksichtigen oder mit einer „0“ alles in das nächste Jahr vortragen lassen.

Zeile 9: Verluste in Drittstaaten

In diese neue **Zeile 9** ist anzugeben, wenn im Vorjahr Verluste aus Einkünften außerhalb der EU erzielt und gesondert festgestellt wurden. Wer sich dort engagiert, hat üblicherweise einen Steuerberater.

Zeile 10: Freibetrag für Investmentverkäufe

Wer im Vorjahr Altanteile von Investmentfonds verkaufte, für die das Finanzamt einen Freibetrag gewährt hat (→ Anlage KAP, Seite 92), gibt das in **Zeile 10** an. Das Finanzamt schreibt den verbleibenden Freibetrag fort.

Zeile 11: Ehepaare mit einzelnen Steuererklärungen

Diese Zeile betrifft nur Ehegatten und eingetragene Lebenspartner, die jeweils eine eigene Steuererklärung abgeben. Sie können hier beantragen, dass Steuerermäßigungen rund um den Haushalt, Sonderausgaben und außergewöhnliche Belastungen hälftig zwischen ihnen aufgeteilt werden.

	Antrag zur Aufteilung der Abzugsbeträge bei Einzelveranlagung von Ehegatten / Lebenspartnern		
11	Laut übereinstimmendem Antrag sind die Sonderausgaben, außergewöhnlichen Belastungen, die Steuerermäßigung für haushaltsnahe Beschäftigungsverhältnisse, Dienstleistungen und Handwerkerleistungen sowie die Steuerermäßigung für energetische Maßnahmen bei zu eigenen Wohnzwecken genutzten Gebäuden je zur Hälfte aufzuteilen. (Der Antrag auf Aufteilung in einem anderen Verhältnis als je zur Hälfte – des Freibetrages zur Abgeltung eines Sonderbedarfs bei Berufsausbildung eines gemeinsamen volljährigen Kindes ist in Zeile 64 der Anlage Kind, – bei Übertragung des Behinderten- oder Hinterbliebenen-Pauschbetrags eines gemeinsamen Kindes ist in Zeile 72 der Anlage Kind zu stellen.)	222	1 1 = Ja

Anlage Vorsorgeaufwand: Versicherungsbeiträge

Beiträge zur Rentenversicherung, zur Krankenversicherung und zu anderen Versicherungen, die als Sonderausgaben abzugsfähig sind, gehören in diese ziemlich unübersichtliche Anlage. Beiträge zur Basiskranken- und Pflegeversicherung dürfen grundsätzlich voll als Sonderausgaben abgesetzt werden. Das gilt für gesetzlich und privat Versicherte. Aufwendungen, die nicht im Leistungskatalog der gesetzlichen Krankenversicherung stehen, etwa für eine Chefarztbehandlung, sind in diesem Rahmen allerdings nicht abzugsfähig. Für Ruheständler hat sich praktisch wenig geändert, denn sie konnten in der Regel vorher schon Beiträge zur Kranken- und Pflegeversicherung voll geltend machen (→ das ausgefüllte Formular ab Seite 200).

Ebenso wie in vielen anderen Vordrucken weisen auch auf der Anlage Vorsorgeaufwand die dunkelgrün hinterlegten und mit dem Symbol ⓔ für E-Daten gekennzeichneten Zeilen darauf hin, dass diese Angaben dem Finanzamt in den meisten Fällen bereits vorliegen und die Zeilen in der Steuererklärung auf Papier dann leer bleiben können. Sie müssen nur etwas eintragen, wenn Sie in Ihren Rentenbescheiden, Leistungsmitteilungen der Versorgungsträger oder den Versicherungsbescheinigungen feststellen, dass die gemeldeten Angaben Fehler enthalten oder eventuell gar nicht elektronisch gemeldet wurden.

Zeile 4 bis 10: Altersvorsorge

Mit Beiträgen zur Rentenversicherung können Ruheständler kaum Steuern sparen. In der Regel zahlen sie ja keine Beiträge, sondern erhalten (hoffentlich) eine ordentliche Auszahlung aus der Rentenkasse. Aber auch hier bestätigen Ausnahmen die Regel. Ist zum Beispiel der Ehe-/Lebenspartner eines Ruheständlers noch erwerbstätig, zahlt der Arbeitgeber Beiträge an die gesetzliche Rentenversicherung. Im Regelfall übernimmt das Finanzamt die Daten aus der Meldung des Arbeitgebers. Anderenfalls tragen Sie den korrekten Betrag in **Zeile 4** in die betreffende Spalte „Ehemann/Person A“ oder „Ehefrau/Person B“ein und den Arbeitgeberzuschuss in die **Zeile 9**.

Werden die Beiträge in die gesetzliche Rentenversicherung nicht vom Arbeitgeber, sondern, beispielsweise bei freiwilliger Einzahlung, selbst überwiesen, liegen dem Finanzamt keine E-Daten vor. Den gezahlten Beitrag müssen Sie deshalb selbst eintragen, er gehört in die **Zeile 6**.

5	Beiträge zur landwirtschaftlichen Alterskasse, zu berufsständischen Versorgungseinrichtungen, die den gesetzlichen Rentenversicherungen vergleichbare Leistungen erbringen (abzüglich steuerfreier Zuschüsse lt. Nr. 22 b der Lohnsteuerbescheinigung) – ohne Beiträge, die in Zeile 4 geltend gemacht werden –	301	,–	401	,–
6	Beiträge zu gesetzlichen Rentenversicherungen – ohne Beiträge, die in Zeile 4 geltend gemacht werden –	302	1452,–	402	,–

Haben Sie oder Ihr Partner anstelle der gesetzlichen Rentenversicherung in eine landwirtschaftliche Alterskasse oder eine berufsständische Versorgungseinrichtung Rentenbeiträge gezahlt, geben Sie diese in **Zeile 5** an. Arbeitgeberzuschüsse müssen Sie abzuziehen. Überweist der Arbeitgeber die Beiträge und sind diese auf der Lohnsteuerbescheinigung aufgeführt, gehören die Angaben hingegen in **Zeile 4 und 9** und werden vom Finanzamt als E-Daten berücksichtigt. Das gilt in der Regel auch für Erstattungen oder steuerfreie Zuschüsse zu den in den **Zeilen 4 bis 6** genannten Altersvorsorgebeiträgen, die in **Zeile 7** abgefragt werden, und für sogenannte Rürup-Rentenbeiträge (**Zeile 8**).

Die Rentenbeiträge bei Minijobbern werden nicht automatisch berücksichtigt, sondern müssen in **Zeile 6** (Arbeitnehmeranteil) und **Zeile 10** (Arbeitgeberbeitrag) eingetragen werden. Die Angabe ist allerdings freiwillig und vorteilhaft, wenn der Beschäftigte selbst einen Rentenbeitrag zahlt.

Zeile 11 bis 22: Kranken- und Pflegeversicherung

Die **Zeilen 11 bis 22** betreffen Beiträge an inländische gesetzliche Kranken- und Pflegeversicherungen. Arbeitnehmerbeiträge (**Zeile 11 und 13**) finden Sie auf der Lohnsteuerbescheinigung. Darin enthalten sind auch die Zusatzbeiträge an die Krankenkassen. Die Angaben liegen normalerweise dem Finanzamt als E-Daten bereits vor und müssen in die Papier-Steuererklärung deshalb nicht mehr eingetragen werden. Das gilt jedoch nicht für die **Zeile 12.** Als Arbeitnehmer weiterbeschäftigte Rentner und pflichtversicherte Pensionäre tragen hier die Beiträge ein, die sie auf ihren Hinzuverdienst oder die Pension an die Krankenversicherung bezahlen müssen. Weil sie als Rentner keinen Krankengeldanspruch mehr haben, berücksichtigt das Finanzamt den vollen Krankenkassenbeitrag als Vorsorgeaufwand. Bei anderen Arbeitnehmern kürzt es den Beitrag um 4 Prozent. Dieser Anteil gilt als Absicherung von Krankengeld.

12	In Zeile 11 enthaltene Beiträge, aus denen sich kein Anspruch auf Krankengeld ergibt	322	1150,-	422	,-

Für Ruheständler, die von ihrer Rente Beiträge in die gesetzlich Kranken- und Pflegeversicherung einzahlen, gelten die **Zeilen 16 bis 22**. Die Beitragshöhe entnehmen gesetzlich Versicherte aus dem Rentenbescheid. Achten Sie dabei auch auf die Beiträge, die Sie auf eine betriebliche Altersversorgung zahlen mussten. Weil die Beiträge bereits elektronisch an das Finanzamt gemeldet werden, müssen Rentner diese Zeilen nicht mehr ausfüllen, wenn die gemeldeten Angaben richtig sind. Das gilt auch für die von der Rentenversicherung gezahlte Zuschüsse, beispielsweise an freiwillig Versicherte, die in **Zeile 21** abgefragt werden. Eine Kürzung der absetzbaren Beiträge wegen des Krankengelds ist für Ruheständler in der Regel kein Thema, weil sie auf Krankengeld ohnehin keinen Anspruch haben. Sollte es ausnahmsweise anders sein, etwa bei manchen Selbstständigen in der gesetzlichen Versicherung, muss der entsprechende Beitrag in **Zeile 20** eingetragen werden.

Nach einem Urteil des Bundesfinanzhofs verringern Bonuszahlungen der Krankenkasse an ihre Mitglieder nicht in jedem Fall die als Sonderausgaben abzugsfähigen Krankenversicherungsbeiträge (Az. X R 30/18). Erhalten Versicherte für ihre Teilnahme an bestimmten, von ihnen selbst bezahlten Gesundheitsmaßnahmen Geld- oder Sachleistungen ihrer Kasse, verringert das den Sonderausgabenabzug nicht.

Zeile 22 fragt nach Beiträgen zu einer gesetzlichen Krankenversicherung für Wahl- oder Zusatzleistungen (etwa Chefarztbehandlung). Das betrifft gesetzlich versicherte Arbeitnehmer wie Ruheständler. Diese Beiträge werden nicht elektronisch an das Finanzamt gemeldet und müssen deshalb gesondert eingetragen werden.

Die Beiträge, Zuschüsse und Erstattungen zur Kranken- und Pflegeversicherung für in Deutschland privat Versicherte gehören in die **Zeilen 23 bis 26**. Die dunkelgrün gekennzeichneten Zeilen weisen Sie darauf hin, dass die Daten dem Finanzamt bereits bekannt sind und die Zeilen deshalb leer bleiben können. Das betrifft jedoch nur die Krankenversicherungsbeiträge zu einer sogenannten Basisabsicherung. Das ist die Absicherung, die dem Leistungskatalog der gesetzlichen Krankenversicherung entspricht. Die Krankenkasse schlüsselt die Beiträge auf. Beitragsteile für eine zusätzliche Versicherungsleistung und Beiträge zu privaten Zusatzversicherungen, etwa für Auslandsreisekrankenversicherungen, Zahnversicherungen oder zusätzliche private Pflegeversicherungen werden dem Finanzamt nicht gemeldet und müssen deshalb weiterhin eingetragen werden. Sie gehören in **Zeile 27**.

In den **Zeilen 31 bis 36** geht es um Zahlungen an gesetzliche oder private ausländische Kranken- und Pflegeversicherungen. Weil die Pflicht zur elektronischen Meldung an das Finanzamt für Versicherungen im Ausland nicht gilt, müssen solche Beiträge ebenfalls weiterhin eingetragen werden.

	Beiträge zur ausländischen gesetzlichen oder privaten Kranken- und Pflegeversicherung		stpfl. Person / Ehemann / Person A EUR		Ehefrau / Person B EUR
31	Beiträge (abzüglich steuerfreier Zuschüsse – ohne Beträge lt. Zeile 37 –) zur Krankenversicherung, die mit einer inländischen Krankenversicherung vergleichbar ist (nur Basisabsicherung, keine Wahlleistungen)	333	3120,–	433	,–
32	In Zeile 31 enthaltene Beiträge zur Krankenversicherung, aus denen sich kein Anspruch auf Krankengeld ergibt	334	,–	434	,–
33	Beiträge (abzüglich steuerfreier Zuschüsse – ohne Beträge lt. Zeile 39 –) zur sozialen Pflegeversicherung / Pflege-Pflichtversicherung, die mit einer inländischen Pflegeversicherung vergleichbar ist	335	,–	435	,–
34	Zu den Zeilen 31 bis 33: Von der Kranken- und / oder sozialen Pflegeversicherung / Pflege-Pflichtversicherung erstattete Beiträge	336	,–	436	,–
35	In Zeile 34 enthaltene Beiträge zur Krankenversicherung, aus denen sich kein Anspruch auf Krankengeld ergibt, und zur sozialen Pflegeversicherung	337	,–	437	,–
36	Über die Basisabsicherung hinausgehende Beiträge (abzüglich erstatteter Beiträge) zu Krankenversicherungen und zusätzlichen Pflegeversicherungen (z. B. für Wahlleistungen, Zusatzversicherungen)	339	,–	439	,–

Die **Zeilen 40 bis 44** betreffen Kranken- und Pflegeversicherungsbeiträge, die für andere gezahlt wurden, zum Beispiel für getrennt lebende Ehe-/Lebenspartner oder für (in der Regel erwachsene) Kinder, für die kein Anspruch auf Kindergeld besteht. Üblicherweise genügt die Eintragung der Steueridentifikationsnummer sowie des Namens und der Anschrift der mitversicherten Person in **Zeile 40**. Die in den **Zeilen 41 bis 43** abgefragten übernommenen Beiträge zur Kranken- und Pflegeversicherung sowie Beitragserstattungen werden als E-Daten vom Finanzamt aus der elektronischen Meldungen der Versicherung übernommen. Selbst ausfüllen müssen Sie **Zeile 44**, wenn Beiträge für zusätzliche Versicherungen außerhalb der Basisabsicherung, etwa für ein Einzelzimmer im Krankenhaus oder für eine zusätzliche Pflegeversicherung, gezahlt wurden.

Zeile 45 bis 50: Weitere abzugsfähige Beiträge

Zeile 45 fragt nach den Beiträgen von Arbeitnehmern zur gesetzlichen Arbeitslosenversicherung. Der Betrag ergibt sich aus der Lohnsteuerbescheinigung und wird vom Finanzamt aus der Arbeitgebermeldung übernommen. Alle folgenden Zeilen müssen Sie dagegen weiterhin ausfüllen, wenn Sie entsprechende Beiträge gezahlt haben. In **Zeile 46** gehören freiwillige Zahlungen in eine Arbeitslosenversicherungen. Beiträge zur privaten Erwerbs- und Berufsunfähigkeitsversicherung fragt **Zeile 47** ab. In die **Zeilen 48 bis 50** gehören Beiträge zu Haftpflichtversicherungen, zu Unfall- oder Risikolebensversicherungen. Auch Beiträge zu bestimmten Kapitallebens- und Rentenversicherungen, die vor 2005 abgeschlossen wurden, können hier geltend gemacht werden (→ Seite 209). Sie werden vom Finanzamt auf 88 Prozent gekürzt.

→ **TIPP:** Wer als Versicherungsnehmer für Kinder, Enkel oder andere Personen Haftpflicht-, Unfall- oder andere begünstigte Versicherungen abschließt, kann Steuern sparen, wenn die Beiträge das verfügbare Absetzungsvolumen nicht überschreiten.

Zeile 51 bis 56: Ergänzende Angaben

In **Zeile 51** wird nach steuerfreien Zuschüssen zur Krankenversicherung oder zu den Krankheitskosten. Diese bekommen gesetzlich versicherte Rentner, Pensionäre und Arbeitnehmer. Besteht der Anspruch, ist in der Zeile kein Eintrag notwendig. Selbstständige und nicht familienversicherte Hausfrauen/-männer, die ihren gesamten Beitrag selbst bezahlen, tragen jedoch die Ziffer „2" (Nein) ein. Sie können dann neben Rentenversicherungsbeiträgen bis zu 2800 Euro andere abzugsfähige Versicherungsbeiträge absetzen. Für alle anderen gilt nur eine Grenze von 1900 Euro.

Für viele Ruheständler würde das bedeuten, dass allein ihre Kranken- und Pflegeversicherungsbeiträge das mögliche Abzugsvolumen ausschöpfen. Lassen Sie sich davon aber nicht beeindrucken. Das Finanzamt berücksichtigt die Beiträge für die Basisabsicherung in der gesetzlichen oder privaten Krankenversicherung und die Pflege-Pflichtversicherung auch, wenn die Grenze von 1 900 oder 2 800 Euro überschritten wird. Lediglich alle Beiträge für weiteren Versicherungsschutz werden dann nicht berücksichtigt.

Die weiteren Fragen betreffen angestellte Rentner und Pensionäre, die die Anlage N auch wegen einer weiteren Beschäftigung ausfüllen müssen. Verdient sich etwa ein Rentner als versicherungspflichtiger Arbeitnehmer etwas hinzu, trägt er in **Zeile 54** ein: „weiterbeschäftigter Altersrentner" und stimmt mit „Ja" (Ziffer „1") ab.

	Ergänzende Angaben zu Vorsorgeaufwendungen	stpfl. Person / Ehemann / Person A			Ehefrau / Person B		
51	Haben Sie zu Ihrer Krankenversicherung oder Ihren Krankheitskosten Anspruch auf steuerfreie Zuschüsse, steuerfreie Arbeitgeberbeiträge oder steuerfreie Beihilfen?	307		2 = Nein	407		2 = Nein
	Es bestand 2020 keine gesetzliche Rentenversicherungspflicht aus dem **aktiven** Dienstverhältnis / aus der Tätigkeit						
52	– als Beamter / Beamtin	380		1 = Ja	480		1 = Ja
53	– als Vorstandsmitglied / GmbH-Gesellschafter-Geschäftsführer/in	381		1 = Ja	481		1 = Ja
	– als (z. B. Praktikant/in, Student/in im Praktikum)						
54	Bezeichnung: RENTNER	382	1	1 = Ja	482		1 = Ja

Für die Ehefrau wird in der Spalte daneben das Gleiche abgefragt. Beamte im aktiven Dienst tragen in **Zeile 52, 55 und Zeile 56** die Ziffer „1" ein.

Anlagen R, R-AV / bAV und R-AUS: Speziell für Rentner

An das Finanzamt werden schon länger jährlich die steuerpflichtigen Renten von der Deutschen Rentenversicherung oder anderen Leistungsträgern gemeldet. Seit 2019 müssen diese Rentenbeträge nicht mehr in das Formular eingetragen werden. Wenn im Vordruck keine weiteren Angaben erforderlich sind, können Rentner die Anlage R und die Anlage R-AV / bAV bei ihrer Steuererklärung sogar ganz weglassen.

Die Vordrucke sind auszufüllen, wenn steuerpflichtige Renten nicht gemeldet wurden, beispielsweise weil sie aus dem Ausland stammen oder als Rentenzahlung aus einem Hausverkauf von einer Privatperson gezahlt werden. Eintragungen sind außerdem notwendig, wenn die gemeldeten Daten von den tatsächlich erhaltenen Renten abweichen, also fehlerhaft sind oder wenn in den hellgrünen Formularzeilen weitere Angaben oder Werbungskosten einzutragen sind. Für diese Fälle werden die Vordrucke nachfolgend Zeile für Zeile erklärt.

Die Rentenzahlungen unterteilen sich entsprechend der Besteuerung in drei Gruppen:

1. Die gesetzlichen und gleichgestellten Renten, etwa aus berufsständischen Versorgungseinrichtungen, gehören in die **Zeilen 4 bis 12** der **Anlage R** - oder, wenn solche Renten aus dem Ausland gezahlt und

in Deutschland zu versteuern sind, in die **Zeilen 4 bis 13** der **Anlage R-AUS**. Von diesen Renten wird je nach Kalenderjahr der Bewilligung der Rente mindestens die Hälfte besteuert (→ Seite 159).

2. Dagegen sind privat finanzierte Renten in der Regel nur mit dem sogenannten Ertragsanteil steuerpflichtig. Dessen Höhe hängt vom Renteneintrittsalter oder von der Laufzeit ab (→ ab Seite 160). Sie werden in den **Zeilen 13 bis 18** der **Anlage R** beziehungsweise für Zahlungen aus dem Ausland in der Anlage **R-AUS** abgefragt.
3. Geförderte Riester-Renten und Auszahlungen aus der betrieblichen Altersvorsorge sind in der Regel voll steuerpflichtig und gehören in die **Zeilen 4 bis 26** der **Anlage R-AV/bAV**.

Steuerfreie Renten, wie gesetzliche Unfallrenten oder Kriegs- und Wehrdienstbeschädigtenrenten, gehören nicht in die Steuererklärung.

Auf den Formularen können jeweils nur zwei Leibrenten oder Renten aus Altersvorsorgeverträgen und betrieblicher Altersvorsorge erklärt werden. Haben Sie mehr als zwei gleichartige Renten, die Sie auch eintragen müssen, brauchen Sie jeweils eine weitere Anlage. Für die fortlaufende Nummerierung nutzen Sie die entsprechenden Felder in **Zeile 3** der Vordrucke.

Anlage R und Anlage R-AUS
Zeile 4 bis 12/13: Gesetzliche Renten & Co.

Renten aus der gesetzlichen Rentenversicherung und steuerlich gleich behandelte Renten oder Altersbezüge der berufsständischen Versorgungseinrichtungen für Ärzte, Anwälte oder andere Freiberufler, die aus Deutschland stammen, werden als E-Daten an die Finanzverwaltung übermittelt. In die Papier-Steuererklärung müssen die Daten deshalb meist nicht mehr eingetragen werden. Anders verhält es sich, wenn Sie als Ruheständler eine Rente aus gesetzlicher Versicherung aus dem Ausland beziehen: Diese Auslandszahlungen werden bislang nicht ans deutsche Finanzamt gemeldet und müssen deshalb stets eingetragen werden, wenn sie in Deutschland zu versteuern sind.

			1. Rente		2. Rente
4	Staat des Leistungsbezugs		TSCHECHIEN		
			EUR		EUR
5	Rentenbetrag (einschließlich Einmalzahlung und Leistungen)	351	4650,-	401	,-
6	Rentenanpassungsbetrag (in Zeile 5 enthalten)	352	350,-	402	,-
7	Beginn der Rente	353	01022014	403	

→ Zum Beispiel Valentina B.

Die alleinstehende Tschechin lebt mit ihrem deutschen Partner in Berlin. Aus ihrer früheren Tätigkeit erhält sie seit dem 1. Februar 2014 eine Rente der tschechischen Rentenversicherung. Weil Valentina in Deutschland wohnt, muss sie nach der zwischenstaatlichen Vereinbarung, dem Doppelbesteuerungsabkommen, ihre tschechische Rente in Deutschland versteuern. Die Finanzverwaltung erhält jedoch keine E-Daten aus dem Ausland. Daher trägt Valentina ihre Rente in den Abschnitt **Zeilen 4 bis 10** der Anlage R-AUS ein. Die Rente 2020 in Höhe von 4650 Euro (Umrechnung der tschechischen Währung Kronen in Euro) wird in **Zeile 5** eingetragen. Der Rentenanpassungsbetrag für **Zeile 6** besteht aus den Rentenerhöhungen ab dem zweiten Jahr nach Rentenbeginn (→ Beispiel Seite 32). Valentina errechnet sie, indem sie von der Jahresrente 2020 die Rente im Jahr 2015 abzieht (4650 Euro minus 4300 Euro ergeben 350 Euro). Die 350 Euro gehören dann in **Zeile 6**, auch wenn sie bereits in **Zeile 5** berücksichtigt sind. Ihren Rentenbeginn (**Zeile 7**) trägt sie mit 01022014 ein. **Zeile 10** fragt nach milder besteuerten Zahlungen für mehrere Jahre, etwa bei Rentennachzahlungen.

Zeile 10 bis 12/11bis 13: Höhere Beiträge

Die **Zeilen 10 bis 12,** in der Anlage **R-AUS** **Zeilen 11 bis 13,** betreffen nur Ruheständler, die vor 2005 mindestens zehn Jahre lang Beiträge oberhalb des Höchstbetrags zur gesetzlichen Rentenversicherung (West) eingezahlt haben. Diese sogenannte Öffnungsklausel können vor allem Freiberufler

und andere Selbstständige nutzen (→ Seite 216). Dazu müssen Sie bei Ihrem Versorgungswerk eine Bescheinigung über die Einzahlungen in den einzelnen Jahren beantragen. Das Versorgungswerk ermittelt daraus den Prozentsatz Ihrer Rente, der günstiger zu versteuern ist als der Rest. Der mitgeteilte Prozentsatz gehört in **Zeile 10**, bei **R-AUS** in **Zeile 11**. Er wird mit dem Ertragsanteil besteuert (→ Seite 19 und das folgende Beispiel). Diese Daten werden auch vom deutschen Versicherungsträger nicht elektronisch übertragen. Sie müssen die Bescheinigung rechtzeitig bei Ihrem Versorgungswerk beantragen. Ist der Einkommensteuerbescheid erst einmal bestandskräftig, geht nachträglich nichts mehr.

Handelt es sich um eine befristete Rente, muss **Zeile 11** ausgefüllt werden, bei einer Einmalzahlung **Zeile 12**. In der Anlage R-AUS sind die Zeilennummern jeweils um eins höher.

Zeile 13 bis 18: Private Rentenverträge

Hier geht es um Renten, die überwiegend aus bereits versteuerten Mitteln finanziert wurden. Sie sind mit dem Ertragsanteil steuerpflichtig (→ Seite 160). Beispielsweise kann es sich um eine Rente aus einer privaten Rentenversicherung handeln oder um eine private Erwerbsminderungsrente. Weil in Deutschland ansässige Versicherungsträger die Daten an die Finanzverwaltung übermitteln, müssen Rentenbezieher in der Anlage R der Papiererklärung diese Zeilen in der Regel nicht mehr ausfüllen. Anders verhält es sich bei Rentenzahlungen aus dem Ausland, die in die Anlage R-AUS einzutragen sind, wenn Deutschland das Besteuerungsrecht für diese Einnahmen hat.

In **Zeile 13** gehört der Jahresbetrag der Rente und in **Zeile 14** das Datum des Rentenbeginns. In der **Zeile 15** geht es um das Geburtsdatum eines Erblassers von „Garantiezeitrenten". Das sind Renten aus einem Versicherungsvertrag, die auch nach dem Tod des Rentenempfängers (manchmal als einmaliger Betrag) gezahlt werden. Hängt die Rente vom Leben einer anderen Person ab, gehört deren Name in **Zeile 16.** Diese Daten werden dem Finanzamt auch bei Zahlungen im Inland nicht elektronisch gemeldet und müssen deshalb weiterhin eingetragen werden. Wer sich damit erstmals befasst, sollte Profirat einholen.

Wird die Rente dagegen bis zu einem bestimmten Datum gezahlt, gehört dieses in **Zeile 17**. In **Zeile 18** gehören Rentennachzahlungen für mehrere Jahre. Sie zwar bereits in **Zeile 13** zu erfassen, können aber ermäßigt besteuert werden und werden deshalb hier nochmals einzeln abgefragt.

13	Rentenbetrag	131	6000,-	181	,-	e
14	Beginn der Rente	132	01052014	182		e
15	Geburtsdatum des Erblassers bei Garantiezeitrenten	136	26111942	186		

TIPP: Einmalauszahlungen aus Renten- oder Direktversicherungen können steuerfrei sein, wenn die Verträge vor 2005 abgeschlossen wurden (→ Seite 211 und 209).

In der **Anlage R-AUS** kommen die Einträge für private Rentenbeträge in die **Zeilen 14 bis 20**.

Anlage R Zeile 31 bis 39: Renten von Privatpersonen

Für Rentenzahlungen von Privatpersonen liegen dem Finanzamt keine E-Daten vor. Die Angaben müssen deshalb immer eigenständig in die Steuererklärung eingetragen werden. Das betrifft beispielsweise Renten , die aus privaten Vermögensübertragungen entstanden sind. Ein Grundstück oder Betriebsvermögen wurde gegen die Zahlung einer lebenslangen Rente verkauft. Der Vermögenswert entspricht dabei etwa dem kapitalisierten Wert der Rente. Bei solchen Gestaltungen sollte im Vorfeld unbedingt ein professioneller steuerlicher Rat eingeholt werden. Zumindest bei der erstmaligen Eintragung sollte der Steuererklärung der entsprechende Vertrag beigelegt werden.

Die Angaben sind in die **Zeilen 31 bis 36** einzutragen. Die Abfrage erfolgt analog den im Abschnitt zuvor beschriebenen **Zeilen 13 bis 18**. Wenn eine solche Zahlung aus dem Ausland erfolgt, gehören die Angaben in die **Zeilen 14 bis 20** der **Anlage R-AUS**.

→ Zum Beispiel Dieter D.

Der verheiratete Rentner erhält seit 1. März 2004 monatlich 1 000 Euro aus dem Verkauf eines Grundstücks. Er trägt 12 000 Euro in **Zeile 31** ein (1 000 mal 12). Als Rentenbeginn kommt in **Zeile 32** die Zahlenfolge 01 03 2004. Die **Zeilen 33 bis 35** interessieren ihn nicht, weil seine Rente keine Garantierente ist und sie weder durch den Tod einer dritten Person noch durch Zeitablauf umgewandelt wird. Nachzahlungen (**Zeile 36**) gab es nicht. Trotzdem kann sich Dieter über einen kleinen Steuereffekt freuen. Als er 2004 mit 60 die Rente erstmals bezog, hatte er 32 Prozent davon zu versteuern. Seit 2005 muss er nur noch 22 Prozent seiner Privatrente mit dem Fiskus teilen (→ Seite 160).

Zeile 37 bis 39: Werbungskosten & Co.

Das Finanzamt berücksichtigt von sich aus pauschal 102 Euro für Werbungskosten im Zusammenhang mit Renten und Pensionen, ganz gleich, ob welche angefallen sind oder nicht. Rentner und Pensionäre, die mehr ausgeben mussten, können auch mehr geltend machen. In den **Zeilen 37 und 38** werden die Werbungskosten den jeweiligen Leistungen zugeordnet. Zu den Kosten für Erwerb und Sicherung der Rente gehören zum Beispiel Aufwendungen für Telefon, Fahrten oder Porto, die bei Beantragung der Rente anfielen.

Auch Ausgaben für eine Rentenberatung oder juristische Auseinandersetzungen um die Rente lassen sich absetzen. Werbungskosten für Rentenzahlungen aus dem Ausland tragen sie in die **Anlage R-AUS**, **Zeilen 41 bis 44** ein.

	Werbungskosten Die Eintragungen in den Zeilen 37 und 38 sind nur in der ersten Anlage R vorzunehmen.		
	– zu den Zeilen 4, 13 und 31 – ohne Werbungskosten lt. Zeile 38 – (Art der Aufwendungen)		EUR
37	RENTENBERATUNG, GEWERKSCHAFTSBEITRAG	800	195,-

Finanzierungskosten im Zusammenhang mit einer sofort beginnenden Rente sind unter bestimmten Voraussetzungen ebenfalls als Werbungskosten abzugsfähig. Bei einer solchen Konstruktion empfiehlt sich aber dringend die Hilfe eines Steuerprofis (→ Seite 129).

In **Zeile 39** geht es um Rentenzahlungen, die mit Steuerstundungsmodellen zusammenhängen. Wer solche Renten bezieht, sollte zumindest beim ersten Mal einen Steuerberater aufsuchen.

TIPP: Rentner können Gewerkschaftsbeiträge als Werbungskosten absetzen. Damit dürften einige über die magere Werbungskostenpauschale von 102 Euro kommen.

Anlage R-AV/bAV Zeile 4 bis 26: Riester & Co.

Die 2020 neu eingeführte Anlage heißt ausführlich „Leistungen aus Altersvorsorgeverträgen und aus der inländischen betrieblichen Altersversorgung“ und erfasst die Beträge, die bis 2019 auf der Rückseite der normalen Anlage R enthalten waren.

In die Anlage R-AV / bAV gehören Riester-Renten und Leistungen aus Pensionsfonds und anderen Formen der geförderten betrieblichen Altersversorgung. Empfänger solcher Leistungen, zum Beispiel aus Lebensversicherungen, Banksparplänen oder anderen Geldanlagen, erhalten einen amtlichen Vordruck, auf dem in 15 Zeilen unterschiedliche Arten der Be-

steuerung solcher Leistungen aufgeführt sein können. Da staunt der Laie und der Fachmann wundert sich.

In Abhängigkeit davon, aus welchen Quellen die eingezahlten Beiträge stammten, sind die Altersbezüge voll, teilweise oder gar nicht steuerpflichtig. Bei Fragen zur Leistungsmitteilung hilft in der Regel nur eine Nachfrage beim Versorgungsträger oder einem Steuerprofi. Wer die Daten in die Anlage R-AV / bAV übernehmen muss, orientiert sich an der Zeilennummerierung in der Leistungsmitteilung und der entsprechenden Abfrage auf der Anlage R-AV / bAV. Die meisten Zeilen sind dunkelgrün hervorgehoben. Das bedeutet, dass die Daten der Leistungsmitteilung dem Finanzamt bereits vorliegen und nicht abgeschrieben werden müssen, wenn die Angaben korrekt sind. Lediglich die hellgrünen Zeilen sind in den entsprechenden Fällen auszufüllen.

Die nicht als E-Daten vom Versicherungsträger übermittelten Angaben zu **Zeile 6 bis 8** sind notwendig, weil bei bestimmten Zahlungen aus einem Pensionsfonds zusätzlich ein Versorgungsfreibetrag berücksichtigt wird. Die Angaben entnehmen Rentner in der Regel der Leistungsmitteilung. **Zeile 17** betrifft Renten, die aus einem betrieblichen oder privaten Altersvorsorgevertrag für eine garantierte Anzahl von Jahren an Hinterbliebene gezahlt werden.

Anlage KAP: Für Sparer und Anleger

Die Anlage KAP wie („Einkünfte aus Kapitalvermögen") brauchen viele nicht ausfüllen: Die Bank behält von steuerpflichtigen Kapitalerträgen 25 Prozent Steuer ein (plus 5,5 Prozent Solidaritätszuschlag und gegebenenfalls Kirchensteuer) und überweist sie direkt an das Finanzamt. Sparer und Anleger erreichen per sogenanntem Freistellungsauftrag an Banken und andere Finanzinstitute, dass ihnen Zinsen und andere Kapitalerträge bis 801 Euro steuerfrei ausgezahlt werden. Dieser Sparerpauschbetrag verdoppelt sich für Ehe-/Lebenspartner auf 1602 Euro (→ Seite 93).

Doch Achtung: Von diesen einfach klingenden Regeln gibt es Ausnahmen. Die schreiben einerseits eine Abgabe der Anlage KAP vor, zum Beispiel, wenn von bestimmten Zinsen keine Abgeltungsteuer oder keine Kirchensteuer einbehalten wurde. Andererseits kann sich eine freiwillige Abgabe lohnen, wenn auf Zins & Co. im Jahresverlauf zu viele Steuern bezahlt wurden. Das konnte etwa passieren, weil Freistellungsaufträge nicht oder nicht korrekt gestellt wurden oder weil der persönliche Grenzsteuersatz unter 25 Prozent lag (→ Beispiel ab Seite 88). Ein weiterer Grund besteht für Rentner und Pensionäre, die im Jahr 2020 mindestens 65 Jahre alt waren. Dann steht ihnen für Zusatzeinkünfte ein Altersentlastungsbetrag zu, der nur über die Abgabe der Steuererklärung berücksichtigt wird.

Mit den **Anlagen KAP-BET** und **KAP-INV** gibt es für die Einkünfte aus Kapitalvermögen zwei weitere Anlagen. Die wichtigste ist jedoch nach wie vor die Anlage KAP. Die „Anlage KAP-BET" steht für Beteiligungen an bestimmten Gemeinschaften. Die Erträge werden aus einer gesonderten und einheitlichen Feststellung des für die Gemeinschaft zuständigen Finanzamtes in die persönliche Steuererklärung übernommen. Die Bescheinigung liegt oft erst sehr spät vor. Wenn der eigene Steuerbescheid dann bereits vorliegt, wird er nachträglich geändert. Wer die Anlagen KAP ausfüllen muss, sollte professionellen zumindest beim ersten Mal steuerlichen Rat nutzen (→ auch das ausgefüllte Musterformular ab Seite 194).

Wichtige Ausfüllhilfen der Anlage KAP sind die Steuerbescheinigungen, die Banken und andere Finanzdienstleister ihren Kunden ausstellen. Auf den Bescheinigungen sind Kapitalerträge, einbehaltene Steuern und andere Informationen vermerkt und ein ganz wichtiger Hinweis: In welche Zeile der Anlage KAP welche Beträge gehören.

Amtlicher Freibrief

Mit einer sogenannten Nichtveranlagungsbescheinigung (NV-Bescheinigung) können viele Ruheständler sogar ganz ohne Anlage KAP steuerfreie Kapitalerträge oberhalb des Sparerpauschbetrags kassieren. Das Finanzamt erteilt sie, wenn sich auch bei Abgabe einer Steuererklärung keine Steuer ergeben würde. Aussicht darauf haben zum Beispiel Menschen mit hohen Zinseinnahmen und geringen anderen Einkünften. Wer seiner Bank eine NV-Bescheinigung vorlegt, bekommt alle Zinsen ohne Steuerabzug ausgezahlt. Sie gilt meist drei Jahre und wird auf einem besonderen Formular beantragt.

→ Zum Beispiel Hertha H.

Hertha ist 75 Jahre alt und bezieht 600 Euro Monatsrente. Davon bleiben nach allen Abzügen 3 000 Euro pro Jahr steuerpflichtiges Einkommen. Außerdem kassiert sie 8 000 Euro Zinsen und andere Kapitaleinkünfte im Jahr. Normalerweise müsste die Bank davon rund 1 900 Euro Steuern einbehalten. Hertha bekommt aber alles ausgezahlt. Das Finanzamt stellte eine Nichtveranlagungsbescheinigung aus, weil das zu versteuernde Einkommen unterhalb des Grundfreibetrags von 9 168 Euro bleibt.

steuerpflichtiges Renteneinkommen	**3000**
plus Zinsen und andere Kapitaleinkünfte	8000
minus Sparer-Pauschbetrag	–801
minus Altersentlastungsbetrag (→ Seite 163)	–1596
zu versteuern	8603
Steuer (alle Angaben in Euro)	**0**

Zeile 1 bis 6: Abgabepflicht und Abgabekür

Alle, die dennoch abgeben müssen oder wollen, füllen **Zeile 1 bis 3** mit den persönlichen Angaben aus und kreuzen rechts den Zweck an (Einkommensteuererklärung und/oder Kirchensteuer) und die Person, um die es geht. Von Ehepaaren/Lebenspartnerschaften will das Finanzamt in der Regel zwei Anlagen KAP sehen.

In **Zeile 4 bis 6** geht es um die Abgabegründe. Die Eintragung der Ziffer „1" in **Zeile 4** beantragt die „Günstigerprüfung". Das Finanzamt prüft dann, ob die Abgeltungsteuer günstiger war als die Versteuerung der Kapitaleinkünfte mit dem persönlichen Steuersatz des Sparers.

Wenn das zu versteuernde Einkommen ohne die Kapitaleinkünfte unterhalb von rund 16 850/33 700 Euro (alleinstehend/verheiratet) liegt, ist der Grenzsteuersatz geringer als 25 Prozent. Dann lohnt sich in der Regel die Günstigerprüfung. Wer wissen will, wie hoch sein persönlicher Grenzsteuersatz ist, kann das mithilfe der Tabelle auf Seite 172 überschlagen. Wer im Bereich des Grenzsteuersatzes von 25 Prozent liegt, sollte stets die Günstigerprüfung beantragen. Verlieren kann man dabei nie.

Höhere Kapitaleinkünfte bleiben steuerfrei, wenn Sparer 65 Jahre oder älter sind und den Altersentlastungsbetrag für Zins & Co. verwenden können (→ Seite 13 und 163). Bis 1900 Euro sind auf diese Weise steuerfrei, und zwar zusätzlich zum Sparerpauschbetrag.

→ Zum Beispiel das Ehepaar W.

Waltraud und Wolfgang W. haben aus Rente und Pension ein zu versteuerndes Einkommen von 22 000 Euro. Zusätzlich erhielten sie zusammen 8 000 Euro Zinsen und andere Kapitalerträge. Die Bank hat von diesen Einnahmen im Jahresverlauf bereits Abgeltungsteuer abgezogen. Dank der Anlagen KAP bekommen sie davon 959 Euro zurück. Als Ehepaar müssen für die Günstigerprüfung zwei Anlagen KAP abgeben. Für das Ehepaar W. fällt das Ergebnis besonders günstig aus, weil beide den vollen Altersentlastungsbetrag geltend machen können. Aber auch wenn der Altersentlastungsbetrag geringer ausfiele oder für Kapitalerträge gar nicht nutzbar wäre, könnte das Ehepaar W. durch die Günstigerprüfung Steuern sparen.

1. Berechnung mit Abgeltungsteuer

Ruhestandseinkommen ohne Zinsen		**22 000**
Einkommensteuer		494
Durchschnittssteuersatz	2,25 %	
Grenzsteuersatz	17,10 %	
Zinsen		8 000
minus Sparerpauschbetrag (2 mal 801)		–1 602
steuerpflichtig (8 000 minus 1 602)		6 398
Abgeltungsteuer (25 % von 6 398 plus 5,5 % Soli)		1 687
ausgezahlte Zinsen (8 000 minus 1 687)		6 313
Steuer auf Ruhestandseinkommen und Zinsen (494 plus 1 687)		**2 181**

2. Berechnung mit persönlichem Steuersatz

Ruhestandseinkommen ohne Zinsen	**22 000**
Zinsen	8 000
minus Sparerpauschbetrag (2 mal 801)	–1 602
steuerpflichtige Zinsen (8 000 minus 1 602)	6 398
minus Altersentlastungsbetrag (40 % von 6 398)	–2 559
zu versteuern	25 839
Einkommensteuer	1 222
Steuerentlastung durch Günstigerprüfung (2 181 minus 1222, alle Angaben in Euro)	**959**

Wer in **Zeile 5** die Ziffer „1“ in das Kästchen schreibt, erreicht die Überprüfung seiner im Jahresverlauf bereits an das Finanzamt abgeführten Steuern auf Kapitaleinkünfte. Das kann beispielsweise sinnvoll sein, wenn Abgeltungsteuer abgeführt wurde, obwohl der Sparerpauschbetrag von 801 Euro (Ehepaare 1602 Euro) nicht ausgeschöpft wurde, weil etwa die Freistellungsaufträge nicht richtig verteilt waren oder weil beim Bank- oder Depotwechsel etwas schiefgelaufen ist. Auch ausländische Quellensteuer lässt sich so zurückholen.

In **Zeile 6** markieren kirchensteuerpflichtige Menschen mit der Ziffer „1“, dass für ihre laufenden Kapitalerträge von der Bank keine Kirchensteuer abgeführt wurde und dass sie das im Rahmen der Steuererklärung nachholen (auch Hauptvordruck Zeile 2 ankreuzen, → Seite 43). Das betrifft jetzt noch weniger Menschen als vorher. Denn seit 2015 führen Banken und andere Finanzinstitute die Kirchensteuer, die sie im Rahmen der Abgeltungsteuer einbehalten haben, automatisch an den Fiskus ab.

Finanzinstitute und alle anderen, die zum Steuerabzug verpflichtet sind, müssen den Religionsstatus ihrer Kunden oder Zahlungsempfänger zum Stichtag 31. August beim Bundeszentralamt für Steuern (BZSt) abfragen. Die Abfrage erfolgt in der Regel jährlich in den Monaten September bis Oktober. Das Ergebnis bildet die Grundlage für den Abzug der Kirchensteuer im Folgejahr. Für das Jahr 2020 gilt also das Abfrageergebnis von 2019.

Wer keiner Religionsgemeinschaft angehört, bleibt ohne Abzug. Ob das tatsächlich funktioniert hat, sollten Betroffene aber unbedingt mithilfe der Mitteilungen der Kreditinstitute überprüfen. Kirchensteuerpflichtige, die bis 30. Juni 2019 eine „Sperrvermerkserklärung" beim BZSt eingereicht hatten, konnten die Datenübermittlung für 2020 verhindern. Der Sperrvermerk löste aber in jedem Fall eine Information des BZSt an das zuständige Finanzamt aus und ist in der Regel ein Grund für die Pflichtabgabe einer Steuererklärung.

Es gibt weitere, in **Zeile 4 bis 6** nicht genannte Gründe, die Sparer und Anleger verpflichten, eine Anlage KAP abzugeben: etwa Kapitaleinkünfte, die nicht der Abgeltungsteuer unterlagen, oder Zinsen aus bestimmten privaten Darlehen (→ ab Seite 93).

Zeile 7 bis 15: Abgeltungsteuer abgeführt

In **Zeile 7** schreiben Sie zusammengefasst sämtliche Kapitalerträge, für die im Jahresverlauf Abgeltungsteuer abgeführt wurde. Dazu gehören auch die per Freistellungsauftrag im Rahmen des Sparerpauschbetrags freigestellten Beträge bis 801/1602 Euro (alleinstehend/verheiratet oder verpartnert). Hier geht es unter anderem um laufende Kapitalerträge wie etwa Zinsen und Dividenden. Die genauen Beträge ergeben sich aus den Steuerbescheinigungen von Banken, Fondsgesellschaften und anderen Finanzdienstleistern. Hierher gehören auch Erträge aus Lebensversicherungen, die nicht steuerbegünstigt sind (→ auch Seite 94). Außerdem tragen Sie hier Gewinne aus dem Verkauf von Wertpapieren aller Art, etwa Aktien, Anleihen oder Zertifikate, aus Termingeschäften oder aus dem Verkauf von „gebrauchten" Lebensversicherungen ein. Was hier einzutragen ist, ergibt sich in der Regel aus den vorliegenden Steuerbescheinigungen.

In **Zeile 8** müssen Gewinne aus Aktienverkäufen (aus **Zeile 7**) nochmals separat erscheinen, weil sie steuerlich etwas anders als andere Kapitalerträge behandelt werden.

	Kapitalerträge, die dem inländischen Steuerabzug unterlegen haben		Beträge lt. Steuerbescheinigung(en) EUR		korrigierte Beträge (lt. gesonderter Aufstellung) EUR
7	Kapitalerträge	210/410	1955,—	220/420	,—
8	In Zeile 7 enthaltene Gewinne aus Aktienveräußerungen	212/412	155,—	222/422	,—

Die **Zeile 10** fragt nach „bestandsgeschützten Alt-Anteilen". Dabei geht es um Investmentfondsanteile, die vor dem 1. Januar 2009 gekauft wurden. Gewinne, die vor dem 31. Dezember 2017 entstanden, bleiben auch nach dem neuen „Investmentsteuerreformgesetz 2018" weiterhin steuerfrei. Gewinne ab dem 1.1.2018 sind steuerpflichtig. Allerdings gilt für sie ein Freibetrag von 100 000 Euro. Hierher gehören ausschließlich Veräußerungsgewinne des Jahres 2020, keine Veräußerungsverluste. Anleger finden die erforderlichen Angaben im nachrichtlichen Teil der Steuerbescheinigungen der Fonds. Wenn ein Teil des Freibetrages verbraucht ist, stellt das Finanzamt den restlichen Freibetrag gesondert fest. War das im Vorjahr – also 2019 der Fall, ist das zusätzlich in der Anlage Sonstiges anzugeben (→ Seite 69).

In **Zeile 11** geht es um die sogenannte Ersatzbemessungsgrundlage. Das sind 30 Prozent der Einnahmen aus einem Wertpapiergeschäft. Die Bank erhebt die Steuer auf dieser pauschal angenommenen Grundlage, wenn sie die genauen Anschaffungskosten des Wertpapiers nicht kennt. Betroffene können eine zu hoch veranschlagte Ersatzbemessungsgrundlage hier korrigieren, wenn sie entsprechende Nachweise haben. Das funktioniert in der rechten Spalte der **Zeile 11** („korrigierte Beträge"). In dieser rechten Spalte der **Zeilen 7 bis 11** lassen sich außerdem Verluste von Konten bei unterschiedlichen Banken berücksichtigen oder Kosten von Veräußerungsgeschäften, die die Bank in ihre Abrechnung nicht einbezogen hat. In **Zeile 10 bis 13** fragt das Formular nach Verlusten aus Wertpapiergeschäften (unterteilt nach Aktien- und anderen Verlusten). In die neue **Zeile 15** gehören Verluste aus wertlos gewordenen Kapitalanlagen, bspw. Aktien. Diese können im laufenden Jahr nur bis 10 000 Euro mit anderen, positiven Kapitaleinkünften verrechnet werden. Wer sich damit herumschlagen muss, sollte einen Steuerprofi konsultieren.

Zeile 16 und 17: Sparerpauschbetrag

Ob und in welcher Höhe der Sparerpauschbetrag genutzt wurde, ergibt sich im Regelfall aus den vorliegenden Steuerbescheinigungen. **Zeile 16** fragt nach dem Teil des Sparerpauschbetrags, der für die in **Zeile 7 bis 15, 30** und **33** aufgeführten Kapitalerträge verwendet worden ist. Normalerweise erscheint hier der gesamte genutzte Sparerpauschbetrag von 801 Euro. In **Zeile 17** kommt eine Ausnahme. Hierher gehört der Teil des Sparerpauschbetrags, der für Kapitalerträge genutzt wurde, die nicht in den hier genannten Zeilen auftauchen. Ein solcher Fall kann beispielsweise dann eintreten, wenn die Bank bereits ordnungsgemäß und unter Berücksichtigung des Freistellungsauftrags Abgeltungsteuer abgeführt hat und der Sparer daran auch nachträglich nichts ändern möchte. Wer in Zeile 4 die Günstigerprüfung beantragt hat und deshalb alle Kapitalerträge vollständig in die Anlage KAP sowie bei Investmenterträgen im Ausland und bei Beteiligungen in die Anlagen KAP-INV und KAP-BET eingetragen hat, setzt in **Zeile 17** eine 0 ein.

Zeile 18 bis 34: Ohne Abgeltungsteuer

In **Zeile 18 bis 26** werden Kapitalerträge abgefragt, bei denen erst mit der Steuererklärung 25 Prozent Abgeltungsteuer erhoben werden, falls nicht die individuelle Besteuerung günstiger ist (→ Zeile 4). Dabei kann es sich zum Beispiel um ausländische Zinsen handeln oder auch um Kreditzinsen aus bestimmten Privatdarlehen. Alle diese Kapitalerträge gehören zusammengefasst in **Zeile 18** (Inland) oder **Zeile 19** (Ausland). In **Zeile 20 bis 23** will das Finanzamt eine gesonderte Aufstellung der bereits in **Zeile 18 und 19** enthaltenen Gewinne beziehungsweise Verluste sehen. Ausgenommen von der Zusammenfassung in **Zeile 18 und 19** sind Zinsen für Steuererstattungen, die das Finanzamt (obwohl es sie genau kennt) in **Zeile 26** ebenfalls separat sehen will und die in der Regel im letzten Steuerbescheid zu finden sind. Verluste aus wertlos gewordenen Kapitalanlagen gehören in **Zeile 25**.

TIPP: Erträge von Investmentfonds, die nicht dem inländischen Steuerabzug unterlagen, gehören nicht hierher, sondern in die Anlage KAP-INV. Erträge aus Beteiligungen sind in die Anlage KAP-BET einzutragen.

Und noch ein Tipp: Das Bundesverfassungsgericht muss aktuell in mehreren Verfahren darüber entscheiden, ob Erstattungszinsen steuerpflichtig sind (zum Beispiel Az. 2 BvR 482/14). Betroffene können mit Bezug auf das betreffende Aktenzeichen Einspruch gegen ihren Steuerbescheid einlegen und so ihre Chance auf Änderung wahren (→ ab Seite 133).

Bei Kapitalerträgen – die nicht mit der Abgeltungsteuer, sondern mit dem persönlichen Steuersatz versteuert werden müssen (**Zeile 27 bis 34**), geht es meist um Erträge, die im betrieblichen Bereich anfallen, und um weitere Spezialfälle, die „Normalsteuerzahler" eher selten betreffen. Kapitalerträge aus inländischen und ausländischen Beteiligungen gehören nicht mehr hierher, sondern in die Anlage KAP-BET. **Zeile 28** fragt übrigens auch nach Zinsen aus privaten Darlehen an Verwandte und andere Menschen. Die unterliegen dem persönlichen Steuersatz, wenn sie beim Schuldner als Werbungskosten oder als Betriebsausgaben absetzbar sind. Der Bundesfinanzhof sieht das großzügiger. Er hat in mehreren Urteilen entschieden, dass die Nutzung der Abgeltungsteuer auch in diesen Fällen möglich ist, wenn kein Beherrschungsverhältnis zwischen den beteiligten Seiten vorliegt und das Darlehen einem Fremdvergleich standhält (zum Beispiel Az. VIII R 44/13).

In **Zeile 30** tragen Sie Erträge aus steuerlich begünstigten Lebensversicherungen ein, die nach dem Stichtag 31.12.2004 abgeschlossen wurden (→ ab Seite 211). Der Ertrag, das ist die Differenz zwischen Auszahlung und eingezahlten Beiträgen, bleibt zur Hälfte steuerfrei. Er wird jedoch mit dem persönlichen Steuersatz versteuert, nicht mit dem Abgeltungsteuersatz. Einbehaltene Abgeltungsteuer wird erstattet.

TIPP: Wer sich eine solche Versicherung frühestens einen Tag nach dem 60. Geburtstag auszahlen lässt, erhält, wenn die Versicherung mindestens 12 Jahre lang bestand, die Hälfte der Erträge steuerfrei. Dazu muss die Zeile 23 ausgefüllt werden. Die Versicherung berechnet zunächst auf die gesamten Erträge Abgeltungsteuer.

In der **Zeile 33** geht es unter anderem um die steuerliche Behandlung sogenannter verdeckter Gewinnausschüttungen in speziellen Fällen. Ohne Steuerberater sollte sich hier niemand bewegen. Das gilt auch für die **Zeile 34**, die „Spezial-Investmentanteile“ behandelt.

Zeile 35 und 36: Steuerermäßigung

In **Zeile 35** gehören Kapitalerträge, die als Entschädigung gezahlt und ermäßigt besteuert werden, ähnlich wie Abfindungen bei Arbeitnehmern. Das kann beispielsweise Zahlungen von Bausparkassen nach einem Rechtsstreit betreffen. In **Zeile 36** wiederholt sich die Abfrage für andere Kapitaleinkünfte und Einkünfte aus Beteiligungen. In diesen Fällen ist professionelle Steuerberatung hilfreich.

Zeile 37 bis 50: Steuerabzug & Co.

In **Zeile 37 bis 42** müssen Sie die von den Banken und anderen Anlageinstituten bereits abgezogenen Steuern auf Kapitalerträge eintragen, getrennt nach Abgeltungsteuer, Solidaritätszuschlag und gegebenenfalls Kirchensteuern hierauf sowie ausländische Steuern. Diese Beträge werden im Steuerbescheid auf die vom Finanzamt berechneten Steuer und Zuschläge angerechnet. Für welche Kapitalerträge die Eintragung erfolgt, findet sich in den Zeilenangaben der Überschrift. So gehört beispielsweise die insgesamt abgeführte Abgeltungsteuer in **Zeile 37**, und zwar auch die Steuer, die auf Investmenterträge abgeführt wurde, die ansonsten in der

Anlage KAP-INV abgehandelt werden. Abzugsbeträge aus Beteiligungen an Kapitalanlagen gehören dagegen nicht hierher, sondern in die neue Anlage KAP-BET. In **Zeile 38 bis 41** wiederholt sich die Prozedur für die Zuschlagsteuern sowie für anzurechnende ausländische Steuerarten. Die fiktive Quellensteuer (**Zeile 42**) gilt für manche Anleihen ausländischer Staaten. Der deutsche Fiskus rechnet sie dem Anleger trotzdem an, als wäre sie einbehalten worden. Das erhöht die Rendite der Anleihen. **Zeile 43 bis 45** fragt nach den einbehaltenen und anzurechnenden Steuern auf die in der Überschrift erwähnten Erträge. Das betrifft zum einen Kapitalerträge, die mit dem persönlichen Steuersatz besteuert werden, etwa die in Zeile 30 eingetragenen Erträge aus begünstigten Lebensversicherungen. Zum anderen gehört hierher auch die Abgeltungsteuer aus Erträgen, die bei anderen Einkünften zu besteuern sind. Das können beispielsweise Zinsen aus Bausparverträgen sein, die für die Finanzierung einer vermieteten Immobilie verwendet werden.

Mit **Zeile 46** will die Finanzverwaltung die Erstattung von Kapitalertragsteuer bei bestimmten Wertpapiergeschäften einschränken, etwa bei „cum/cum-Geschäften“ zwischen Banken und Großanlegern. Wer hier etwas einzutragen hat, sollte vorher einen Steuerprofi konsultieren. Das gilt auch für ausländische Familienstiftungen (**Zeile 47 bis 49**) und für den Umgang mit Steuerstundungsmodellen nach § 15b Einkommensteuergesetz (**Zeile 50**).

GUT ZU WISSEN: Steuerbescheinigungen über inländische Kapitalerträge müssen der Steuererklärung grundsätzlich nicht mehr beigefügt werden. Von dieser Regel gibt es aber Ausnahmen. So müssen bei Eintragungen in den Zeilen 12 und/oder 13 (Verluste) sowie in den Zeilen 43 bis 45 Steuerbescheinigungen weiterhin unaufgefordert eingereicht werden.

Anlage N: Für Arbeitnehmer

Die Anlage N steht für „Einkünfte aus nichtselbstständiger Arbeit" und spielt auch für viele Ruheständler eine Rolle. Sie ist immer dann wichtig, wenn sich Rentner selbst als Arbeitnehmer etwas hinzuverdienen oder der Ehe-/Lebenspartner noch berufstätig ist. Auch wer eine vom Arbeitgeber finanzierte Werkspension oder eine Beamtenpension erhält, benötigt für diese Altersbezüge nicht die Anlage R, sondern die Anlage N. Werkspensionen stammen aus Direktzusagen des ehemaligen Arbeitgebers oder aus Unterstützungskassen. Werks- und Beamtenpensionen werden auf dem amtlichen Vordruck als **Versorgungsbezüge** bezeichnet. Sie gelten unter steuerlichen Gesichtspunkten als Arbeitslohn und werden auch so ähnlich behandelt (→ Seite 18, 120 und das ausgefüllte Formular auf Seite 186).

Rentner mit einem Nebenjob als Arbeitnehmer müssen in der Regel bereits deshalb eine Steuererklärung abgeben, weil sie neben ihrem steuerpflichtigen Arbeitslohn mehr als 410 Euro andere Einkünfte im Jahr erhalten, nämlich aus ihrer Rente.

→ **TIPP:** Rentner, die eine Steuererklärung mit Papierformularen einreichen und deren Bezüge in die Anlage N gehören, prüfen zunächst, ob nur Angaben in den dunkelgrün unterlegten Feldern einzutragen wären. In diesem Fall müssen sie die Anlage N meist nicht mehr ausfüllen und zum Finanzamt mitschicken.

Nachfolgend wird erklärt, in welchen Fällen dies nicht gilt oder weitere Zeilen ausgefüllt werden sollten.

Zeile 1 bis 26: Lohn und Pension

Nach den persönlichen Angaben in **Zeile 1 bis 2** gehört in **Zeile 3** die Steuernummer. **Zeile 4** („eTIN" heißt „electronic Taxpayer Identification Number") wird nur ausgefüllt, wenn keine Steuer-ID vorhanden ist.

Die weiteren Angaben zu Lohn, Pension und bereits abgezogenen Steuern liegen dem Finanzamt in der Regel bereits als elektronische Meldung vor. Sie haben zur Information über diese Datenmeldung eine Lohnsteuerbescheinigung erhalten. In der Papiersteuererklärung müssen die Pensionäre oder Eheleute der Rentner in der Regel nur etwas eintragen, wenn sie von den gemeldeten Daten abweichen wollen, etwa weil diese fehlerhaft sind oder falls der Arbeitgeber in seiner Bescheinigung darauf hinweist, dass keine elektronische Meldung erfolgt ist. In der elektronischen Steuererklärung tragen die Ruheständler die Daten ein. Sie können damit auch die Funktion der Steuerberechnung nutzen.

Wenn Sie in diesem Jahr Arbeitslohn, Versorgungsbezüge für mehrere Jahre oder eine Abfindung erhalten haben, kann für diese Einnahmen unter bestimmten Voraussetzungen eine ermäßigte Besteuerung erfolgen. Falls der Arbeitgeber oder Versorgungsträger noch keine Steuerermäßigung berücksichtigt hat, steht der betreffende Betrag in der Regel in Zeile 19 der Lohnsteuerbescheinigung und gehört in die **Zeile 18** der Anlage N. Wenn der Arbeitgeber die Daten korrekt übermittelt, brauchen Sie in die Papiersteuererklärung nichts eintragen. Prüfen Sie im Steuerbescheid, ob das Finanzamt den Lohn ermäßigt besteuert hat.

War der Arbeitgeber nicht zum Lohnsteuerabzug verpflichtet, zum Beispiel weil er sich im Ausland befindet, nutzt der Rentner die **Zeile 21**. Andere Fälle sind steuerpflichtige Verdienstausfallentschädigungen von Versicherungen oder anderen. Die **Zeilen 22 bis 26** über eigene Auslandstätigkeiten betreffen Ruheständler eher selten, und wenn, sollten sie mithilfe eines Steuerprofis ausgefüllt werden. Die hier erfragten Details werden aus der ziemlich unübersichtlichen „Anlage N-AUS"übernommen. Eine Ausfüllhilfe dazu gibt es im Internet unter test.de/Steuerratgeber-Extra.

Zeile 27: Steuerfreie Aufwandsentschädigung

Wer nebenbei als Arbeitnehmer in Vereinen oder in anderen Einrichtungen arbeitet, die gemeinnützigen, mildtätigen oder kirchlichen Zwecken dienen, kann eine steuerfreie Aufwandsentschädigung erhalten. Dieser „Übungsleiter-Freibetrag" von 2 400 Euro wird gewährt, wenn es sich um ausbildende, erzieherische, betreuende, künstlerische oder pflegerische Arbeiten handelt (→ Seite 15).

Für andere gemeinnützige Tätigkeiten, etwa für den Kassenwart im Verein, bleiben Zahlungen bis 720 Euro steuerfrei. Sind die steuerfreien Zahlungen höher als die gesetzlichen Freibeträge, wird in **Zeile 27** nur der Freibetrag vermerkt und der übersteigende Betrag in **Zeile 21**. Wenn diese Tätigkeiten nicht als Arbeitnehmer, sondern selbstständig ausgeübt werden, gehören die Einnahmen in die **Anlage S** (→ Seite 110).

Zeile 28: Lohnersatz

Lohnersatzleistungen, zum Beispiel Kurzarbeitergeld, sind in der Regel beim Finanzamt gemeldet. Die Entgeltersatzleistungen sind steuerfrei, erhöhen jedoch die Steuer auf den Arbeitslohn oder den steuerpflichtigen Anteil der Rente.

Zeile 31 bis 117: Werbungskosten

Die **Zeilen 31 bis 87** (Seite 2 bis 4 der Anlage N) füllen Sie nur aus, wenn Sie noch Werbungskosten für eine aktive Berufstätigkeit haben. Die Kosten für die Arbeit wirken sich steuermindernd aus, wenn sie mehr als 1 000 Euro betragen. Anderenfalls können Sie diese Zeilen leer lassen. Das Finanzamt berücksichtigt dann den **Arbeitnehmerpauschbetrag** automatisch. Den bekommt ein Ruheständler auch dann, wenn er nur noch einen Teil des Jahres beschäftigt war. Dennoch sollten Sie einen Blick auf die folgenden Abzugsposten werfen. Vielleicht ist doch etwas dabei, womit Sie die Pauschale überschreiten und Ihre Steuerlast senken können.

Für Versorgungsbezüge aus Beamten- oder Werkspensionen berücksichtigt das Finanzamt nur eine Pauschale von 102 Euro. Wer höhere Kosten für die Versorgungsbezüge hatte, beispielsweise Steuerberatungskosten oder Gewerkschaftsbeiträge, trägt diese in die **Zeilen 73 und 74** ein.

Zeile 31 bis 40: Fahrten zur Arbeit

Kosten für Fahrten zwischen Wohnung und Betrieb sind unabhängig vom Verkehrsmittel mit der Entfernungspauschale von 30 Cent pro Entfernungskilometer absetzbar. Das gilt auch für Mitfahrer einer Fahrgemeinschaft, die selbst gar keine Ausgaben hatten.

Wer öffentliche Verkehrsmittel nutzt, darf nachgewiesene Kosten voll absetzen, wenn sie für das gesamte Jahr höher ausfallen als 30 Cent pro Entfernungskilometer.

Die Entfernungspauschale gilt für die erste Tätigkeitsstätte (**Zeilen 31 und 32**). Das ist ein fester Arbeitsort, der auf Dauer regelmäßig aufgesucht wird. Bei mehreren Arbeitsorten gilt das, wie der Name sagt, nur für einen Arbeitsort. Wer anstelle des Arbeitsortes regelmäßig eine bestimmte Abholstelle aufsuchen muss, trägt den „Sammelpunkt" in **Zeile 33-34** ein. Gleiches gilt für Arbeitnehmer, die zu einem weiträumigen Tätigkeitsgebiet fahren. Hier zählt die Entfernung zum Beginn des Tätigkeitsfeldes.

Welche Entfernung sie mit welchem Verkehrsmittel zurückgelegt haben, will das Finanzamt in den **Zeilen 35 bis 38** wissen. Behinderte Arbeitnehmer können die tatsächlichen Kosten absetzen, wenn der Behinderungsgrad mindestens 70 beträgt oder 50 plus Merkzeichen „G" im Behindertenausweis steht (**Zeilen 35 bis 38**, rechte Spalte die Ziffer „1" eintragen). Sie erhalten dann für Fahrten mit dem eigenen Pkw 30 Cent für jeden gefahrenen Kilometer oder auf Nachweis auch höhere Kosten. Für Fahrten mit öffentlichen Verkehrsmitteln sind ohnehin die tatsächlichen Kosten absetzbar.

	Ort lt. Zeile	aufgesucht an Tagen	einfache Entfernung (auf volle Kilometer abgerundet)	davon mit eigenem oder zur Nutzung überlassenem Pkw zurückgelegt	davon mit Sammelbeförderung des Arbeitgebers zurückgelegt	davon mit öffentl. Verkehrsmitteln, Motorrad, Fahrrad o. Ä., als Fußgänger, als Mitfahrer einer Fahrgemeinschaft zurückgelegt	Aufwendungen für Fahrten mit öffentlichen Verkehrsmitteln (ohne Fähr- und Flugkosten) EUR	Behinderungsgrad mind. 70 oder mind. 50 und Merkzeichen „G"
35	31	110 220	111 7 km	112 km	113 km	km	114 660,–	115 1 = Ja
36		130	131 km	132 km	133 km	km	134 ,–	135 1 = Ja

Steuerfreie oder pauschal versteuerte Zuschüsse des Arbeitgebers werden in der Regel elektronisch gemeldet. Falls notwendig, sind diese in **Zeile 39** einzutragen. Die von der Agentur für Arbeit oder dem Jobcenter übernommenen Kosten werden nicht automatisch gemeldet. Sie müssen diese deshalb in die **Zeile 40** eintragen.

					EUR				EUR	
39	Arbeitgeberleistungen lt. Nr. 17 und 18 der Lohnsteuerbescheinigung	steuerfrei ersetzt	290		180,—	pauschal besteuert	295		,—	e
40	Von der Agentur für Arbeit oder dem Jobcenter gezahlte Fahrtkostenzuschüsse						291		270,—	

Zeile 41 bis 48: Arbeitsmittel & Co.

Wer einer Gewerkschaft oder einem Berufsverband angehört, trägt Organisation und Beitrag in **Zeile 41** ein. Wenn Rentner ihren Gewerkschaftsbeitrag bereits in die Anlage R geschrieben haben, dürfen sie ihn hier nicht nochmals einsetzen. Als Arbeitsmittel (**Zeile 42 und 43**) gelten Dinge, die für den Job gebraucht werden, zum Beispiel Fachbücher, Büromöbel, Büromaterial, Arbeitskleidung, Werkzeug oder Computer.

Raumkosten für ein häusliches Arbeitszimmer dürfen voll abgesetzt werden, wenn es „Mittelpunkt der gesamten betrieblichen und beruflichen Tätigkeit" ist (**Zeile 44**). Viele Ruheständler, die ihren Nebenjob im Arbeitszimmer ausüben, haben gute Chancen, alle Ausgaben geltend machen. Ihr Heimbüro ist „Mittelpunkt" ihrer Erwerbstätigkeit.

Ist das Heimbüro nicht Mittelpunkt der beruflichen Arbeit, existiert aber für die dort ausgeführten Tätigkeiten kein anderer Arbeitsplatz, können bis zu 1250 Euro im Jahr abgesetzt werden. Das betrifft zum Beispiel Außendienstmitarbeiter, Lehrer und vergleichbare Berufsgruppen, die Teile ihrer Arbeit zu Hause machen müssen, weil sie es an einem anderen Arbeitsplatz nicht können. Wer das Heimbüro beruflich und privat nutzt, kann die Raumkosten nicht aufteilen. Nur eine private Mitnutzung von bis zu 10 Prozent wird akzeptiert. Ist es mehr, fallen sämtliche Raumkosten dem Rotstift zum Opfer. Beim Arbeitszimmer gilt das Prinzip „ganz oder gar nicht".

Kosten von Büromöbeln, Bürotechnik und anderen Dingen für den Job lassen sich auch dann absetzen, wenn diese Arbeitsmittel nicht in einem steuerlich anerkannten Arbeitszimmer stehen, sondern in einer Arbeitsecke im Flur oder im Hobbykeller.

Tragen Rentner Fortbildungskosten (**Zeile 45**) ein, müssen sie dem Finanzamt manchmal darlegen, dass die Fortbildung ihrer Berufstätigkeit dient . Ob es sich um einen Nebenjob handelt, spielt allerdings keine Rolle. Eine Bescheinigung des Arbeitgebers über die Notwendigkeit der Fortbildung kann die Argumentation unterstützen.

Zeile 61 bis 72 und 91 bis 117: Reisekosten & Co.

Für die meisten Ruheständler sind Reisekosten und doppelte Haushaltsführung ein eher seltenes Thema. Eine Auswärtstätigkeit kann vorliegen, wenn anstelle der ersten Tätigkeitsstätte (vergleiche oben zu Zeile 31) ein anderer Arbeitsort aufgesucht wird. Dann sind in **Zeile 62** Fahrt- und gegebenenfalls in **Zeile 63** die Übernachtungskosten in tatsächlicher Höhe absetzbar. Je nach Abwesenheitsdauer kommen Verpflegungsmehraufwendungen hinzu (**Zeilen 67 bis 72**). Eine doppelte Haushaltsführung (**Zeilen 91 bis 117**) bedeutet, dass für einen dauerhaften festen Arbeitsort (erste Tätigkeitsstätte) eine zweite .Wohnung erforderlich ist.

Zeile 73 bis 78: Sonderfälle

Die **Zeilen 73 bis 78** fragen nach besonderen Werbungskosten, die in den **Zeilen 31 bis 72** und **91 bis 117** nicht enthalten sind. Das kann Pensionäre betreffen (**Zeile 73 und 74**) oder Arbeitnehmer mit Abfindungen (**Zeile 75**). In **Zeile 76 bis 78** geht es um Auslandsprobleme, die in der Regel Profirat erfordern.

→ **TIPP:** Ausführliche Infos zur Anlage N finden Sie im Finanztest-Ratgeber „Steuererklärung 2020/2021 Arbeitnehmer, Beamte" (Bezugsadresse → Seite 224).

Anlage SO: Für sonstige Einkünfte

In dieser Anlage fragt das Finanzamt ein Sammelsurium von Einkünften ab, die anderswo nicht unterzubringen waren. Auch für Ruheständler kann ein Teil davon interessant sein. In **Zeile 4** sind unter „Wiederkehrende Bezüge" etwa Altenteilsleistungen in der Land- und Forstwirtschaft zu verstehen oder Zahlungen im Rahmen eines schuldrechtlichen Versorgungsausgleichs (→ ab Seite 51). In der Höhe, in der der Zahlende die Beträge als Sonderausgaben absetzen kann, sind sie beim Empfänger steuerpflichtig. Auch einige Leistungen, die nach Vermögensübertragungen gezahlt werden, gehören hierher: Wenn etwa Eltern ihrem Kind ein Grundstück oder Betriebsvermögen übertragen haben und das Kind ihnen dafür eine Rente zahlt, die jedoch nicht dem Wert des übertragenen Vermögens entspricht. Anderenfalls gehört die Rente in die **Anlage R** (→ Seite 78). In vielen dieser Fälle ist die Beratung eines Steuerprofis unverzichtbar, vor allem dann, wenn an dieser Stelle zum ersten Mal etwas einzutragen ist.

Zeile 5 bis 23: Unterhalt & Co.

In die **Zeile 5** schreibt ein geschiedener Ehegatte oder getrennt lebender Lebenspartner Leistungen, die er zur Vermeidung eines Versorgungsausgleichs von seinem oder seiner Ex erhalten hat. Der Zahler kann seine Zahlungen in der **Anlage Sonderausgaben** eintragen (→ Seite 51).

Unterhaltszahlungen vom Ex-Ehe- oder eingetragenen Partner sind auch als „Realsplitting“ bekannt. Der geschiedene oder getrennt lebende Partner, der den Unterhalt zahlt, kann bis zu 13 805 Euro in seiner Steuererklärung als Sonderausgaben geltend machen (→ Seite 51). Voraussetzung ist, dass der Zahlende die Anlage U abgegeben und der Empfänger die Anlage U unterschrieben hat. Mit seiner Unterschrift akzeptiert der Empfänger, dass die Zahlung bei ihm voll steuerpflichtig ist. Der Zahlende hat den Vorteil, dass die Unterhaltszahlung bei ihm steuerlich gefördert wird. Der Empfänger trägt die erhaltenen Unterhaltsleistungen in **Zeile 6** ein, wenn der andere sie mit seiner Zustimmung als Sonderausgaben abzieht. Der Empfänger kann seine Zustimmung davon abhängig machen, dass ihm der Zahler eventuell anfallende Mehrsteuern erstattet. Wenn Expartner sich auf eine faire Verteilung des Steuervorteils einigen können, bringt das „Realsplitting“ beiden Vorteile. Der Zahler darf auch zusätzlich zu den maximal 13 805 Euro Unterhalt von ihm übernommene Beiträge zur Kranken- und Pflegeversicherung des Unterstützten als Sonderausgaben absetzen. Die sind als Einnahmen beim Unterstützten steuerpflichtig und auch in **Zeile 6** einzutragen. Der Unterstützte darf diese Beiträge als Vorsorgeaufwendungen geltend machen (→ Seite 72).

			EUR		EUR
	Unterhaltsleistungen				
6	soweit sie vom Geber als Sonderausgaben abgezogen werden können	146	14500,–	147	,–

Wenn der Leistungsempfänger im Zusammenhang mit den Leistungen aus **Zeile 4 bis 6** Werbungskosten hatte, beispielsweise Kosten für eine rechtliche Beratung, gehören diese zusammengefasst in **Zeile 7.**

Wer Bezüge aus Stiftungen oder anderen steuerbegünstigten Körperschaften erhält, die nur teilweise steuerpflichtig sind und in die neue **Zeile 8** einzutragen sind, sollte eine steuerliche Beratung nutzen.

Als „Leistungen“ (**Zeile 10 bis 15**) sieht das Finanzamt bestimmte Gelegenheitsgeschäfte, zum Beispiel die private Vermietung eines Autos, eines Wohnmobils oder die Provision für gelegentliche Vermittlungstätigkeiten. Hierher gehört auch, wenn ein Nachbar dafür zahlt, dass sein Bauvorhaben von anderen Nachbarn geduldet wird. Auch Wechselprämien, die manche Banken dafür zahlen, dass ihnen ein Wertpapierdepot übertragen wird, gehören hierher.

Für diese sonstigen Einkünfte gibt es eine Freigrenze: Einnahmen sind bis zu 255 Euro im Jahr steuerfrei. Wer nur einen Euro mehr einnimmt, muss aber den gesamten Betrag versteuern. Wer in diesem Zusammenhang Verluste hat (**Zeile 15**), sollte einen Steuerprofi konsultieren. Gleiches gilt für Abgeordnete (**Zeile 16 bis 24**) und für Steuersparmodelle aller Art (**Zeile 25**).

Zeile 31 bis 52: Private Verkäufe

Unter den Begriff „Private Veräußerungsgeschäfte" kann der Verkauf aller möglicher Dinge fallen, von Grundstücken über Kunstgegenstände, Schmuck, Edelmetalle, Briefmarken oder Bücher. Früher hieß so etwas „Spekulationsgeschäft", und der Gewinn ist steuerpflichtig, wenn Kauf und Verkauf innerhalb einer bestimmten Frist liegen: Bei Immobilien sind es zehn Jahre, bei den meisten anderen Gegenständen ist es ein Jahr. Ein Verlust wird steuerlich ebenfalls wirksam, darf allerdings nur mit Spekulationsgewinnen verrechnet werden. Ob das Finanzamt tatsächlich etwas abbekommt, ist aber eine andere Frage, denn Spekulationsgewinne unter 600 Euro im Jahr bleiben steuerfrei. Aber Vorsicht: Wird diese Grenze erreicht, ist der gesamte Gewinn zu versteuern, auch die 599 Euro darunter. Ehepaare/Lebenspartner können ihre steuerfreien Veräußerungsgewinne verdoppeln, wenn verkaufte Vermögensgegenstände beiden gehört haben.

Zeile 31 bis 41: Grundstücksverkauf

Wer ein Grundstück verkauft, sollte das immer mit Beratung eines Steuerexperten tun. Das kann auch für den Verkauf eines Eigenheims wichtig sein. Der ist zwar grundsätzlich steuerfrei, wenn eine Wohnung im Jahr des Verkaufs und in den beiden Jahren zuvor selbst bewohnt wurde. Aber auch hier bestätigen Ausnahmen die Regel. Auch der Eigenheimbesitzer, der mit seiner Familie seinen bisherigen Wohnort aufgibt und zu seinem neuen Arbeitsort umsiedelt, erhält Post vom Finanzamt. Nachdem er als Verkäufer beim Notar unterschrieben hat, muss der Notar den Immobilienverkauf beim Finanzamt anzeigen. Das Finanzamt schickt einen umfangreichen Fragebogen an den Eigenheimbesitzer, um zu erfahren, ob der Verkauf steuerpflichtig ist.

Private Veräußerungsgeschäfte

Grundstücke und grundstücksgleiche Rechte (z. B. Erbbaurecht) In den Zeilen 35 bis 41 bitte nur den steuerpflichtigen Anteil erklären.

31	Bezeichnung des Grundstücks (Lage) / des Rechts: MEISENWEG 7, 12435 STEUERHAUSEN, WOHNUNG EG			
32	Zeitpunkt der Anschaffung (z. B. Datum des Kaufvertrags, Zeitpunkt der Entnahme aus dem Betriebsvermögen)	0 1 0 7 2 0 1 2	Zeitpunkt der Veräußerung (z. B. Datum des Kaufvertrags, auch nach vorheriger Einlage ins Betriebsvermögen)	3 1 0 7 2 0 2 0

Wer zum Beispiel Räume an die Enkelin vermietet hatte oder andere Teile seines Hauses nicht zu „eigenen Wohnzwecken“ benutzte, muss einen Verkaufsgewinn, der auf diese Teile entfällt, versteuern, wenn er das Haus nicht mindestens zehn Jahre besaß. Ob das auch für das häusliche Arbeitszimmer gilt, ist strittig (Revisionsverfahren IX R 27/19).

Denken Sie also daran, dass auch beim Verkauf eines Eigenheims innerhalb der Zehnjahresfrist ein steuerpflichtiger Spekulationsgewinn entstehen kann.

Zeile 42 bis 49: Andere Verkäufe

Neben dem Verkauf von Grundstücken kann auch der Verkauf anderer Gegenstände aus dem Privatvermögen steuerliche Folgen haben. Das betrifft etwa Schmuck, Edelmetalle, Kunstgegenstände oder wertvolle Bücher, wenn sie innerhalb eines Jahres nach ihrem Erwerb wieder verkauft werden. Wer beispielsweise im Sommer für 5 000 Euro Goldmünzen kaufte, die er im Frühjahr des Folgejahres für 6 000 Euro wieder verkauft hat, erzielte einen steuerpflichtigen privaten Veräußerungsgewinn von 1 000 Euro. Der gehört in die **Zeilen 42 bis 47**. Hier lassen sich aber nicht nur steuerpflichtige Gewinne, sondern auch Verluste unterbringen. Der Verkauf alltäglicher Gebrauchsgegenstände, etwa Pkw, ist grundsätzlich nicht steuerpflichtig, Oldtimer gelten allerdings nicht als „Gebrauchsgegenstände“.

Gewinne aus Verkäufen bei Ebay-und anderen Portalen sind auch steuerpflichtig und hier anzugeben, wenn der Gegenstand nicht länger als ein Jahr im Besitz war und es sich nicht um einen Gegenstand des täglichen Gebrauchs handeln sollte. Vorsicht ist geboten, wenn regelmäßig solche Verkäufe erfolgen. Die Finanzämter prüfen, ob gewerbliche und umsatzsteuerpflichtige Einnahmen vorliegen.

Wer innerhalb der Jahresfrist privat mit Bitcoins und anderen Kryptowährungen handelt, trägt Gewinne und Verluste ebenfalls hier ein. Verluste können jedoch nicht steuermindernd mit anderen Einkünften verrechnet werden, sondern nur mit Gewinnen aus privaten Veräußerungsgeschäften. Sind im Jahr 2020 in der Anlage SO keine Gewinne zum Verrechnen vorhanden, wird der Verlust vom Finanzamt festgestellt. Er kann dann in den Folgejahren verrechnet werden, wenn Veräußerungsgewinne anfallen sollten.

Das Ergebnis von **Zeile 47** wird in **Zeile 48** gegebenenfalls auf beide Ehepartner/eingetragenen Partner aufgeteilt.

In den **Zeilen 41 bis 47** geht es nur um ein einziges privates Veräußerungsgeschäft. Wenn mehrere vorliegen, kommt das Ergebnis zusammengefasst in **Zeile 49**. Die Einzelheiten aller dieser Geschäfte will das Finanzamt möglichst nach dem Muster der **Zeilen 42 bis 47** auf einem Extrablatt sehen.

Die **Zeilen 50 bis 51** drehen sich zum Beispiel um Veräußerungsgeschäfte von Grundstücksgemeinschaften und anderen Beteiligungen, die professionelle Steuerberatung erforderlich machen. Das gilt auch für die Begrenzung der Verlustverrechnung in **Zeile 52**.

Weitere Anlagen: Von Miete bis Unterhalt

Die meisten Ruheständler kommen schon mit den bisher dargestellten Anlagen aus. Doch es gibt Anlagen, die für einige darüber hinaus interessant sein können. Hier geht es um ausgewählte Schwerpunktprobleme dieser Anlagen und um Hinweise zu aktuellen Entwicklungen.

Anlage V: Für Vermieter

Rentner und Pensionäre mit Vermietungseinkünften sollten professionelle steuerliche Hilfe nutzen. Wer die Anlage V allein schaffen will, muss sich richtig gut auskennen und immer am Ball bleiben, denn auf diesem Gebiet sind Gesetzgebung, Verwaltung und Rechtsprechung besonders aktiv, Änderungen an der Tagesordnung. So trat 2019 für neue Wohnungen eine Sonderabschreibung bis zu 5 Prozent, zusätzlich zur linearen Abschreibung von 2 Prozent, in Kraft.

Auf längerfristige Vermietungsverluste reagiert das Finanzamt zunehmend kritischer. Wenn eine Vorausschau ergibt, dass über die gesamte Dauer der Vermietung keine Überschüsse erreicht werden können, vermuten die Beamten steuerlich unbeachtliche „Liebhaberei" und streichen die Verluste. Vermieter sollten möglichst alles vermeiden, was den Fiskus misstrauisch machen könnte: zum Beispiel befristete Mietverträge, stark verbilligte Mieten oder vertraglich vereinbarte kurzfristige Selbstnutzungs- oder Verkaufsabsichten. Bei einer langfristigen Vermietungsabsicht muss das Finanzamt aber grundsätzlich Verluste anerkennen.

Einkünfte aus dem bebauten Grundstück 25

Lage des Grundstücks / der Eigentumswohnung

	Straße, Hausnummer		Angeschafft am
4	S. I L B E R W E G 9 9		0 1 0 4 2 0 1 5
	Postleitzahl	Ort	Fertig gestellt am
5	0 4 7 4 9	G O L D H A U S E N	

TIPP: Wer nur gelegentlich vermietet oder untervermietet, kann mit Zustimmung des Finanzamts bis zu 520 Euro Miete im Jahr steuerfrei kassieren.

Für die verbilligte Vermietung von Wohnraum, beispielsweise an nahe Angehörige, gelten klare Regeln. Verlangt ein Vermieter von seinem Mieter mindestens zwei Drittel der ortsüblichen Marktmiete (66 Prozent), darf der Vermieter alle Werbungskosten geltend machen. Marktmiete heißt Kaltmiete plus Nebenkosten. Fordert der Vermieter weniger, akzeptiert das Finanzamt die Werbungskosten nicht komplett, sondern nur im Verhältnis zur Höhe der verlangten Miete. Wer zum Beispiel nur die Hälfte der ortsüblichen Marktmiete verlangt, darf entsprechend nur die Hälfte seiner Werbungskosten absetzen.

TIPP: Behalten Sie die Entwicklung der ortsüblichen Marktmiete im Auge und passen Sie bei verbilligter Vermietung die Miete rechtzeitig an.

Bei Vermietung an Angehörige prüft das Finanzamt außerdem, ob die Mietbedingungen ebenso sind, wie dies mit fremden Personen erfolgen würde.

Auch Vermieter von Ferienwohnungen müssen stärker auf der Hut sein. Bei hohem Leerstand darf das Finanzamt Vermietungsverluste streichen. Liegt die Vermietungszeit 25 Prozent oder mehr unterhalb der „ortsüblichen Vermietungszeit", wird eine Prognose fällig, und wenn diese langfristig keinen Überschuss der Mieteinnahmen bringt, fallen die Verluste dem Rotstift zum Opfer. Das Finanzamt setzt einen Prognosezeitraum von 30 Jahren an, in denen ein Überschuss der Mieteinnahmen über die Werbungskosten erreicht werden muss.

TIPP: Für neu geschaffene Wohnungen, deren Bauantrag nach dem 31. August 2018 gestellt wurde, gibt es zusätzlich zur linearen Abschreibung jährlich bis zu 5 Prozent Sonderabschreibung. Weil verschiedene Voraussetzungen erfüllt sein müssen, sollten Bauherren und Käufer solcher Wohnungen frühzeitig steuerlichen Rat einholen.

Leerstand ist fast immer schlecht für Vermieter. Er kann aber zu weniger Grundsteuer führen. Tritt eine wesentliche Ertragsminderung einer vermieteten Immobilie ein, weil zum Beispiel hohe Arbeitslosigkeit in der Region zu einem Überangebot an Wohnungen führte, kann der Vermieter Grundsteuererlass beantragen. Es gibt 25 Prozent Erlass bei einer Ertragsminderung von mehr als 50 Prozent und 50 Prozent Erlass bei einer Ertragsminderung von 100 Prozent. Die Ertragsminderung darf aber nicht vom Vermieter verschuldet sein und der Antrag für 2020 muss spätestens am 31. März 2021 beim Finanzamt eingehen.

Anlagen G und S: Für Unternehmer

Wenn sich Ruheständler als Gewerbetreibende oder Freiberufler etwas hinzuverdienen, dann tun sie das in der Regel als Kleinunternehmer. Als solche gelten sie, solange ihr Umsatz im vergangenen Kalenderjahr nicht über 22 000 Euro lag und im laufenden Jahr voraussichtlich 50 000 Euro nicht übersteigt. Kleinunternehmer bleiben von Gewerbesteuer und Bilanzierungspflicht verschont.

Bei der Umsatzsteuer haben Kleinunternehmer ein Wahlrecht. Wenn sie sich gegen die Umsatzsteuer entscheiden, müssen sie keine einnehmen, keine abführen und auch keine Umsatzsteuer-Voranmeldung abgeben. Allerdings bekommen sie die von ihnen selbst gezahlte Umsatzsteuer auch nicht vom Finanzamt zurück. Das ist nicht immer günstig, denn wer etwa gerade sein Unternehmen startet, hat in der Regel hohe Ausgaben (Investitionen) und bescheidene Einnahmen. Fällt in dieser Phase die Entscheidung pro Umsatzsteuer, bleibt in der Regel unter dem Strich mehr in der Firmenkasse.

WICHTIG: Auch Kleinunternehmer müssen die amtliche „Anlage EÜR" (Einnahmenüberschussrechnung) elektronisch ausfüllen und übermitteln. Ausnahmen davon gibt es in wenigen „Härtefällen", etwa wenn Computer oder Internetzugang fehlen oder wenn ausschließlich steuerfreie Einnahmen vorliegen, etwa bei Übungsleitern oder Betreuer (→ Seite 112).

	Gewinn (ohne die Beträge in den Zeilen 31, 36 und 42; bei ausländischen Einkünften: Anlage AUS beachten)			22
	aus freiberuflicher Tätigkeit (genaue Berufsbezeichnung oder Tätigkeit)		EUR	
4	DOZENT VOLKSHOCHSCHULE	100/300	1 200,–	
	aus einer weiteren freiberuflichen Tätigkeit (genaue Berufsbezeichnung oder Tätigkeit)			
5		101/301	,–	

Überschreitet der Umsatz den Kleinunternehmerbereich, dann sollten auch „Nebenberufsunternehmer" regelmäßig einen Steuerberater konsultieren.

Gewerbetreibende füllen die Anlage G aus, Freiberufler die Anlage S. Im Einkommensteuergesetz (Paragraf 18) steht, wen das Finanzamt als Freiberufler akzeptiert. Bei Ärzten, Anwälten oder Journalisten ist das klar, bei anderen Berufsgruppen, etwa Ingenieuren oder Software-Entwicklern, ist es manchmal umstritten. Die steuerlich wichtigste Folge: Freiberufler müssen keine Gewerbesteuer zahlen. Für Ruheständler, die sich als Nebenberufsunternehmer etwas hinzuverdienen, dürfte das aber eher ein Randthema sein, denn Gewerbesteuer wird ohnehin erst oberhalb eines Freibetrags von 24 500 Euro Jahresgewinn fällig.

Auch für Ruheständler mit einem Nebenjob als Kleinunternehmer kann die Hilfe eines Steuerprofis manchmal wichtig sein, zum Beispiel zu Beginn ihrer unternehmerischen Tätigkeit, um die wichtigsten Steuerprobleme zu erkennen und um künftig eine professionelle Steuererklärung fortschreiben zu können. Auch bei Verkauf oder Aufgabe des Unternehmens sollte Profirat genutzt werden.

Ruheständler, die sich in kleinerem Rahmen freiberuflich betätigen, können ihre Betriebskosten manchmal pauschal abrechnen. Das ist nicht nur einfacher als die Aufstellung der einzelnen Ausgaben, sondern kann auch vorteilhaft sein, wenn die tatsächlichen Kosten unterhalb der Pauschale bleiben. Wer sich noch hauptberuflich als Schriftsteller oder Journalist betätigt, kann 30 Prozent vom Umsatz, maximal 2 455 Euro im Jahr, ohne Einzelnachweis geltend machen. Bei wissenschaftlicher, künstlerischer, schriftstellerischer oder lehrender Nebentätigkeit sind es 25 Prozent der Einnahmen, maximal 614 Euro.

Für Tagesmütter gibt es je nach Betreuungszeit eine monatliche Betriebsausgabenpauschale von bis zu 300 Euro pro Kind.

	Einnahmen aus der nebenberuflichen Tätigkeit als		Gesamtbetrag		davon als steuerfrei behandelt	Rest enthalten in Zeile(n)
46	DOZENT VOLKSHOCHSCHULE	191/391	3 600 €	192/392	2 400 €	4
47		193/393	€	194/394	€	

Wer selbstständig in Vereinen oder in anderen Einrichtungen arbeitet, die gemeinnützigen, mildtätigen oder kirchlichen Zwecken dienen, kann eine steuerfreie Aufwandsentschädigung bis zu 2 400 Euro erhalten. Diesen sogenannten Übungsleiterfreibetrag bis 2 400 Euro gibt es für ausbildende, erzieherische, betreuende, künstlerische und pflegerische Tätigkeiten.

Für andere gemeinnützige Arbeiten bleiben bis 720 Euro steuerfrei (→ auch ab Seite 99). Die Einnahmen aus solchen Tätigkeiten werden in **Zeile 46 und 47** der Anlage S eingetragen. Dort ist die Bezeichnung der Tätigkeit aufzuführen, dann vermerken Sie die Gesamteinnahmen daraus und in die nächste Spalte gehört die steuerfreie Aufwandsentschädigung – mehr als 2 400 Euro im Jahr werden dort nicht berücksichtigt (→ Seite 99 und das ausgefüllte Formular ab Seite 192). Auch Vormünder und rechtliche Betreuer gehören zu den Begünstigten, wenn sie nebenberuflich arbeiten.

→ **TIPP:** Neben dem Freibetrag dürfen weitere Leistungen steuerfrei kassiert werden, beispielsweise vom Auftraggeber spendierte Reisekosten (→ ab Seite 102).

Anlage Kind: Für Eltern und Großeltern

Wenn Ruheständler an ihre Steuererklärung denken, kommt den wenigsten die Anlage Kind in den Sinn. Dennoch kann sie interessant sein. Hat zum Beispiel ein Vater im Rentenalter eine 24-jährige studierende Tochter, stehen ihm Kindergeld, Kinderfreibetrag und alle anderen kindbedingten Steuererleichterungen zu. Gleiches gilt für Großeltern, wenn etwa die Enkeltochter nicht bei ihren Eltern, sondern bei ihnen im Haushalt lebt. Das kann auch gelten, wenn alle Generationen unter einem Dach leben. Voraussetzung ist aber, dass das Enkelkind mit im Haushalt der Großeltern wohnt. Besuchsweise Aufenthalte reichen nicht, es sei denn, Großeltern müssen für den Enkelunterhalt aufkommen. Das kann der Fall sein, wenn die Eltern selbst noch in der Ausbildung sind und deshalb kein ausreichendes Einkommen haben, sodass die Großeltern einspringen. Den Antrag auf Übertragung des Kinderfreibetrags stellen Großeltern in **Zeile 46 oder 47** der Anlage Kind. Das Finanzamt berücksichtigt ihn, wenn der abgebende Elternteil zustimmt (**Zeile 47**). Der gibt seine Zustimmung in einer gesonderten Anlage K. **Zeile 46** nutzen Großeltern, wenn eine Anlage K nicht vorliegt und sie ihr Enkelkind in ihren Haushalt aufgenommen haben oder für das Enkelkind unterhaltspflichtig sind.

						Zeitraum der Haushaltszugehörigkeit / Unterhaltsverpflichtung vom	bis
45	Ich beantrage den vollen Freibetrag für den Betreuungs- und Erziehungs- oder Ausbildungsbedarf, weil das minderjährige Kind bei dem anderen Elternteil nicht gemeldet war.	39		1 = Ja	43	T T M M	T T M M
46	Nur beim Stief- / Großelternteil: Ich / wir beantrage(n) die Übertragung des Kinderfreibetrags und des Freibetrags für den Betreuungs- und Erziehungs- oder Ausbildungsbedarf, weil ich / wir das Kind in meinem / unserem Haushalt aufgenommen habe(n) oder ich / wir als Großelternteil gegenüber dem Kind unterhaltspflichtig bin / sind.	76	1	1 = Ja	77	0 1 0 2	3 1 1 2

Für erwachsene Kinder bis 25 kann es weiter Kindergeld und andere Kinderförderungen geben, wenn bestimmte Voraussetzungen erfüllt sind. Für behinderte Kinder gibt es keine Altersgrenze.

Arbeitslose Kinder bis 21 werden weiter gefördert, wenn sie bei der Agentur für Arbeit als Arbeitsuchende gemeldet sind. Auch wenn ein Kind seinen Arbeitsplatz verloren und unmittelbar danach eine Ausbildung begonnen hat oder als „ausbildungswillig" gilt, kann es bis zum 25. Geburtstag weiter Kinderförderung geben.

Für Kinder in Ausbildung gibt es die Förderung in der Regel bis zum 25. Geburtstag. Das Einkommen des Kindes spielt keine Rolle. Allerdings gilt eine Einschränkung: Wenn das Kind eine Erstausbildung oder ein Erststudium beendet hat und einer weiteren Ausbildung nachgeht, gibt es die Kinderförderung nur, wenn es nicht erwerbstätig ist. Erwerbstätigkeit ist für das Amt eine regelmäßige wöchentliche Arbeitszeit von mehr als 20 Stunden. Alles, was zeitlich darunter liegt, gefährdet das Kindergeld nicht. Unschädlich sind auch eine reguläre Lehrstelle, ein Minijob oder Einnahmen, die nicht aus einer Erwerbstätigkeit kommen, zum Beispiel Zinsen oder Mieten, und zwar in unbegrenzter Höhe. Hat beispielsweise ein 22-Jähriger sein Erststudium der Religionswissenschaften geschmissen und studiert nun BWL und Jura, gibt es bis 25 weiter Kindergeld, weil er noch keinen ersten Abschluss hat. Auch ein Nebenjob mit über 20 Wochenstunden würde die Kinderförderung nicht gefährden.

TIPP: Eine Erstausbildung kann weiterhin vorliegen, wenn ein erster Berufsabschluss bereits erfolgt ist, die Ausbildung aber mit Ausbildungsschritten fortgesetzt wird, die sich zeitlich und inhaltlich eng anschließen, zum Beispiel ein Masterstudium an einen Bachelorabschluss.

Auch in Übergangszeiten zwischen zwei Ausbildungsabschnitten kann es weiter Kindergeld geben. Als Übergangszeit gelten maximal vier Monate. Hat zum Beispiel ein 19-Jähriger im Mai das Abitur gemacht und beginnt im Oktober sein Studium, steht den Eltern zwischen Mai und Oktober weiter Kindergeld zu. In diesem Fall sind es mit Juni, Juli, August, September genau vier Monate Übergangszeit. Dabei ist unerheblich, an welchem Tag im Mai die Schule zu Ende ging und an welchem Tag im Oktober das Studium begann. Zeiten vor und nach dem Wehrdienst können ebenfalls geförderte Übergangszeiten sein.

Leisten Kinder bestimmte freiwillige Dienste, gibt es während der Dienstzeit weiter Kindergeld. Das betrifft beispielsweise ein freiwilliges soziales oder ein freiwilliges ökologisches Jahr, den Freiwilligendienst aller Generationen oder den Bundesfreiwilligendienst.

Wenn sich Kinder zwischen 18 und 25 in Ausbildung befinden und auswärts wohnen, steht den Eltern oder Großeltern der sogenannte Bedarfsfreibetrag von 924 Euro zu („Freibetrag zur Abgeltung des Sonderbedarfs“).

Auch in Ausbildungsphasen während des Wehrdienstes kann es Kinderförderung geben. Das gilt zum Beispiel für die dreimonatige Grundausbildung, für Dienstpostenausbildungen oder für den Besuch von Bildungseinrichtungen (Bundeszentralamt für Steuern, Dienstanweisungen zum Kindergeld – DA-KG Abschnitt 15.2).

Den „Entlastungsbetrag für Alleinerziehende“ (**Zeile 49 bis 54**) können alleinstehende Eltern und Großeltern nutzen, wenn zu ihrem Haushalt mindestens ein Kind gehört, für das ihnen Kindergeld oder ein Kinderfreibetrag zusteht. Er beläuft sich für 2020 auf 4 008 Euro für das erste Kind. Für jedes weitere Kind gibt es 240 Euro mehr. Anspruch hat grundsätzlich derjenige Eltern- oder Großelternteil, bei dem das Kind gemeldet ist und der das Kindergeld erhält.

Wer sein Kind auf eine Privatschule schickt, die zu staatlich anerkannten Abschlüssen führt, kann 30 Prozent des Schulgelds, maximal 5 000 Euro, als Sonderausgaben absetzen. Dieser Betrag gehört aber nicht in die Anlage Sonderausgaben, sondern muss hier in **Zeile 65** vermerkt sein. Beherbergungs-, Betreuungs- und Verpflegungskosten sind nicht begünstigt.

	Schulgeld für den Besuch einer Privatschule (Bezeichnung der Schule oder deren Träger)		Gesamtaufwendungen der Eltern EUR
65	WALDORFSCHULE	24	4 560,–
	Nur bei nicht zusammen veranlagten Eltern:		
66	Das von mir übernommene Schulgeld beträgt	56	,–

Kinderbetreuungskosten (**Zeilen 73 bis 79**) können in der Regel nur Eltern geltend machen. Für Großeltern kommen Betreuungskosten nur zum Abzug, wenn das Enkelkind den Status als Pflegekind hat. Das setzt voraus, dass das Pflegeverhältnis zu den Eltern nicht mehr besteht.

Anlage Unterhalt: Für Helfer

Wer unterhaltsberechtigten Verwandten (Kindern, Enkeln, Eltern) oder dem nichtehelichen Lebenspartner Geld zum Lebensunterhalt zahlt, etwa für Nahrung, Kleidung, Unterkunft oder Ausbildung, kann 2020 bis zu 9 408 Euro als außergewöhnliche Belastung geltend machen. Der Abzugsbetrag ist neben der Unterhaltsverpflichtung an bestimmte Voraussetzungen gebunden. Vor allem muss der Empfänger „bedürftig" sein. Er darf zum Beispiel kein eigenes Vermögen über 15 500 Euro haben. Selbstgenutztes Wohneigentum geht aber nicht in die Rechnung ein, wenn es der Situation angemessen ist. Eigenes Einkommen des Unterstützten mindert den Abzugsbetrag, wenn es 624 Euro übersteigt. Ferner darf niemandem Kindergeld oder ein Kinderfreibetrag für den Unterstützten zustehen.

→ **TIPP:** Der Höchstbetrag von 9 408 Euro erhöht sich um die Beiträge zur Basiskrankenversicherung und zur Pflegeversicherung, die für die bedürftige Person gezahlt werden.

→ Zum Beispiel Anna A.

Die 70-jährige ledige Rentnerin müsste nach Berücksichtigung aller Abzüge zunächst 14 000 Euro versteuern. Ihre Enkelin Pia ist gerade 30 Jahre alt geworden. Sie schreibt an ihrer Dissertation und jobbt als Kellnerin (Jahresbruttoverdienst 4 500 Euro). Anna überweist Pia jeden Monat 500 Euro Unterhalt. Damit muntert sie Pia richtig auf und Anna geht es auch besser, weil sie dadurch keine Einkommensteuer zahlt. In Annas Abrechnung mit dem Finanzamt gehen von Pias Verdienst nur 2 876 Euro ein, weil Pia der Arbeitnehmerpauschbetrag (1 000 Euro) und der nicht anrechenbare Betrag von 624 Euro zustehen. Das Finanzamt rechnet von den Einkünften des Bedürftigen

624 Euro generell nicht an. Erst ab dem 625sten Euro verringern die eigenen Einkünfte Pias Annas Abzugsvolumen.

steuerpflichtiges Einkommen Anna	**14 000**
darauf müsste Anna Einkommensteuer zahlen	848
abzugsfähiger Höchstbetrag für Anna	9 408
minus Einkünfte Pia (4 500 minus 1 000 minus 624)	−2 876
bleibt abzugsfähiger Unterhalt (9 408 minus 2 876)	6 532
tatsächlicher Unterhaltsbetrag	6 000
bleibt steuerpflichtiges Einkommen Anna (14 000 minus 6 000)	8 000
Steuer Anna (alle Angaben in Euro)	**0**

Als Unterhalt gelten auch Sachleistungen. Würde Großmutter Anna ihrer Enkelin kostenlos ein Zimmer in ihrer Wohnung überlassen, könnte – wenn alle Voraussetzungen stimmen – die darauf entfallende Miete als Unterhaltszahlung an das Finanzamt weitergegeben werden. Gehört die Enkelin zum Haushalt, gilt ohne Nachweis der Höchstbetrag von 9 1408 Euro. Auch Menschen, die nicht unterhaltsberechtigt sind, können steuersparend unterstützt werden, etwa Lebenspartner, denen wegen der Partnerschaft Zuwendungen wie Sozialhilfe gekürzt oder auch gestrichen wurden.

Zeile 7 bis 16: Unterhaltsleistungen

In **Zeile 7** schreiben Sie, von wann bis wann Sie 2020 Unterhalt gezahlt haben. Wie viel das insgesamt war, kommt in das rechte Feld. **Zeile 8** will den genauen Zeitpunkt der ersten Zahlung wissen. Lag der beispielsweise zu Weihnachten 2019, wird die Zahlung für 2020 nicht anerkannt. Floss die erste Zahlung im März 2020, verringert sich der Höchstbetrag auf maximal zehn Zwölftel von 9 408 Euro. Je früher im Jahr die Zahlung begonnen hat, umso mehr Unterhalt ist absetzbar. Eine Kürzung unterbleibt nur, wenn der im Ausland lebende Ehegatte/Lebenspartner unterstützt wird.

Zeile 9 bis 10 ist nur auszufüllen, wenn die Unterhaltszahlung einmal im Jahr unterbrochen und dann wieder aufgenommen wurde. Häufigere

Unterbrechungen müssen auf einem separaten Blatt aufgelistet werden. Für die Zahlungen will das Amt in der Regel Nachweise sehen.

	Aufwendungen für den Unterhalt	vom	bis	Gesamtaufwendungen EUR
7	Erster Unterstützungszeitraum, für den Unterhalt geleistet wurde, und Höhe der Aufwendungen (einschließlich von mir getragener Beträge lt. den Zeilen 11 bis 25)	0101	3112	7200,–
8	Zeitpunkt der ersten Unterhaltsleistung für den ersten Unterstützungszeitraum im Kalenderjahr	01012020		

Zusätzlich zum Höchstbetrag von 9 408 Euro dürfen für den Unterstützten gezahlte Beiträge zur Kranken- und Pflegeversicherung als Unterhalt geltend gemacht werden. Das erfolgt in **Zeile 11 bis 16**, und zwar in der Weise und mit den Beschränkungen, die generell gelten und in den Erläuterungen zur Anlage Vorsorgeaufwand ab Seite 74 beschrieben sind.

Zeile 17 bis 26: Zahlungen ins Ausland

In diesen Zeilen geht es ausschließlich um Unterhaltszahlungen an Personen im Ausland. Es wird etwas komplizierter, denn es gelten teilweise andere Bestimmungen und Nachweispflichten. Belege müssen der Steuererklärung nicht beigelegt, aber für Nachfragen vorgehalten werden (→ zum Beispiel die **Zeilen 17, 18, 21**). Wie viel Unterhalt abzugsfähig ist, hängt davon ab, in welchem Land die Unterstützten wohnen. Danach kann der volle Höchstbetrag in Ländern wie Frankreich oder Italien gewährt werden. Wohnt die unterstützte Person in Portugal oder Slowenien, gibt es drei Viertel, in Bulgarien oder Polen die Hälfte. Ein Wohnsitz in den meisten Entwicklungsländern bedeutet ein Viertel des Höchstbetrags.

→ **TIPP:** Wie viel Unterhalt für Personen, die im Ausland leben, als außergewöhnliche Belastung abzugsfähig ist, lässt sich der sogenannten Ländergruppeneinteilung entnehmen. Sie finden die Angaben in der Anleitung zum Hauptvordruck.

In **Zeile 17 bis 20** müssen Unterstützer angeben, wie die Zahlung erfolgt ist. Nachweise müssen nicht mehr beigelegt, sondern lediglich vorgehalten werden. In **Zeile 21 bis 25** geht es ausschließlich um Zahlungen an den Ehe-/Lebenspartner, die im Rahmen von Besuchsreisen erfolgt sind. In **Zeile 26** schreibt der Unterstützer seinen Nettolohn. Damit soll überprüft werden, ob die Unterhaltszahlung den eigenen Lebensunterhalt des Unterstützers gefährdet.

Zeile 31 bis 44: Angaben zum Unterstützten

Die Fragen in **Zeile 31 bis 35** beziehen sich auf die unterstützte Person. Wer Menschen im Ausland unterstützt, muss eine „Bedürftigkeitserklärung" der dortigen Behörden nicht mehr beifügen, aber die entsprechende Ziffer in **Zeile 34** eintragen. Vordrucke gibt es im Internet unter formulare-bfinv.de. Betroffene sollten sich beim Finanzamt oder einem Steuerprofi erkundigen, welche Unterlagen erforderlich sind.

Zeile 45 bis 54: Einkünfte des Unterstützten

Hierher gehört ziemlich alles, was dem Unterstützten an Einkünften und Bezügen zufließt. Jeder Euro oberhalb von 624 Euro verringert das Abzugsvolumen von Unterhaltsaufwendungen. Wenn Unterstützte im Ausland leben, kann sich auch der Betrag von 624 Euro entsprechend der Ländergruppeneinteilung verringern. Für die meisten westeuropäischen Staaten und für andere Länder mit vergleichbarem Lebensstandard, etwa die USA oder Japan, liegt die Grenze ebenfalls bei 624 Euro. Für andere Länder liegt sie bei Werten zwischen drei Vierteln, der Hälfte und einem

Viertel von 624 Euro. In China, Rumänien und Russland oder Ungarn sind das 50 Prozent oder 312 Euro. In Ägypten und anderen Entwicklungsländern verringern bereits Einkünfte oberhalb von 156 Euro den abzugsfähigen Unterhalt. Auf den Seiten 3 und 4 der Anlage Unterhalt wiederholen sich die Angaben von Seite 2. Sie werden für die Unterstützung von zwei oder drei Unterhaltsempfängern desselben Haushalts gebraucht (→ ausgefülltes Formular Seite 202).

Anlage WA-ESt: Auslandsprobleme

Diese Anlage heißt so, weil sie „Weitere Angaben und Anträge" im Rahmen der Einkommensteuer abfragt. Die meisten der abgehandelten Fragen haben Auslandsbezug. Sie betreffen beispielsweise Menschen, die 2020 ganz oder teilweise im Ausland gewohnt haben. Es geht um die Besteuerung in- und ausländischer Einkünfte und um weitere Spezialprobleme mit Auslandsbezug. Wer hier etwas auszufüllen hat, braucht meist professionelle steuerliche Hilfe.

Zusatztipps

Über das Ausfüllen der Formulare hinaus können weitere Tipps und Informationen wichtig sein: etwa zu den Kontrollmöglichkeiten der Finanzverwaltung, zur Hilfe durch Steuerprofis, zu wichtigen Fristen und zum Steuerbescheid. Mehr zur Elektronischen Steuererklärung gibt es in einem Extrakapitel ab Seite 139.

Ende gut, alles gut? Haben sich Rentner und Pensionäre Schritt für Schritt durch ihre ganzen Formulare gearbeitet, möchten sie in der Regel erst mal nichts mehr von den Themen Steuern sowie Steuererklärung hören. Das ist ein sehr verständlicher Wunsch.

Ungeachtet dessen ist es aber gerade jetzt ein günstiger Zeitpunkt, die Weichen für die nächste Steuererklärung richtig zu stellen: Behalten Sie dazu im Jahresverlauf steuerlich wichtige Sachverhalte im Blick, denn dann können Sie rechtzeitig handelt. Nützlich sind hier zum Beispiel auch die aktuellen Bundesbroschüren zur Besteuerung der Renten.

Weitere Informationen gibt es auf den Internetseiten der Finanzämter. Ebenso kann es helfen, sich anderweitig umzusehen und zu erkundigen, wo und wie man professionelle Hilfe in Steuersachen erhalten kann.

Und flattert Ihnen ein Steuerbescheid ins Haus, der Ihrer Meinung nach so gar nicht stimmen mag, dann scheuen Sie sich nicht, Einspruch einzulegen. Das ist nichts Schlimmes und wir zeigen, was zu beachten ist.

Was das Finanzamt weiß

Weil die Finanzverwaltung mittlerweile ein umfangreiches Kontrollsystem hat, kennen die Finanzämter in den meisten Fällen sämtliche alljährlich ausgezahlte Renten. Meldepflichtig sind alle Versicherer, also die gesetzliche Rentenversicherung, berufsständische Versorgungswerke und private Versicherungsunternehmen.

Rentenkontrolle

Seit die Finanzämter diese volle Übersicht über die Alterseinkünfte aus gesetzlichen und privaten Versicherungen haben, werden die Daten regelmäßig geprüft. Die Auswertung der Daten beim Finanzamt gelingt noch nicht reibungslos. Deshalb erhalten immer wieder Ruheständler erstmals Post vom Finanzamt mit der Aufforderung, auch für mehrere zurückliegende Jahre eine Steuererklärung abzugeben. Ob am Ende tatsächlich Steuern fällig werden, steht damit aber noch nicht fest (→ Seite 24).

TIPP: Bewahren Sie Ruhe, lassen Sie sich nicht vom Medienrummel um „hohe Steuernachzahlungen durch Ruheständler" anstecken, sondern prüfen Sie zunächst Ihre steuerliche Situation mithilfe dieses Buchs oder weiterer professioneller Unterstützung (→ Seite 143).

Verschaffen Sie sich mithilfe des ersten Teils dieses Ratgebers (→ Seite 9 bis 37) zunächst einen Überblick über die eigene steuerliche Situation. Wer danach unsicher bleibt, ob eine Steuererklärung fällig wird oder nicht, sollte professionelle Unterstützung von Lohnsteuerhilfevereinen oder Steuerberatern nutzen (→ ab Seite 129).

Wenn klar ist, dass auf jeden Fall Steuern fällig gewesen wären, sollten Sie zügig handeln und möglichst vor Eingang der amtlichen Auffor-

derung Steuererklärungen für die betreffenden Jahre abgeben. Im Jahr 2020 kann das Finanzamt zur Abgabe der Steuererklärung ab dem Jahr 2013, in begründeten Fällen sogar ab dem Kalenderjahr 2007, auffordern (→ ab Seite 128).

TIPP: Die einzelnen Ratgeber „Steuererklärung Rentner, Pensionäre“ für die Jahre vor 2020 sind teilweise noch im Buchhandel oder bei der Stiftung Warentest erhältlich (Bezugsadresse → Seite 224).

Kontenkontrolle

Auch Bankkunden können vor dem Finanzamt kaum etwas verbergen. Die Finanzverwaltung kann sich in begründeten Fällen von den Geldhäusern die Kontostammdaten von Kontoinhabern erfragen. Das sind in einer Datenbank der Banken abgelegte Informationen wie Kontonummer, Name, Geburtsdatum, Kontoberechtigte und Anzahl der Konten. In der Regel muss das Amt die betroffenen Kontoinhaber vorher ansprechen und steuerrelevante Auskünfte verlangen.

Bei Verdacht auf eine Steuerstraftat kann das Finanzamt vom Kontoinhaber verlangen, alle Konten inklusive sämtlicher Kontenbewegungen offenzulegen. Schweigt der Betroffene und verweigert so Auskünfte, kann das Finanzamt eine Kontenabfrage bei der Bank selbst stellen. Die Bank ist in solchen Fällen verpflichtet, dem Finanzamt die gewünschten Auskünfte zu erteilen. Das funktioniert für bestehende Konten sogar bis zu zehn Jahre rückwirkend: So lange müssen die Banken die Kontodaten mindestens speichern.

Zinskontrolle

Die Finanzverwaltung kann auch die Kapitalerträge kontrollieren, die Sparer und Anleger bei ihren Banken per Freistellungsauftrag steuerfrei kassiert haben. Sind die freigestellten Zinsen höher als der Sparerpauschbetrag von 801 Euro für Alleinstehende oder 1602 Euro für Ehe-/Lebenspartner, ohne dass eine Nichtveranlagungsbescheinigung vorliegt (→ ab Seite 87), fragen die Beamten nach.

Zinsen, die Deutsche in anderen EU-Staaten erzielen, werden bereits seit 2005 schriftlich an die deutschen Finanzbehörden gemeldet. Die erfuhren so Namen, Anschrift und Kontonummern des Zahlungsempfängers sowie den Gesamtbetrag der eingenommenen Zinsen.

Diese Regelung ist 2016 von einer deutlich umfassenderen ersetzt worden. Nach dem „Finanzkonten-Informationsaustauschgesetz" senden Deutschland und mehr als 100 andere Staaten Informationen über Konten von Ausländern automatisch an die Steuerbehörden der jeweiligen Heimatländer. Das betrifft Kapitaleinkünfte ab 2016.

Die Meldedaten werden umfangreicher. Es geht nicht mehr nur um Zinsen, sondern auch um andere Kapitalerträge, etwa Veräußerungsgewinne aus Wertpapiergeschäften. Neben persönlichen Daten werden neben den Kontonummern zum Beispiel auch Kontojahressalden und Veräußerungspreise einzelner Geschäfte übermittelt.

Und noch ein wirksamer Kontrollmechanismus

Neben dem Kontrollnetz der Finanzverwaltung gibt es hochwirksame private Überwachungsmechanismen. Nach einer Scheidung oder Trennung vom Ehe-/Lebenspartner erhält das Finanzamt oft Tipps vom Expartner. Das passiert manchmal auch bei Unstimmigkeiten zwischen jetzigem Partner und Kindern aus früheren Partnerschaften. Manchmal helfen auch Nachbarn, Exmitarbeiter oder Exkollegen dem Finanzamt auf die

Sprünge. Auch das ist zu bedenken, wenn man es mit der Steuerpflicht bisher nicht so genau genommen hat. Fest steht: Das Kontrollnetz wird engmaschiger und das Entdeckungsrisiko größer.

Wichtige Fristen: Verspätungszuschlag vermeiden

Seit dem Steuerjahr 2018 gelten geänderte Fristen zur Abgabe der Steuererklärung und schärfere Regeln beim Verspätungszuschlag. Für Ruheständler gibt es glücklicherweise unter bestimmten Voraussetzungen noch einen Rettungsanker. Deshalb sollten sie genau wissen, was in diesem Zusammenhang zu beachten ist.

Die Steuererklärung 2020 muss bis zum 31. Juli 2021 beim Finanzamt vorliegen. Weil der Tag auf einen Sonnabend fällt, endet die Abgabefrist erst am Montag, den 2. August 2021. Wer von einem Steuerberater oder Lohnsteuerhilfeverein (→ Seite 143) betreut wird, hat Zeit bis zum 28. Februar 2022.

Auch wenn die Frist verstrichen ist, besteht weiterhin die Pflicht zur Abgabe der Steuererklärung. Das gilt unabhängig davon, ob das Finanzamt dazu aufgefordert hat. Reichen Ruheständler ihre Steuererklärung jedoch erst nach Ablauf der Abgabefrist beim Finanzamt ein, kann der Finanzbeamte einen Verspätungszuschlag festsetzen. Ob der Zuschlag erhoben wird, muss der Beamte für jeden Fall einzeln prüfen. Hält er die Fristüberschreitung für entschuldbar, kann er auf die Festsetzung verzichten. Deshalb sollten Ruheständler dem Finanzamt einen Grund angeben, wenn sie die Steuererklärung nicht rechtzeitig einreichen konnten.

Der Ermessensspielraum beim Verspätungszuschlag besteht jedoch nur in der Entscheidung, ob überhaupt ein Verspätungszuschlag festgesetzt wird oder nicht. Die Höhe des Zuschlages ist dagegen gesetzlich festgelegt und liegt bei mindestens 25 Euro pro Monat für jeden angebrochenen Monat Fristüberschreitung.

Die individuelle Prüfung zum Verspätungszuschlag erfolgt nicht mehr, wenn die Unterlagen erst 14 Monate nach Ende des Steuerjahres, für 2020 also nach dem 28. Februar 2022, beim Finanzamt eingehen. Dann muss

das Finanzamt einen Verspätungszuschlag von monatlich mindestens 25 Euro festsetzen.

Von dieser Regel gibt es jedoch Ausnahmen und einen letzten Rettungsanker. Zum einen kann das Finanzamt auch bei einer um mehr als 14 Monate verspäteten Abgaben auf den Verspätungszuschlag verzichten, wenn sich keine Steuernachzahlung ergibt. Wenn Ruheständer ihre Steuerschuld durch weitere Ausgaben auf 0 Euro drücken können (→ ab Seite 24), kann außer der Steuernachzahlung auch der Verspätungszuschlag entfallen. Dazu sollte allerdings möglichst ein nachvollziehbarer Grund für die verspätete Abgabe vorgebracht werden.

Und selbst wenn sich eine Steuernachzahlung ergibt, können Ruheständler einen Verspätungszuschlag vermeiden. Dazu müssen sie das Finanzamt überzeugen, dass sie bisher davon ausgehen konnten, keine Steuererklärungen abgeben zu müssen. Vor allem wenn Rentner erstmalig eine Aufforderung vom Finanzamt erhalten haben oder bisher noch gar keine Amtspost einging, bestehen gute Chancen, vom Verspätungszuschlag befreit zu werden.

Wer allerdings trotz Aufforderung vom Finanzamt säumig bleibt, muss mit weiteren Konsequenzen rechnen. Beispielsweise kann das Finanzamt ein Zwangsgeld festsetzten. Das zusätzlich zum Verspätungszuschlag erhobene Strafgeld kann für Rentner beispielsweise 200 Euro betragen. Deshalb sollten Ruheständler amtliche Schreiben ernst nehmen und rechtzeitig reagieren. Dann lassen sich unerwünschte Folgen sicher vermeiden.

Hilfe von Steuerprofis

Die Mehrheit der Ruheständler kommt ohne eine Steuerberatung aus. Wer außer seiner Rente oder Pension keine oder nur geringe andere Einkünfte hat, kann seine Probleme mit dem Finanzamt häufig eigenständig regeln. Es ist natürlich nichts dagegen einzuwenden und oft sogar zweckmäßig, vor allem die erste Steuererklärung vom Profi machen zu lassen. Dann weiß man noch besser, wie es geht, und kann auf dieser Grundlage den Dialog mit dem Finanzamt später sicher und direkt weiterführen.

Es gibt aber Fälle, bei denen geht ohne den Fachmann oder die Fachfrau nichts – oder alles schief. Dann kann aus der Einsparung des Beratungshonorars ein Verlustgeschäft werden: zum Beispiel bei Bezügen aus dem Ausland, Selbstanzeigen, Vermögensübertragungen innerhalb der Familie, bei Grundstücksverkäufen oder einer Übersiedlung in den sonnigen Süden. Auch bei der Wahl zwischen Einmalauszahlung oder monatlicher Rentenzahlung, die bei bestimmten Altersvorsorgeverträgen möglich ist, sollten die steuerlichen Konsequenzen beachtet werden. Expertenrat in diesen und weiteren Fragen geben Steuerberater und in vielen Fällen auch Lohnsteuerhilfevereine.

→ **TIPP:** Senioren, die als Freiberufler, Gewerbetreibende, Landwirte oder Vermieter weitere Einkünfte beziehen, sollten sich regelmäßig eine professionelle Steuerberatung leisten.

Rundum-Service

Die mehr als 99 000 Steuerberater in Deutschland dürfen in allen Steuerangelegenheiten helfen. Welcher Berater zum Ratsuchenden und zu dessen Problem passt, ist nur individuell zu klären, ein paar Tipps und Überlegungen können aber weiterhelfen. Die Mehrheit der Suchenden vertraut den Empfehlungen von Verwandten, Bekannten und Kollegen. Dieser Weg

führt zum Ziel, wenn sich der Berater mit den anstehenden Problemen auskennt und „die Chemie“ zwischen ihm und dem Ratsuchenden stimmt. Auch mithilfe des Telefonbuchs lassen sich erste Kontakte mit einem Berater in der näheren Umgebung herstellen. Die meisten Steuerberater sind mit ihrem Profil im Internet vertreten, zum Beispiel im Suchdienst der Bundessteuerberaterkammer unter bstbk.de und über den Deutschen Steuerberaterverband unter dstv.de. Dort gibt es auch Hinweise auf Fachgebiete und Spezialkenntnisse der einzelnen Fachleute. Die von Beraterorganisationen aufgeführten Qualifikationen beruhen allerdings ausschließlich auf der Selbsteinschätzung der Berater.

Telefon-Hotlines zur Steuerberatung sind zwar bequem und billig, unabhängige Überprüfungen, auch von Finanztest, haben aber gezeigt, dass Anrufer oft nicht optimal beraten wurden, und dann war es am Ende doch kein Schnäppchen. Eine Beratung per Telefon ist auch deshalb nicht zu empfehlen, weil schon akustisch einiges verloren geht, wenn man nicht mehr hören kann wie ein Luchs. Zudem ermöglicht nur ein persönlicher Kontakt eine umfassende Kommunikation, und die ist unverzichtbar, um wichtige Fragen zu beantworten.

Ob Sie eine passende Beratung gefunden haben, wissen Sie, wenn Sie die folgenden Fragen ganz klar mit einem Ja beantworten können:

- Versetzt sich der Berater oder die Beraterin in Ihre steuerliche Situation und kann Ihre Steuerprobleme verständlich erklären?
- Kann er oder sie Sie bei Entscheidungen zu steuerlichen Fragen mit fachlich fundierten Vorschlägen unterstützen?
- Besteht zwischen Ihnen ein uneingeschränktes Vertrauensverhältnis?

- Ist der Berater oder die Beraterin für Sie leicht erreichbar und bleibt genügend Zeit für das Gespräch?
- Sind die Kosten angemessen und nachvollziehbar?

Apropos Kosten: Einige Berater nehmen für den Erstkontakt gar kein Honorar. Das sollte aber vorab telefonisch geklärt werden. Ansonsten richten sich die Kosten nach der Höhe der Einkünfte und nach dem Aufwand des Beraters. Der hat im Rahmen seiner Gebührenordnung (GO) aber einen erheblichen Entscheidungsspielraum. Wer seine Unterlagen und Belege nicht im Schuhkarton, sondern gut geordnet übergibt, spart dem Steuerberater Aufwand und zahlt weniger Honorar.

TIPP: Bereiten Sie sich auf das erste Gespräch mit dem Steuerberater gut vor. Notieren Sie vorher Fragen und Probleme in Stichpunkten.

Beratung im Verein

Rentner und Pensionäre können sich auch von einem Lohnsteuerhilfeverein beraten lassen. Die Vereine dürfen nur für Mitglieder die Steuererklärung beim Finanzamt einreichen. Der jährliche Mitgliedsbeitrag ist in der Regel nach der Einkommenshöhe gestaffelt. Im Schnitt sind das zwischen 50 und 300 Euro im Jahr. Das ist dann gewissermaßen der jährliche Gesamtpreis der Beratung. Die Vereine sind auf die Beratung von Arbeitnehmern (also auch von Pensionären) und Rentnern spezialisiert und erledigen bei der Einkommensteuer für ihre Mitglieder alles, was auch ein Steuerberater macht.

Allerdings haben Lohnsteuerhilfevereine nur eine begrenzte Beratungsbefugnis. Freiberufler, Gewerbetreibende und Landwirte dürfen sie nicht beraten. Wenn Rentner und Pensionäre zusätzlich solche Einkünfte beziehen, müssen sie bei Beratungsbedarf immer zu einem Steuerberater gehen. Es gibt Ausnahmen. Wer freiberuflich in einem Ehrenamt nur steuerfreie Einnahmen erhält, kann trotzdem vom Verein beraten werden (→ Seite 112). Und auch wenn ein Ruheständler eine Haushaltshilfe beschäftigt (→ Seite 62), darf er sich trotz seiner Funktion als „Arbeitgeber" vom Lohnsteuerhilfeverein beraten lassen. Auf einigen Gebieten funktioniert die Begrenzung der Beratungsbefugnis der Vereine über die Höhe der Einnahmen. Wer Mieteinnahmen und private Veräußerungsgewinne bis insgesamt 18 000/36 000 Euro (Alleinstehende/Ehepaare und Lebenspartner) hatte, darf vom Lohnsteuerhilfeverein beraten werden. Wer mehr hat, muss bei einem Steuerberater Hilfe suchen. Zinsen und anderen Kapitalerträgen spielen bei der Einnahmegrenze keine Rolle, wenn die Kapitalerträge bereits mit der Abgeltungsteuer besteuert wurden und in der Steuererklärung nicht mehr angegeben werden.

Während des ersten Gesprächs müssen die Berater mit den Ratsuchenden auch klären, ob die steuerliche Betreuung möglich ist.

Bei der Recherche nach einer Beratungsstelle in der Nähe des Wohnorts sollten Ratsuchende auch auf die ausgewiesene Qualifikation achten. Die einzelnen Beratungsstellen können an dem Prüfverfahren des ZVL – Zertifizierungsverband der Lohnsteuerhilfevereine e. V. Berlin – teilnehmen. Das auf der Grundlage einer DIN-Norm entwickelte Prüfverfahren erfasst das fachliche sowie das organisatorische Qualitätsprofil. Nach erfolgreich bestandenem Prüfverfahren erhält die Beratungsstelle das Gütesiegel des ZVL. Die Zertifizierungsurkunde hängt vor Ort aus oder ist auf der Homepage als Gütesiegel des ZVL ausgewiesen.

TIPP: Die Beratungsmöglichkeiten bei Vermietung und weiteren Nebeneinkünften haben sich seit 2020 verbessert. So dürfen auch Ruheständler bis zu 18 000 Euro, Verheiratete bis 36 000 Euro Nebeneinnahmen beziehen. Beratungsstellen in der Nähe finden Sie im Telefonbuch unter dem Stichwort „Lohnsteuerhilfe" und im Internet zum Beispiel unter dieser Adresse: beratungsstellensuche.de.

Der Steuerbescheid

Ruheständler haben einen Monat Zeit, um sich gegen falsche oder ungerechte Steuerbescheide zu wehren. Die Chancen dafür stehen nicht schlecht: In rund zwei Dritteln der Fälle entscheiden die Ämter pro Steuerzahler. Entspricht der Bescheid nicht den eigenen Vorausberechnungen, ist das Amt in der Regel von den Angaben in der Steuererklärung abgewichen. Den Kontrollblick sollten Sie dann zunächst auf den Abschnitt „Erläuterungen" im Steuerbescheid richten. Hier muss das Finanzamt Abweichungen von der Steuererklärung darlegen. Findet sich dort nichts Nachvollziehbares, ist das allein schon ein Grund, gegen den Steuerbescheid vorzugehen. Häufig empfiehlt es sich, zunächst beim Finanzbeamten telefonisch den Grund zu erfragen. Sie sollten dabei jedoch die Einspruchsfrist im Auge behalten.

Einspruch einlegen

Mit einem Einspruch kann sich jeder gegen den Steuerbescheid wehren. Er kostet nichts und muss schriftlich beim Finanzamt eingereicht werden, auch Fax und E-Mail sind erlaubt. Sie dürfen ihn auch mündlich im Finanzamt vortragen und zu Protokoll nehmen lassen. Wenn die Zeit fehlt, den Einspruch zu begründen, kann zunächst auf eine Begründung verzichtet werden. Sie sollte aber zügig nachgereicht werden.

Im Einspruchsverfahren rollt das Finanzamt den gesamten Fall neu auf. Sie selbst können auch neue Einwände vorbringen und Vergessenes nach-

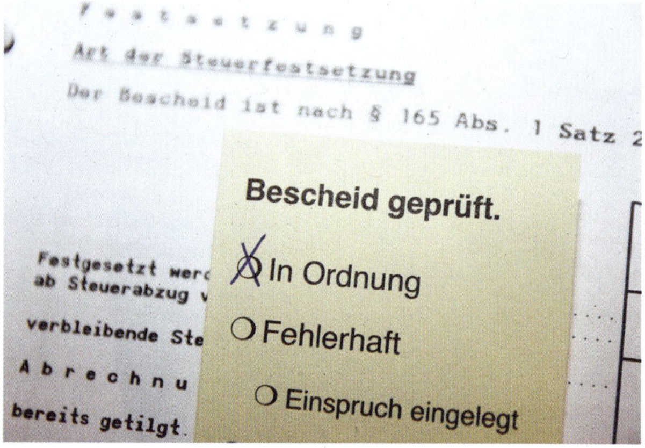

holen. Das Finanzamt kann aber auch Änderungen zu Ihrem Nachteil vornehmen. Eine solche „Verböserung" ist nur zulässig, wenn Ihnen das Finanzamt vorher diese Absicht mitgeteilt hat. Nehmen Sie dann den Einspruch zurück, bleibt es beim Erstbescheid.

Ein Einspruch ändert nichts an einer Zahlungsverpflichtung. Wollen Sie diese vermeiden, müssen Sie mit dem Einspruch einen formlosen „Antrag auf Aussetzung der Vollziehung" stellen. Dieser Antrag kann aber auch nachgereicht werden.

Einspruch einfach durch Mitfahrgelegenheit

Viele Einsprüche funktionieren mit besonders geringem Aufwand. Läuft ein vergleichbares Verfahren beim Europäischen Gerichtshof (EuGH), beim Bundesverfassungsgericht (BVerfG), beim Bundesfinanzhof (BFH) oder bei einem anderen Bundesgericht, muss das Finanzamt den Einspruch bis zu einer Gerichtsentscheidung akzeptieren und das Verfahren ruhen lassen. Geht es dagegen nur um Verfahren bei Landesfinanzgerichten (FG), ist die Verwaltung nicht verpflichtet, den Steuerbescheid nach einem Einspruch offenzuhalten. Die Finanzämter reagieren aber unterschiedlich, manchmal reicht ein Hinweis auf ein bekanntes FG-Verfahren und der Einspruch ruht bis zu einer Gerichtsentscheidung.
Verfahren beim Bundesfinanzhof, die Ruheständler betreffen können:

- **Altersentlastungsbetrag.** Ist ein Altersentlastungsbetrag auch dann zu berücksichtigen, wenn sich dadurch ein steuerlicher Verlust erhöht? (IX R 3/19)
- **Ambulante Pflege eines Angehörigen.** Kann für die Kosten der ambulanten Pflege eines Angehörigen in dessen eigenem Haushalt ein

Steuerbonus als haushaltsnahe Dienstleistung gewährt werden? (VI R 2/20)

- **Behindertengerechte Gestaltung des Gartens.** Sind Aufwendungen für einen behindertengerechten Zugang zum Garten und weitere Baumaßnahmen als außergewöhnliche Belastung abziehbar ? (VI R 25/20)
- **Diätverpflegung.** Sind Kosten für glutenfreie Verpflegung aufgrund einer Zöliakie als außergewöhnliche Belastung absetzbar? (VI R 48/18)
- **Handwerkerleistungen.** Gilt die Steuerermäßigung für Handwerkerlohn auch für Leistungen, die in der Werkstatt erbracht wurden? (Az. VI R 7/18)
- **Sterbegeld.** Ist das an Hinterbliebene gezahlte Sterbegeld aus der Beamtenversorgung steuerfrei? (VI R 8/19)
- **Unterbringung eines Hundes im Tierheim.** Kann die Zahlung an einen Tierschutzverein für die Unterbringung eines speziell ausgesuchten Hundes in einer Tierpension als Spende abgesetzt werden? (X R 37/19)
- **Vermietung.** Können Erhaltungsaufwendungen, die über mehrere Jahre verteilt und noch nicht vollständig abgesetzt wurden, nach dem Tod des Vermieters vom Erben sofort in einer Summe abgesetzt werden? (IX R 31/19)

Weitere Verfahren beim Bundesfinanzhof, beim Europäischen Gerichtshof und beim Bundesverfassungsgericht, auf die Sie sich berufen können, finden Sie unter bundesfinanzhof.de. Dazu klicken Sie in der linken Spalte „Anhängige Verfahren“ an, danach „Anhängige Revisionsverfahren online“. Hier können sie unter „Text“ ein passendes Stichwort, zum Beispiel „Rente“, eingeben. Ein Klick auf „Suchen“ öffnet die gewünschte Liste.

Was vorläufig offen ist – auch ohne Einspruch

In einigen Punkten bleiben Steuerbescheide ohne Einspruch vorläufig offen. Die aktuelle Liste finden Sie unter www.bundesfinanzministerium.de. Auf der Startseite in das Suchfeld rechts oben „Vorläufige Steuerfestset-

zung“ eingeben. Die Vorläufigkeitsliste umfasste zu Redaktionsschluss laut BMF-Schreiben vom 10. Januar 2019 (GZ IV A 3 – S 0338/17/10007) und vom 2. Mai 2019 (GZ IV A 3 – S 0338/18/10002) folgende Streitpunkte:

- die Abziehbarkeit von Erstausbildungskosten als Werbungskosten oder Betriebsausgaben ab 2004
- die Höhe des Kinder- und Betreuungsfreibetrags
- die Verfassungsmäßigkeit des Solidaritätszuschlags seit 2005
- die Berücksichtigung der „zumutbaren Belastung“ bei den Ausgaben für Krankheit oder Pflege (→ Seite 58)
- die Verfassungsmäßigkeit der Höhe des Zinssatzes von 0,5 Prozent pro Monat für Nachzahlungs- und Erstattungszinsen.

Vorbehalt beachten

Im Gegensatz zur Vorläufigkeit bleibt ein Steuerbescheid, der unter dem „Vorbehalt der Nachprüfung“ nach Paragraf 164 Abgabenordnung (AO) steht, im vollen Umfang offen. Sie können, solange der Bescheid unter Vorbehalt steht, vergessene Ausgaben ohne Begründung nachträglich geltend machen. Das ändert sich erst, wenn der Vorbehalt aufgehoben wird oder die Festsetzungsfrist abgelaufen ist. Bis dahin kann aber auch das Finanzamt einen Bescheid jederzeit ändern.

Änderungsanträge

Neben dem Einspruch gibt es weitere Instrumente, um sich gegen einen Steuerbescheid zu wehren. Ein „Antrag auf schlichte Änderung“ richtet sich ausschließlich gegen einen oder gegen mehrere Punkte des Steuerbescheids. Er muss auch innerhalb der Frist von einem Monat gestellt werden. Das Finanzamt darf nur in den genannten Punkten Änderungen vornehmen. Eine „Verböserung" ist weitgehend ausgeschlossen.

Fehlerkorrektur

Ein „Änderungsantrag wegen offenbarer Unrichtigkeiten" dient dazu, Schreib-, Rechen- und Übertragungsfehler, Zahlendreher und ähnliche Fehler zu tilgen, die dem Amt unterlaufen sind. Ebenso können Schreib- und Rechenfehler des Bürgers korrigiert werden. Eine Änderung ist ebenso möglich bei einer falschen Auswertung der von anderen Stellen gemeldeten elektronischen Daten (etwa der Rentenversicherung oder der Krankenkasse). Das gilt so lange, bis die vierjährige Verjährungsfrist endet. Die Frist beträgt mindestens vier Jahre und beginnt in der Regel zum Ende des Jahres, in dem die Steuererklärung abgegeben wurde. War zum Beispiel die Steuererklärung für das Jahr 2019 im Mai 2020 beim Finanzamt, endet die Verjährungsfrist am 31. Dezember 2024 um Mitternacht.

Finanzgericht

Hat das Finanzamt Einsprüche und Änderungsanträge schriftlich abgelehnt, bleibt nur noch der Gang zum Finanzgericht. Die Klage muss innerhalb eines Monats nach Zugang der Einspruchsentscheidung schriftlich beim zuständigen Gericht eingehen. Eine Klage löst zunächst eine Vorauszahlung von 284 Euro auf die Gerichtskosten aus. Ebenfalls sollten Sie die Kosten für einen professionellen Rechtsbeistand einplanen. Zwar kann jeder auch ohne Anwalt oder Steuerberater beim Finanzgericht klagen. Wer sich aber mit den Feinheiten des Steuerrechts nicht selbst auseinandersetzen will und kann, sollte sich vorher von einem Steuerberater oder einem Fachanwalt für Steuerrecht über die Erfolgsaussichten beraten lassen und gleichzeitig die Kostenfrage für die Vertretung vor Gericht klären.

Leitfaden für ELSTER

Rentner und Pensionäre nutzen die Vorteile der „Elektronischen Steuererklärung“ (ELSTER) immer öfter. Wer Computer-Kenntnisse hat, kriegt die Erklärung ganz gut hin. Hilfe von Kindern, Enkeln und anderen „Eingeweihten“ erleichtert oftmals den Einstieg. Dabei unterstützen Sie auch die folgenden Seiten.

Rund zwei Drittel aller Einkommensteuererklärungen gehen mittlerweile in elektronischer Form an die Finanzämter, Tendenz: weiter steigend. Der „ELSTER-Höhenflug“ hat mehrere Ursachen; Zum einen sind immer mehr Bürger zum elektronischen Datenverkehr mit der Finanzverwaltung verpflichtet. Zum anderen ist die elektronische Erklärung für viele Menschen weitaus komfortabler als die Papiererklärung.

Viele Daten können – wie Sie später sehen werden – aus dem Elster-Portal „per Knopfdruck“ direkt übernommen werden. Das mühsame Eintippen per Hand entfällt. Zwar können Sie diese Angaben in der Papier-Steuererklärung ab 2019 in der Regel leer lassen (→ Seite 40). Mit der automatischen Eintragung in Elster ist jedoch eine Vorabberechnung möglich: Rentner und Pensionäre wissen dann, mit welcher Nachzahlung an das Finanzamt zu rechnen ist – oder auf welche Steuererstattung sie sich freuen können Außerdem weisen Programmhilfen und Plausibilitätskontrollen darauf hin, wenn wichtige Angaben fehlen oder falsch sein könnten. Und

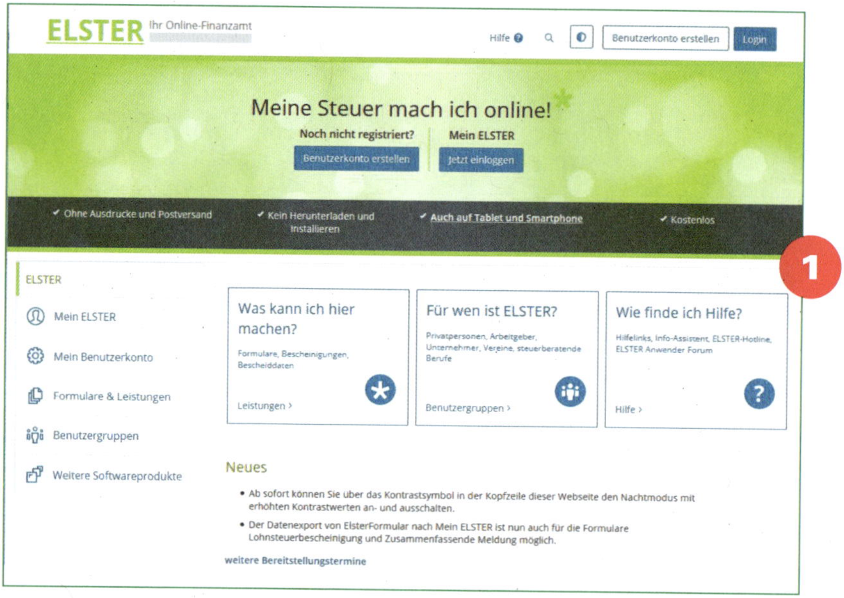

zu guter Letzt können Sie mit der Berechnung aus dem Programm den Steuerbescheid leichter überprüfen, weil beide ähnlich aussehen.

Wer sich für die elektronische Steuererklärung interessiert, sollte sich zunächst auf der ELSTER-Startseite elster.de informieren, die im Screenshot (Bildschirmausdruck) 1 abgedruckt ist. Vor allem die Schaltfläche „Wie finde ich Hilfe?“ bietet Ausführliches zum Registrierungsprozess, zur Nutzung von „Mein ELSTER“ und zu Ansprechpartnern. Die Schaltfläche „Für wen ist ELSTER?“ informiert Rentner und Pensionäre über ihre Benutzergruppe. Sie wählen auf der nachfolgenden Seite die Rubrik „Privatpersonen“ aus. Im linken unteren Teil der ELSTER-Startseite (hier nicht abgebildet) finden Sie unter „Presse und Medien“ den Bereich „Flyer und Merkblätter“. Dort können Sie sich Informationen ansehen und herunterladen, zum Beispiel zum Registrierungsprozess oder dazu, wer verpflichtet ist, eine Steuererklärung mit elektronischer Unterschrift abzugeben. Rentner und Pensionäre sind grundsätzlich nicht zur Abgabe einer elektronischen Steuererklärung verpflichtet. Das ändert sich aber, wenn sie außerdem bestimmte andere Einkünfte haben (→ Seite 155). Unter dem ebenfalls unten auf der Elster-Startseite aufgeführten Begriff „Systemanforderungen“ können Sie prüfen, ob Ihr Computer und sein Betriebssystem „ELSTER-geeignet“ sind. All diese Informationen können Sie nutzen, ohne sich bei ELSTER registrieren zu müssen.

Richtig registrieren

Wer seine Steuererklärung papierlos und mit elektronischer Unterschrift abgeben will, muss sich vorher bei ELSTER registrieren. Die Finanzverwaltung bietet dafür mehrere Varianten an. Die erste Variante „Zertifikatsdatei" wird am häufigsten eingesetzt, ist kostenlos, am einfachsten zu nutzen und reicht für Rentner und Pensionäre völlig aus. Die Varianten „Sicherheitsstick" und „Signaturkarte" werden vorrangig von Unternehmen und steuerberatenden Berufen verwendet. Sie kosten zwischen 50 und 150 Euro (weitere Möglichkeiten → Kasten auf Seite 143). Am schnellsten geht die Registrierung mit dem Personalausweis. Allerdings muss die Online-Funktion im Ausweis aktiviert sein, und Sie benötigen bislang noch ein Kartenlesegerät.

Die folgende Schritt-für Schritt-Anleitung gilt für alle, die sich als Privatperson mit ihrer elfstelligen persönlichen Identifikationsnummer für die Zertifikatsdatei bei ELSTER registrieren wollen.

1. Schritt: Registrierung beginnen

Sie gehen auf die ELSTER-Startseite elster.de (→ linke Buchseite Screenshot ❶) und wählen oben durch Mausklick aus: „Benutzerkonto erstellen". Danach klicken Sie zweimal auf „weiter" und wählen dann die Variante „Zertifikatsdatei". Auf der nächsten Seite markieren Sie „Für mich (und gemeinsam veranlagten Partner)". Der Klick auf „weiter" bringt Sie zu der auf Seite 142 abgebildeten Eingabemaske (Screenshot ❷), wo Sie Ihre persönlichen Daten eintragen. Die elfstellige „Identifikationsnummer" (→ Seite 44; Vorsicht, das ist nicht Ihre Steuernummer!) finden Sie in der Regel auf Anschreiben des Finanzamtes oder auf Steuerbescheiden. Den „Benutzernamen" können Sie sich frei aussuchen. Bei der „Sicherheitsabfrage" haben Sie die Wahl unter mehreren Vorschlägen.

Mit einem Klick auf die blau unterlegten Fragezeichen erhalten Sie weitere Informationen zu den jeweiligen Zeilen. Das Kästchen links („Ich bestätige, dass ich den Hinweis zur Kenntnis genommen habe") klicken Sie

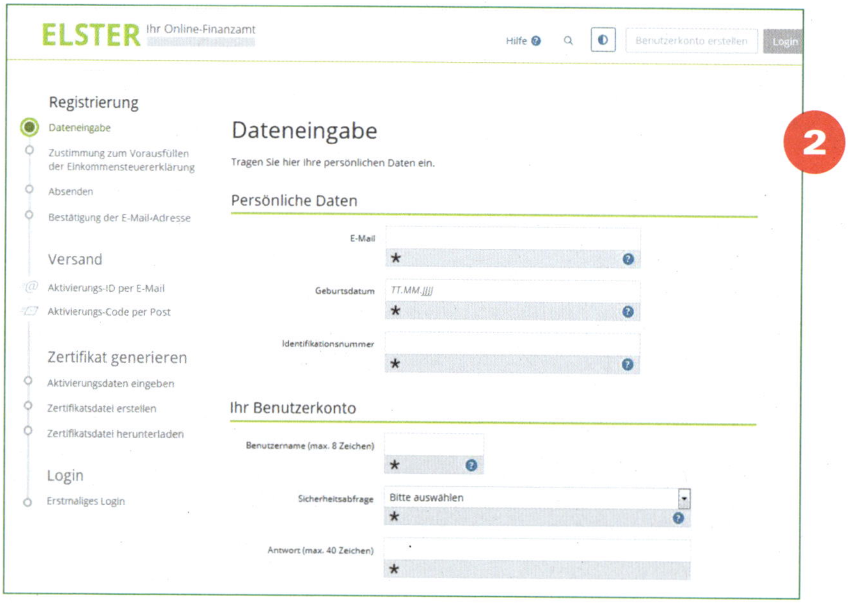

an, gehen anschließend unten rechts auf „Prüfen" und nach erfolgreicher Prüfung auf „Absenden".

2. Schritt: Antworten der Finanzverwaltung

Als nächstes schickt Ihnen ELSTER eine erste E-Mail, mit der Ihre E-Mailadresse überprüft wird. Das passiert in der Regel sofort. In der E-Mail werden Sie aufgefordert, den Erhalt der empfangenen Nachricht zu bestätigen. Dazu klicken Sie in der E-Mail auf den unterstrichenen Link. Anschließend erhalten Sie eine zweite E-Mail, die unter anderem eine „Aktivierungs-ID" enthält. Diese zweite E-Mail sollten Sie gut aufbewahren, denn Sie brauchen sie später noch. Jetzt beginnt eine Wartezeit von etwa 7 Tagen, bis Sie per Post einen Brief mit einem „Aktivierungs-Code" erhalten.

3. Schritt: Registrierung abschließen

Nachdem Sie den Aktivierungs-Code per Post erhalten haben, gehen Sie in die zweite erhaltene (und hoffentlich noch auffindbare) E-Mail und klicken auf den farbigen Link. Es öffnet sich eine Internetseite, auf der Sie die

Aktivierungs-ID aus der zweiten E-Mail und den Aktivierungs-Code aus dem Brief eingeben. Sie gehen auf „Absenden", danach öffnet sich eine Eingabemaske, wo Sie ein selbst gewähltes persönliches Passwort eingeben und wiederholen. Sie klicken auf „Erstellen" und anschließend auf „Zertifikatsdatei herunterladen". Der Vorgang kann etwas länger dauern, brechen Sie ihn also nicht ab, wenn sich erst einmal nichts tut. Speichern Sie die Datei (mit der Endung „.pfx") auf Ihrem Rechner dort, wo Sie sie wiederfinden. Tragen Sie die Zertifikatsdatei und Ihr persönliches Passwort ein. Mit einem Klick auf „Login" haben Sie die Registrierung abgeschlossen. Prüfen Sie anschließend Ihr gespeichertes Profil und ergänzen Sie erforderlichenfalls die Daten.

→ Weitere Registriermöglichkeiten

Wer sich bei ELSTER mit seinem Personalausweis registriert, spart Zeit. Weil weder die Aktivierungs-ID per E-Mail noch der Aktivierungs-Code auf dem Postweg gebraucht werden, dauert die Einrichtung eines Benutzerkontos nur wenige Minuten. Voraussetzung ist allerdings, dass die Online-Ausweisfunktion aktiviert und freigeschaltet ist. Außerdem brauchen Ausweisnutzende ein geeignetes Ausweislesegerät und müssen sich eine „AusweisApp" herunterladen. Letzteres funktioniert über die ELSTER-Homepage oder im App-Store auf Ihrem Smartphone (→ Seite 144, Screenshot Nr. 3, dort in der mittleren Auswahlspalte auf „Personalausweis" klicken).
Wenn Sie mit dem Smartphone oder einem anderen mobilen Gerät mit der Finanzverwaltung kommunizieren wollen, können Sie sich (auch über die etwas abweichenden Registrierungsmodalitäten) unter dem Begriff „ElsterSmart" informieren. Zu finden ist er über die ELSTER-Startseite (→ Seite 140, Screenshot 1), dort die Schaltfläche „Wo finde ich Hilfe?" anklicken. Unter „Häufige Fragen zu Mein ELSTER" finden Sie den dort ausführlich erläuterten Begriff „ElsterSmart" (einschließlich „Kurzanleitung" als Download).

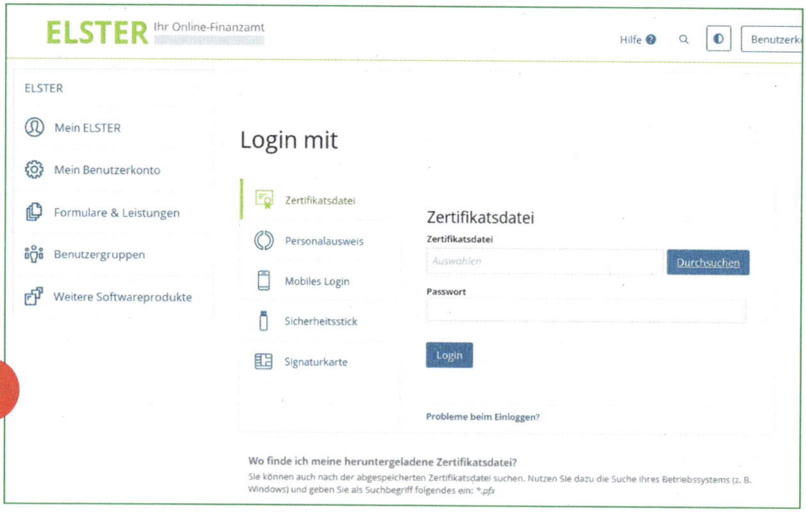

3

TIPP: Machen Sie mindestens eine Sicherheitskopie der Zertifikatsdatei, die Sie extern (etwa auf einem USB-Stick) ablegen. Die Registrierung ist in der Regel die größte technische Hürde auf dem Weg zur ELSTER. Mithilfe von technikaffinen Kindern und Enkeln nehmen Sie sie leichter.

Beim nächsten Login über die ELSTER-Startseite (→ Seite 140, Screenshot 1, Schaltfläche „Jetzt einloggen“) öffnet sich die hier abgebildete Eingabemaske (Screenshot 3). Wenn Sie das Wort „Durchsuchen“ anklicken, öffnet sich ein Zugang zu den Verzeichnissen auf Ihrem Computer und Sie können die Zertifikatsdatei auswählen. Danach geben Sie noch Ihr Passwort ein und gehen auf die Schaltfläche „Login“. Anschließend öffnet sich Ihre persönliche Seite „Mein ELSTER“ (Screenshot 4 auf Seite 145). Von hier aus können Sie die gesamte Kommunikation mit ELSTER abwickeln, Profile, das Benutzerkonto und Formulare bearbeiten. Das läuft vor allem über die linke Taskleiste unter den Oberbegriffen „Mein ELSTER“ und „Mein Benutzerkonto“.

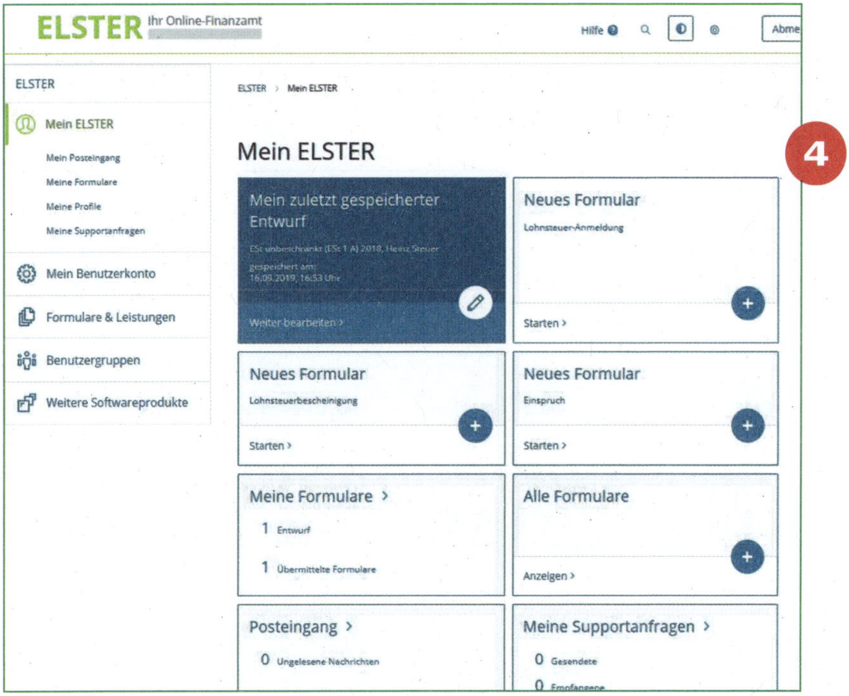

Registrierung für andere Personen

Für Ehe- und eingetragene Lebenspartner genügt es, wenn sich einer der beiden Partner registriert. Solange dem Finanzamt nichts anderes vorliegt, geht es davon aus, dass der Inhalt der Steuererklärung beiden Partnern bekannt ist und von beiden gebilligt wird.

Sie können auch für Verwandte die Steuererklärung über Ihr Elster-Konto einreichen. Dort ist jedoch Vorsicht geboten, da Sie hierbei die Steuererklärung elektronisch unterschreiben. Deshalb ist es besser, wenn Sie ihnen helfen, sich ein eigenes Elster-Konto einzurichten. Zur Registrierung können Sie dabei auch Ihre E-Mailadresse nutzen, wenn Sie, wie oben beschrieben, die Bestätigung vornehmen.

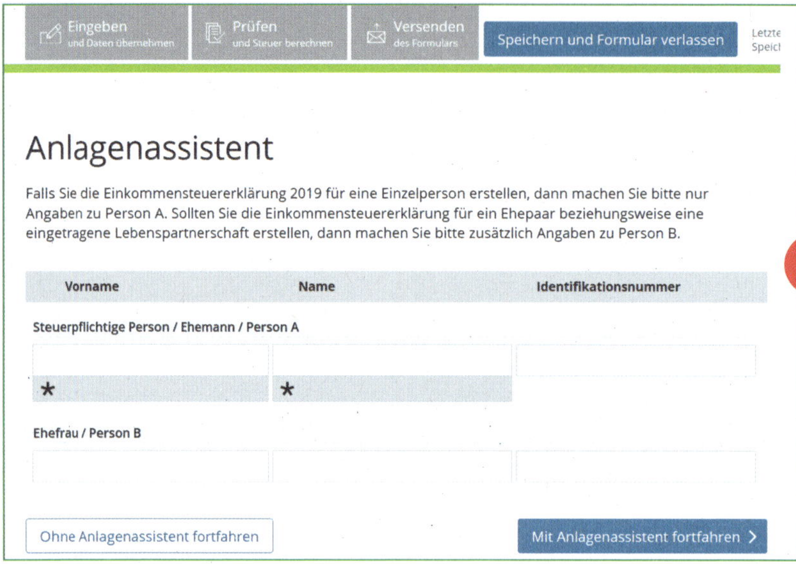

5

Die Steuererklärung mit MeinELSTER

Wenn Sie mit der Steuererklärung loslegen wollen, starten Sie das Benutzerfeld „Neues Formular, Einkommensteuererklärung unbeschränkte Steuerpflicht“ (→ Screenshot 4 auf Seite 145) und wählen das gewünschte Jahr aus. Danach werden Sie als erstes gefragt, ob Sie Ihre Vorjahresdaten in die neue Steuererklärung übernehmen wollen. Das setzt allerdings voraus, dass Sie bereits 2019 eine Elster-Steuererklärung eingereicht haben. Anderenfalls gehen Sie auf „Ohne Datenübernahme fortfahren“.

Auf der nächsten Seite können Sie festlegen, ob Sie die für Ihre Steuererklärung notwendigen Vordrucke mithilfe des Anlagenassistenten oder durch direktes Ankreuzen auswählen wollen (Screenshot 5). Der Anlagenassistent stellt Ihnen auf mehreren Seiten verschiedene Fragen, die Sie mit Nein oder Ja beantworten (Screenshot 6).

Sie können auch ohne den Anlagenassistenten fortfahren und die Anlagen direkt anklicken. In der Anlagenauswahl (Screenshot 7) können Sie außerdem erkennen, ob Ehepaare bestimmte Vordrucke wie beispielsweise die Anlage Kind gemeinsam (Kästchen in der 2. Spalte) oder, wie die Anlage KAP, einzeln ausfüllen müssen (Kästchen 3. und 4. Spalte). Der Haupt-

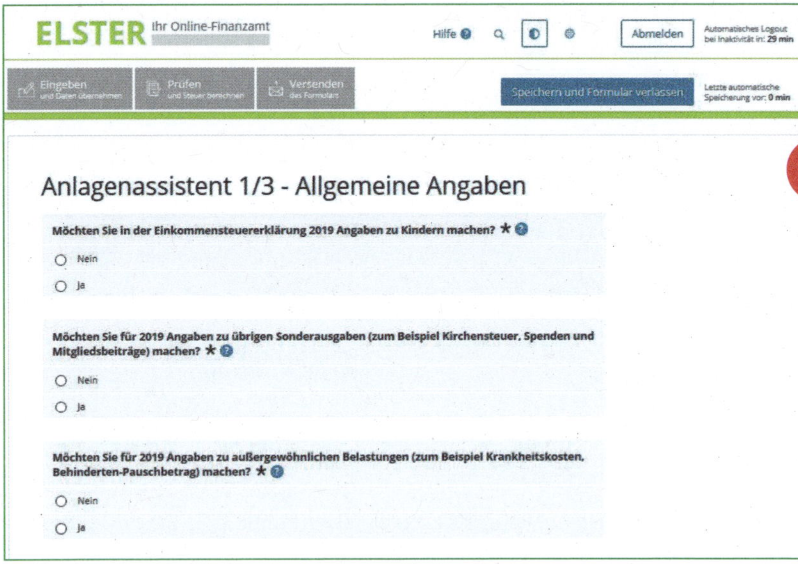
ELSTER Ihr Online-Finanzamt
Hilfe
Abmelden
Automatisches Logout bei Inaktivität in: 29 min
Eingeben und Daten übernehmen
Prüfen und Steuer berechnen
Versenden des Formulars
Speichern und Formular verlassen
Letzte automatische Speicherung vor: 0 min
Anlagenassistent 1/3 - Allgemeine Angaben
Möchten Sie in der Einkommensteuererklärung 2019 Angaben zu Kindern machen? *
Nein
Ja
Möchten Sie für 2019 Angaben zu übrigen Sonderausgaben (zum Beispiel Kirchensteuer, Spenden und Mitgliedsbeiträge) machen? *
Nein
Ja
Möchten Sie für 2019 Angaben zu außergewöhnlichen Belastungen (zum Beispiel Krankheitskosten, Behinderten-Pauschbetrag) machen? *
Nein
Ja

6

ELSTER
Eingeben und Daten übernehmen
Prüfen und Steuer berechnen
Versenden des Formulars
Speichern und Formular verlassen
Anlagenauswahl
Welche Anlagen brauche ich
Allgemeine Angaben
Steuerpflichtige Person / Ehemann / Person A
Ehefrau / Person B
Hauptvordruck
Anlage Kind
Anlage Sonderausgaben
Anlage Außergewöhnliche Belastungen
Anlage Haushaltsnahe Aufwendungen
Anlage Vorsorgeaufwand
Anlage AV
Privatpersonen
Steuerpflichtige Person / Ehemann / Person A
Ehefrau / Person B
Anlage N
Anlage R
Anlage V
Anlage KAP

7

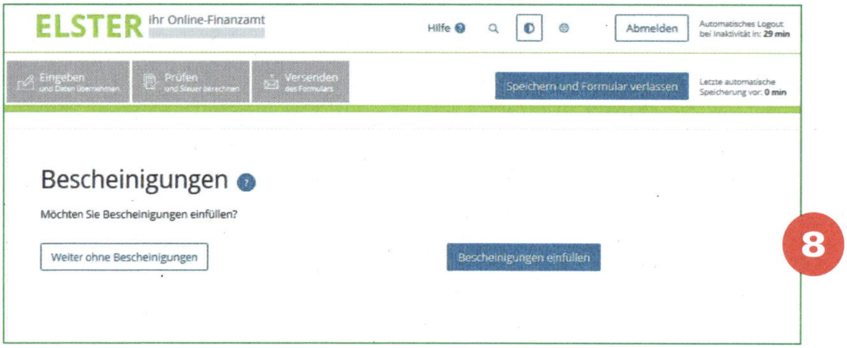

vordruck ist normalerweise bereits mit einem Häkchen versehen, da Sie diesen immer benötigen. Falls Sie sich unsicher sind, finden Sie mit einem Klick auf den Text oberhalb der Tabelle „Welche Anlagen brauche ich?"eine umfangreiche Hilfe. Außerdem lassen sich auch später noch Anlagen hinzufügen oder wieder entfernen, falls Sie falsch entschieden haben sollten.

Nach der Auswahl der Anlagen erhalten Sie mit einem Klick auf „Weiter" die Frage, ob Sie Bescheinigungen einfügen möchten. (Screenshot 8). Auf diesem Weg können Sie Ihre Steuererklärung mit den „E-Daten" füllen, die dem Finanzamt bereits von anderen Stellen elektronisch übermittelt wurden (→ Seite 40). Voraussetzung ist, dass Sie zusätzlich zur Registrierung auch den Datenabruf beantragt haben (→ Seite 155). Die Zahlen aus der Rentenbezugsmitteilung der Rentenversicherung oder Leistungsmitteilung der Pensionskasse werden dann „per Knopfdruck" in Ihre Steuererklärung eingetragen. Sie wählen dazu in der nächsten Abfrage die betreffende Person aus. Verheiratete finden die Bescheinigung des Ehepartners unter „Bescheinigungen anderer Personen" (Screenshot 9).

Anschließend bestätigen Sie noch einmal die Zuordnung zur richtigen Person. Zuletzt müssen Sie noch den Abrufcode eingeben, den Sie per Post erhalten haben (→ Seite 155). Danach erhalten Sie eine Übersicht über alle Bescheinigungen, die andere Stellen bereits elektronisch gemeldet haben.

Screenshot 10: Sie können sich diese gemeldeten Bescheinigungen einzeln ansehen oder gleich mit einem einzigen Klick auf die Zeile „Formular mit Angaben aus den Bescheinigungen aktualisieren" vollständig übernehmen. Wenn Sie für Ihren Ehepartner noch die Bescheinigungen über-

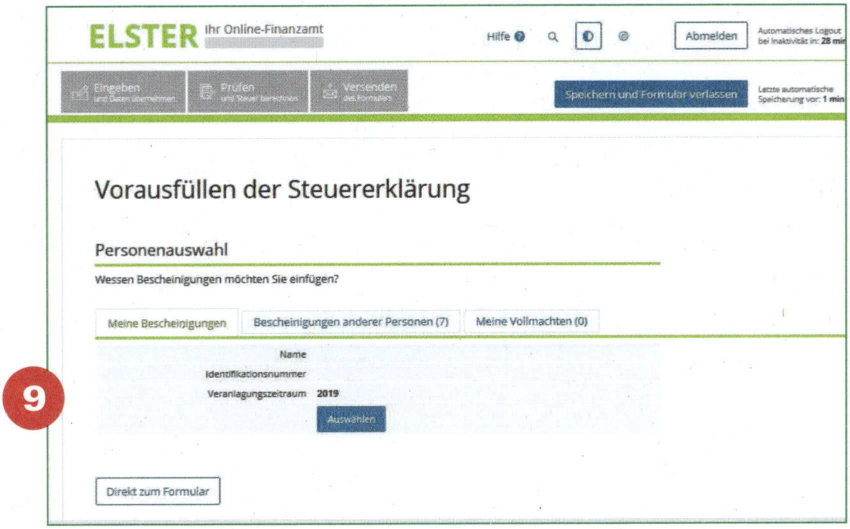

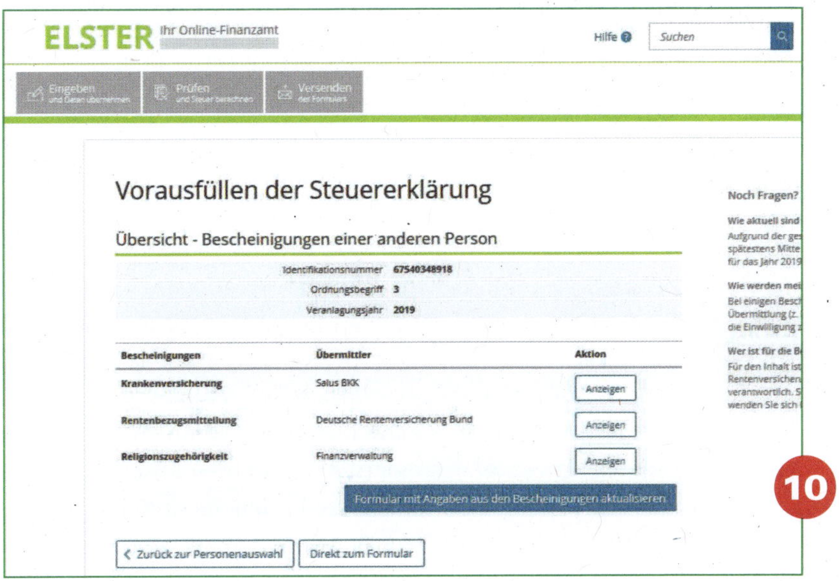

nehmen müssen, klicken Sie auf „Zurück zur Personenauswahl". Sind alle Belege übernommen, wählen Sie das Auswahlfeld „Direkt zum Formular" und gelangen zurück zur Startseite Ihrer Steuererklärung. Zu dieser Seite kommen Sie auch, wenn Sie nach der Anlagenauswahl keine Bescheinigungen abgerufen haben.

11

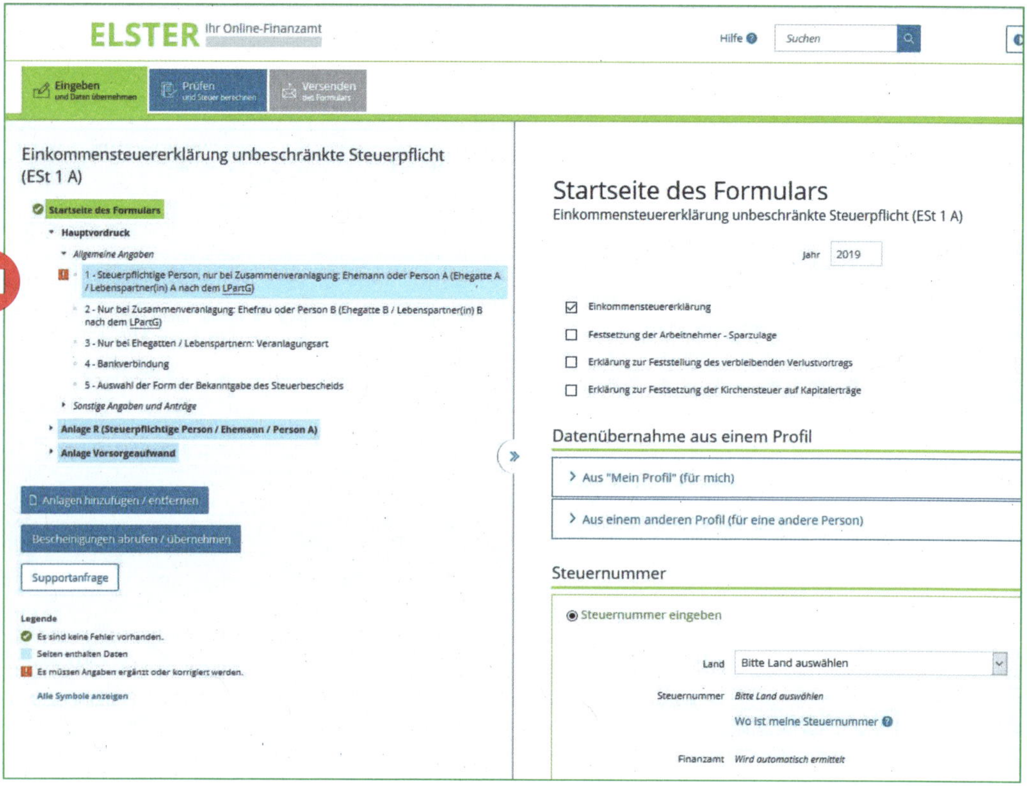

Screenshot 11: Im linken Bildschirmfenster sehen Sie jetzt die einzelnen Formulare. Das sind die von Ihnen zuvor ausgewählten Anlagen. Ein Klick auf das Dreieck am Zeilenbeginn öffnet oder schließt die weiteren Angaben. Die Ziffern am Anfang der jeweiligen Abfrage sind nicht die Zeilennummer im Papierformular, sondern die einzelnen Abschnitte zum ausgewählten Vordruck. Die Formularzeilen finden Sie im rechten Bildschirmfenster. Zunächst können Sie Ihre persönlichen Daten wie Name und Identifikationsnummer aus Ihrem ELSTER-Profil in die Vordrucke einlesen lassen („Datenübernahme aus meinem Profil" auf dem rechten Bildschirmfenster anklicken). Bei den allgemeinen Angaben im Hauptvordruck können Sie unter der Nummer 5 auswählen, ob Sie den Steuerbescheid wie bisher als Brief auf Papier erhalten oder elektronisch abrufen möchten.

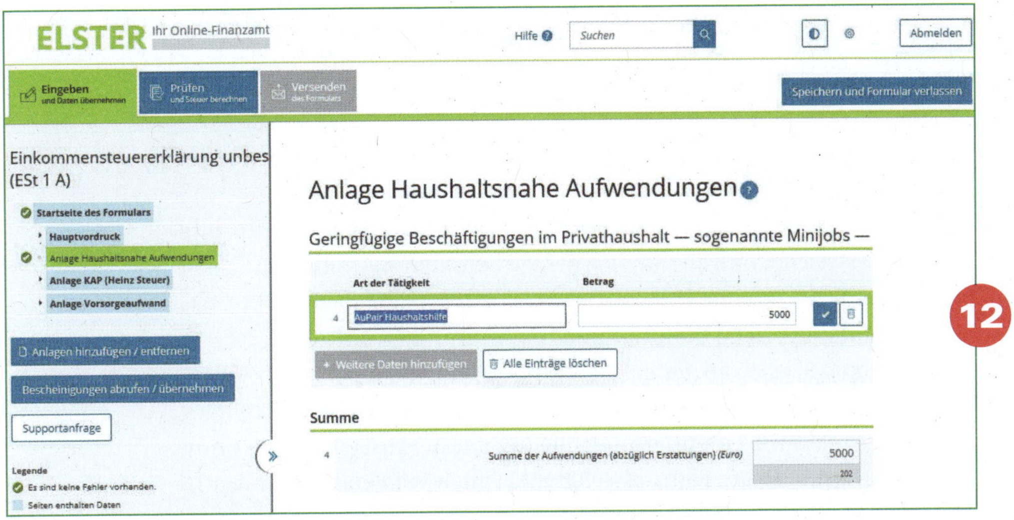

TIPP: Im linken unteren Bildschirmfenster finden Sie eine Legende zu den Programmhinweisen. Ein Ausrufezeichen bedeutet, dass Sie Angaben ergänzen müssen. Zeilen mit hellblauem Hintergrund zeigen an, dass hier bereits Daten enthalten sind, beispielsweise aus den automatisch übernommenen Bescheinigungen der gesetzlichen Rentenversicherung oder Krankenkasse.

Die Formulare und die einzelnen Zeilen sind dieselben, die auch das Papierformular enthält. Anders als im Papierformular müssen aber auch die Felder mit E-Daten (→ Seite 40) ausgefüllt sein. Wenn Sie die elektronisch gemeldeten Daten bereits automatisch übernommen haben, sollten Sie die Angaben noch einmal überprüfen. Schließlich handelt es sich um Ihre Angaben in Ihrer Steuererklärung. Falls notwendig, können Sie diese Angaben ändern oder ganz löschen.

Die übrigen Felder füllen Sie genauso aus wie in der Papiererklärung. Sie bewegen sich dabei durch die Steuererklärung, indem Sie entweder rechts unten auf „Nächste Seite" klicken oder im linken Fenster einfach den Abschnitt oder das ganze Formular wechseln.

Die Vordrucke können Sie durch Anklicken nacheinander oder in beliebiger Reihenfolge bearbeiten.

Die grün unterlegte Zeile im Fenster auf der linken Bildschirmseite zeigt an, bei welcher Eingabe Sie sich gerade befinden, beispielsweise beim Eintrag einer im Minijob beschäftigten Haushaltshilfe (Screenshot 12). Ein Klick auf den Haken bestätigt und übernimmt den Eintrag.

Orientieren Sie sich an der Bezeichnung des Formulars und den Zeilennummern. Sie entsprechen genau den Zeilenzahlen des Papierformulars. Das ist eine sehr gute Orientierungshilfe für alle, die zusätzlich zum Computerprogramm dieses gedruckte Ratgeberbuch verwenden. Die amtlichen Hinweise und Erläuterungen zu den einzelnen Formularzeilen erhalten Sie mit einem Klick auf die Fragezeichen bei den Eingabefeldern.

Durch einen Klick auf eine andere Zeile auf der linken Bildschirmseite wechseln Sie zu anderen Bereichen in der Steuererklärung. Mit der blau unterlegten Schaltfläche „Anlagen hinzufügen/entfernen" können Sie erneut die „Anlagenauswahl" aufrufen und weitere Formulare auswählen.

TIPP: Dieser gedruckte Ratgeber orientiert sich strikt an den Formularzeilen, arbeitet sie Zeile für Zeile ab und hilft Ihnen, sich in den elektronischen ELSTER-Formularen besser zurechtzufinden.

Auf bestimmte Fehler weist Sie das Programm gleich beim Eingeben oder beim Wechsel auf die nächste Seite hin. Mit einem Klick auf „Prüfen und Steuer berechnen" oberhalb des Eingabefensters erhalten Sie weitere Hinweise dazu, wo das Programm Eingabefehler festgestellt hat und wo Sie gegebenenfalls Korrekturen vornehmen müssen. Unter „Steuerberechnung" können Sie feststellen, welche Steuererstattung oder Nachzahlung zu erwarten ist. Die Berechnung öffnet sich je nach den Einstellungen auf Ihrem PC entweder in einem neuen Fenster oder wird als PDF-Datei heruntergeladen. Die Berechnung ähnelt der Darstellung im Steuerbescheid.

TIPP: Drucken Sie sich am Ende die Steuerberechnung aus oder speichern Sie die Datei ab. Sie können damit den Steuerbescheid später besser überprüfen.

Wenn Sie alle Eingaben vollständig erfasst haben, können Sie nach der Berechnung die Steuererklärung elektronisch abschicken. Dazu klicken Sie, wieder am oberen Bildschirmfenster, den Kasten „Versenden des Formulars" an. Weil Sie sich bei ELSTER registriert haben, wird die Steuererklärung mit elektronischer Unterschrift verschickt. Sie brauchen deshalb kein Formular mehr zum Unterschreiben auszudrucken und per Post an Ihr Finanzamt zu schicken.

Wenn Sie „Speichern und Formular verlassen" anklicken, werden Sie nochmals gefragt, ob Sie die Angaben speichern wollen. Sie können mit dem Speichern auch Ihre Steuererklärung unterbrechen und zu einem späteren Zeitpunkt weiter bearbeiten.

Die geänderten Formulare für das Steuerjahr 2020 standen zum Zeitpunkt der Fertigstellung dieses Buchs noch nicht im ELSTER-Programm zur Verfügung. Die Abbildungen zum Programm wurden deshalb aus der Steuererklärung für das Vorjahr übernommen. Sie können beim Steuerjahr 2020 vereinzelt abweichen.

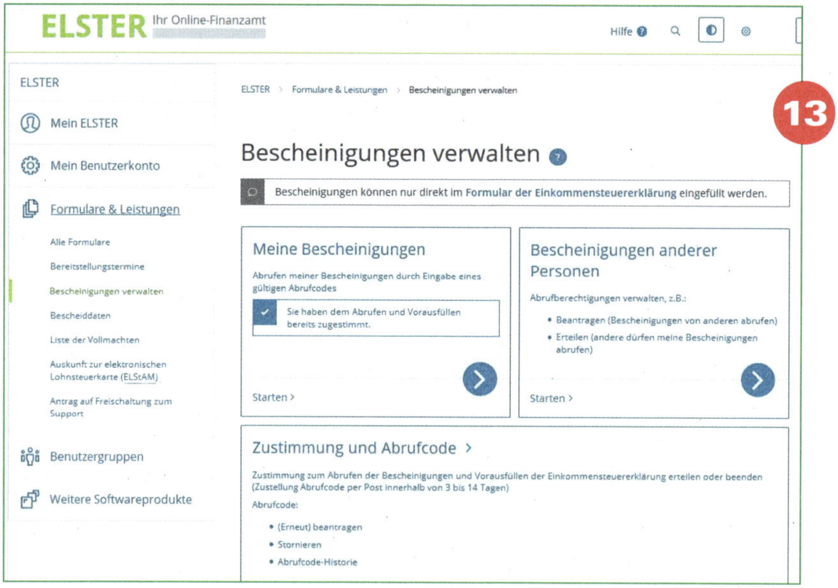

Datenabruf nutzen

Die Schaltfläche „Bescheinigungen verwalten" finden Sie auf Screenshot 13. Die Finanzverwaltung stellt eine Reihe von Daten bereit, die über ELSTER abrufbar sind (→ auch Screenshot 10). Das sind beispielsweise folgende Daten:

- Name, Adresse, Religionszugehörigkeit,
- Lohnsteuerbescheinigungen,
- Rentenbezugsmitteilungen,
- Beiträge zu Kranken- und Pflegeversicherungen,
- Vorsorgeaufwendungen (etwa Riester- oder Rürup-Verträge),
- Lohn- und Einkommensersatzleistungen.

Bis auf Adresse und Religionszugehörigkeit sind es dieselben Angaben, die in den Papiervordrucken dunkelgrün und mit ⓔ gekennzeichnet sind und in der Regel nicht mehr ausgefüllt werden müssen. (→ Seite 43). In Elster können diese Angaben, anstatt leer zu bleiben, automatisch ausgefüllt werden.

Voraussetzung für den Datenabruf ist eine bereits abgeschlossene Registrierung in „Mein ELSTER" mit der Identifikationsnummer. Das allein reicht aber nicht – der Datenabruf erfordert einen gesonderten Antrag. Den Antrag stellen Sie nach dem Einloggen bei „Mein ELSTER" in der linken Menüleiste unter „Formulare & Leistungen" (→ Screenshot 4 auf Seite 145) im Menü „Bescheinigungen verwalten".

Der Antrag wird in der Regel automatisch genehmigt. Wer eine Zertifikatsdatei verwendet, muss warten, bis er per Post einen Abrufcode erhalten hat, und kann danach erst loslegen. Der Belegabruf ist auch für Daten von anderen Personen möglich, etwa für den Ehepartner oder ein anderes Familienmitglied. Das funktioniert ebenfalls im Menü „Bescheinigungen verwalten". Wählen Sie dort „Bescheinigungen anderer Personen" und „Abrufberechtigung beantragen" (→ Screenshot 13).

ELSTER-Pflicht

Immer mehr Bürger müssen eine Steuererklärung mit elektronischer Unterschrift abgeben. Pflicht ist sie für Freiberufler, Gewerbetreibende sowie Land- und Forstwirte, also für alle, die unternehmerisch tätig sind und sogenannte Gewinneinkünfte haben. Auch wer als Rentner, Pensionär oder Hausfrau nebenbei unternehmerisch tätig ist, fällt jetzt in der Regel unter die „Elster-Pflicht – auch wenn es nur um geringe Einkünfte geht.

Das betrifft auch diejenigen, die Einkünfte aus einer Photovoltaikanlage auf dem eigenen Heim erzielen. Sie müssen neben der elektronischen Steuererklärung auch das amtliche Formular EÜR (Einnahmenüberschussrechnung) ausfüllen. Ausnahmen akzeptiert das Amt nur noch in wenigen Fällen, etwa wenn Computer und Internetzugang fehlen und ihre Anschaffung eine „unzumutbare Härte" bedeuten würde. Übungsleiter und andere Ehrenamtler bleiben verschont, wenn ihre Einnahmen die Steuerfreibeträge (→ Seite 112) nicht übersteigen.

Auch Steuerberater und Lohnsteuerhilfevereine müssen die Steuererklärungen ihrer Mandanten elektronisch an das Finanzamt übermitteln.

Kommerzielle Programme

Wenn Sie nicht mit „Mein ELSTER" arbeiten möchten, finden Sie eine Übersicht anderer Steuerprogramme auf der ELSTER-Homepage. Nach einem Klick auf „Weitere Softwareprodukte" in der linken Menüleiste (→ Seite 140, Screenshot 1) finden Sie eine Übersicht „Software-Produkte, die ELSTER unterstützen". Neben einigen kostenfreien Programmen ist eine Vielzahl kostenpflichtiger kommerzieller Anbieter aufgeführt. Zu jedem Programm finden Sie in der rechten Spalte einen Link, der Sie zum jeweiligen Anbieter führt.

Auch wer mit kommerziellen Programmen arbeitet und die Einkommensteuererklärung mit elektronischer Unterschrift papierlos abgeben möchte, muss sich vorher bei ELSTER registriert haben. Das funktioniert so, wie ab Seite 141 in den drei Schritten dargestellt. Nach der Registrierung lassen sich alle wesentlichen Funktionen, die „Mein ELSTER" bietet, auch mit kommerziellen Programmen nutzen.

Die komprimierte und von Hand unterschriebene Steuererklärung können Sie mit kommerziellen Programmen in der Regel ebenfalls nutzen. Dafür ist keine Anmeldung bei ELSTER erforderlich, Sie müssen lediglich der Führung Ihres Programms folgen.

Im Unterschied zu den Programmen der Finanzverwaltung geben kommerzielle Programme viele weitere Steuertipps und Gestaltungshinweise. Oftmals sind es sogar so viele, dass es unübersichtlich werden kann. Zumal auch die Sprache manchmal überfordert, sei es durch Steuerchinesisch oder einen Computerjargon, den eher Eingeweihte verstehen. Die Stiftung Warentest hat 14 gängige Steuerprogramme getestet. Sie kosten zwischen 15 und 35 Euro, eins ist kostenfrei. Dabei ergaben sich erhebliche Qualitätsunterschiede bei der Handhabung und Berechnung. Mehr dazu finden Sie in Finanztest Ausgabe 5/2019 oder im Internet, abrufbar unter test.de/Steuerprogramme.

Auf Stolpersteine achten!

- Planen Sie genug Zeit für die Registrierung ein, denn die dauert in der Regel 5 bis 7 Tage. Werden Sie nicht ungeduldig, wenn der Brief mit dem Aktivierungs-Code auf sich warten lässt. Sie sollten nicht gleich eine neue Registrierung beginnen. Das kann zu Verwirrung und im Ergebnis zu noch längeren Wartezeiten führen.
- Sorgen Sie für eine sichere (und wieder auffindbare) Aufbewahrung von Zertifikatsdatei und persönlichem Passwort. Ein Verlust erfordert eine Neuregistrierung! Gleiches kann passieren, wenn Sie die Registrierungsdaten dreimal falsch eingegeben haben.
- Der Registrierungsvorgang muss nach spätestens 90 Tagen abgeschlossen sein, sonst wird eine neue Registrierung erforderlich.
- Die Registrierung ist drei Jahre gültig, kann aber rechtzeitig (und einfach) verlängert werden.
- Prüfen Sie alle Daten, die Sie im Rahmen des Belegabrufs erhalten. Sie bestätigen mit Ihrer Steuererklärung deren Richtigkeit und Vollständigkeit. Fehlende Daten müssen Sie manuell ergänzen, ebenso wie in der Steuererklärung auf Papier (→ Seite 41). Wenn Sie Korrekturen vornehmen, empfiehlt sich eine Erläuterung im Hauptvordruck (→ Seite 47).
- Tragen Sie weiterhin alle Sonderausgaben, Werbungskosten, außergewöhnlichen Belastungen und sonstige abzugsfähige Aufwendungen in die Formulare ein und prüfen Sie alle aus Vorjahren übernommenen Daten genau. Das nimmt Ihnen kein Belegabruf ab, und kein „elektronischer Automatismus" erledigt das für Sie.

Hilfe

Übersicht

Tabellen

Musterformulare

Steuerpflichtiger Anteil gesetzlicher Renten

Der steuerpflichtige Rentenanteil von gesetzlichen Altersrenten und gleichgestellten Renten erhöht sich schrittweise. Für Rentner, die 2005 oder vorher in Rente gingen, ist die Hälfte der Rente von 2005 steuerpflichtig. Wer 2020 Rentner wurde, muss 80 Prozent seiner Rente mit dem Fiskus teilen, bei Neurentnern im Jahr 2040 trifft es die gesamte Rente. Der einmal ermittelte steuerfreie Eurobetrag bleibt als Freibetrag lebenslang erhalten (→ Seite 9, 29 und 78).

Jahr des Rentenbeginns	steuerpflichtiger Anteil in Prozent	Jahr des Rentenbeginns	steuerpflichtiger Anteil in Prozent
vor 2006	50	**2023**	83
2006	52	**2024**	84
2007	54	**2025**	85
2008	56	**2026**	86
2009	58	**2027**	87
2010	60	**2028**	88
2011	62	**2029**	89
2012	64	**2030**	90
2013	66	**2031**	91
2014	68	**2032**	92
2015	70	**2033**	93
2016	72	**2034**	94
2017	74	**2035**	95
2018	76	**2036**	96
2019	78	**2037**	97
2020	**80**	**2038**	98
2021	81	**2039**	99
2022	82	**2040**	100

Steuerpflichtiger Anteil privat finanzierter Renten (Tabellenauszug)

Privatrenten sind teilweise steuerpflichtig. Dieser Teil, Ertragsanteil genannt, richtet sich nach dem Lebensjahr bei Rentenbeginn. Wer mit 60 Jahren erstmals Leistungen aus einer privaten Rentenversicherung erhielt, muss 22 Prozent versteuern, bei Rentenbeginn mit 65 sind es 18 Prozent. Die folgende Übersicht ist ein Tabellenauszug und er betrifft weder die voll steuerpflichtigen Riester-Renten noch die Rürup-Renten, die wie gesetzliche Renten besteuert werden (→ Seite 19 und 81).

Lebensalter bei Rentenbeginn	steuerpflichtiger Anteil in Prozent	Lebensalter bei Rentenbeginn	steuerpflichtiger Anteil in Prozent
51	29	**66**	18
52	29	**67**	17
53	28	**68**	16
54	27	**69**	15
55	26	**70**	15
56	26	**71**	14
57	25	**72**	13
58	24	**73**	13
59	23	**74**	12
60	**22**	**75**	11
61	22	**76**	10
62	21	**77**	10
63	20	**78**	9
64	19	**79**	9
65	**18**	**80**	8

Steuerpflichtiger Anteil privater, zeitlich begrenzter Renten (Tabellenauszug)

Werden private Renten nur für eine bestimmte Zeit gezahlt, handelt es sich um „abgekürzte Leibrenten". Der steuerpflichtige Anteil wird dann abhängig von Laufzeit und allgemeiner Lebenserwartung festgelegt. So sind zum Beispiel von einer privaten Berufsunfähigkeitsrente, die für 10 Jahre gewährt wird (linke Spalte), 12 Prozent steuerpflichtig (mittlere Spalte). Für den seltenen Fall, dass ein Rentner bei Antritt dieser Rente bereits 75 Jahre alt ist (rechte Spalte), beträgt der steuerpflichtige Teil nicht 12 Prozent, sondern – nach der Tabelle auf Seite 160 – 11 Prozent.

Laufzeit der Rente in Jahren	steuerpflichtiger Anteil in Prozent	War bei Rentenbeginn folgendes Lebensjahr vollendet, gilt der steuerpflichtige Teil aus Tabelle Seite 160.
1	0	entfällt
2	1	entfällt
3	2	97
4	4	92
5	5	88
6	7	83
7	8	81
8	9	80
9	10	78
10	**12**	**75**
11	13	74
12	14	72
13	15	71
14–15	16	69
16–17	18	67
18	19	65

Renten-beginn	Rentengebiet West Jahresrente 1)	Monatsrente 2)	Rentengebiet Ost Jahresrente 1)	Monatsrente 2)
2005	19 001	1 610	17 735	1 508
2006	18 467	1 565	17 309	1 472
2007	18 026	1 528	16 955	1 442
2008	17 704	1 500	16 740	1 424
2009	17 319	1 468	16 466	1 400
2010	16 872	1 430	16 095	1 369
2011	16 541	1 402	15 821	1 346
2012	16 178	1 371	15 625	1 329
2013	15 804	1 339	15 426	1 312
2014	15 501	1 314	15 191	1 292
2015	15 278	1 295	15 048	1 280
2016	15 033	1 274	14 913	1 268
2017	14 751	1 250	14 688	1 249
2018	14 492	1 228	14 456	1 229
2019	14 226	1 206	14 226	1 210
2020	13 815	1 171	13 815	1 175

1) Bruttorente in Euro 2) Monatsrente (in Euro) zweites Halbjahr 2020
gerechnet mit 3,05 % Beitrag zur Pflegeversicherung, 7,85 % zur Krankenversicherung

Renten ohne Steuerzahlung

Aufgrund der Rentenfreibeträge müssen viele Rentner mit ausschließlich Bezügen aus der gesetzlichen Versicherung bisher keine Steuern zahlen. Weil sich die Freibeträge mit späterem Rentenbeginn verringern, beginnt die Besteuerung für jeden Jahrgang etwas eher. In der nachfolgenden Tabelle können Rentner ablesen, bis zu welchen Einnahmen sie, je nach Rentenbeginn, für das Steuerjahr 2020 keine Steuerbelastung befürchten müssen. Die Berechnung erfolgt unter der Annahme, dass keine weiteren Einkünfte vorliegen und bei den steuermindernden Ausgaben ausschließlich Beiträge zur gesetzlichen Kranken- und Pflegeversicherung vorliegen. Für Ehepaare, die im gleichen Jahr in Rente gingen, gelten die doppelten Werte.

Altersentlastungsbetrag

Der Altersentlastungsbetrag steht allen zu, die im betreffenden Steuerjahr mindestens 65 Jahre alt sind. Für die 65-Jährigen, die jedes Jahr neu hinzukommen, wird er geringer. Wer vor dem 2. Januar 2006 seinen 65. Geburtstag feierte, erhält und behält lebenslang 40 Prozent, maximal 1 900 Euro. Wer im Jahr 2020 (linke Spalte) nach dem 1. Januar 65 Jahre alt wurde, bekommt 16 Prozent (mittlere Spalte), maximal 760 Euro (rechte Spalte). Wer 2040 das Alter von 65 erreicht, bekommt keinen Altersentlastungsbetrag mehr.

Jahr	Prozent	bis Euro
2005	40,0	1 900
2006	38,4	1 824
2007	36,8	1 748
2008	35,2	1 672
2009	33,6	1 596
2010	32,0	1 520
2011	30,4	1 444
2012	28,8	1 368
2013	27,2	1 292
2014	25,6	1 216
2015	24,0	1 140
2016	22,4	1 064
2017	20,8	988
2018	19,2	912
2019	17,6	836
2020	**16,0**	**760**
2021	15,2	722
2022	14,4	684

Jahr	Prozent	bis Euro
2023	13,6	646
2024	12,8	608
2025	12,0	570
2026	11,2	532
2027	10,4	494
2028	9,6	456
2029	8,8	418
2030	8,0	380
2031	7,2	342
2032	6,4	304
2033	5,6	266
2034	4,8	228
2035	4,0	190
2036	3,2	152
2037	2,4	114
2038	1,6	76
2039	0,8	38
2040	0	0

Zumutbare Belastung

Die zumutbare Belastung (→ ab Seite 58) richtet sich nach Einkünften, Familienstand und Familiengröße, wie sie in der Tabelle unten stehen. Sie wird seit 2017 (auch rückwirkend) anders berechnet. Berechnungsgrundlage bleibt der „Gesamtbetrag der Einkünfte“ (→ Seite 11).

Beispiel: Das kinderlose Ehepaar B. von Seite 59 hat 26 000 Euro Einkünfte. Die Berechnung der zumutbaren Belastung erfolgt in zwei Schritten.

1. Schritt: 4 Prozent (1. Zeile, 3. Spalte von links) von 15 340 Euro (1. Zeile, 1. Spalte von links) ergibt rund 613 Euro.

2. Schritt: 5 Prozent (2. Zeile, 3. Spalte von links) von 10 660 Euro (26 000 Euro Einkünfte minus 15 340 Euro aus der 1. Spalte, 1. Zeile von links) ergibt 533 Euro.

Aus den zwei Schritten folgt eine zumutbare Belastung von 1 046 Euro (613 plus 433). Die muss die Familie selbst tragen. Das Finanzamt beteiligt sich erst ab 1 146 Euro an den Kosten.

Hätte Ehepaar B. Einkünfte von mehr als 51 130 Euro, wäre noch ein dritter Rechenschritt erforderlich gewesen (6 Prozent von dem Betrag, der 51 130 Euro übersteigt, 3. Zeile, 1. Spalte von links).

Die alte Berechnungsmethode war zwar sehr viel übersichtlicher, aber ungünstiger für die Bürger. Sie hätte die zumutbare Belastung um 154 Euro auf 1 300 Euro erhöht (5 Prozent von 26 000).

Einkünfte in Euro	ohne Kinder		mit Kindern*	
	ledig	verheiratet/ verpartnert	1 bis 2 Kinder	3 und mehr
bis 15 340	5 %	4 %	2 %	1 %
15 341 bis 51 130	6 %	5 %	3 %	1 %
mehr als 51 130	7 %	6 %	4 %	2 %

* Gilt für Ledige und Ehepaare sowie eingetragene Lebenspartnerschaften. Es zählen Kinder mit, für die es mindestens einen Monat Kindergeld im Jahr gab oder Kinderfreibeträge (ganz oder zur Hälfte).

Behindertenpauschbetrag

Mit einem Behinderungsgrad von mindestens 50 haben Sie Anspruch auf den Pauschbetrag. Es gibt ihn aber auch für einen geringeren Grad:

- wenn die Behinderung Folge einer Berufskrankheit ist,
- bei dauernder Einbuße der körperlichen Beweglichkeit oder
- wenn wegen der Behinderung ein gesetzlicher Anspruch auf Rente oder andere Bezüge besteht.

Blinde und hilflose Menschen, die ständig fremde Hilfe brauchen, erhalten unabhängig vom Grad der Behinderung einen Pauschbetrag von 3700 Euro jährlich.

Als Nachweis gilt der Ausweis des Versorgungsamtes (Behindertenausweis) mit dem Kennzeichen **H** oder **Bl** oder eine Bescheinigung zum Pflegegrad 4 oder 5.

Grad der Behinderung	Pauschbetrag jährlich in Euro
von 25 und 30	310
von 35 und 40	430
von 45 und 50	570
von 55 und 60	720
von 65 und 70	890
von 75 und 80	1 060
von 85 und 90	1 230
von 95 und 100	1 420

Versorgungsfreibetrag mit Zuschlag

Beamten- und Werkspensionen werden neben der Werbungskostenpauschale von 102 Euro mit dem Versorgungsfreibetrag und einem Zuschlag zum Versorgungsfreibetrag begünstigt. Beide Steuervorteile sinken schrittweise. Wer solche Versorgungsbezüge erstmals 2005 oder vorher bekam, erhält einen Versorgungsfreibetrag von 40 Prozent, maximal 3 000 Euro, und einen Zuschlag von 900 Euro. Beide Abzugsbeträge bleiben unverändert, solange der Pensionär seine Pension erhält. Wer 2020 (linke Spalte) erstmals Pension bezogen hat, erhält 16 Prozent, jedoch maximal 1 200 Euro Versorgungsfreibetrag. Hinzu kommen 360 Euro Zuschlag (rechte Spalte). Jeder spätere Jahrgang muss höhere Abschläge hinnehmen.

	Versorgungsfreibetrag		Zuschlag
Jahr	**in Prozent**	**bis Euro**	**in Euro**
2005	40,0	3 000	900
2006	38,4	2 880	864
2007	36,8	2 760	828
2008	35,2	2 640	792
2009	33,6	2 520	756
2010	32,0	2 400	720
2011	30,4	2 280	684
2012	28,8	2 160	648
2013	27,2	2 040	612
2014	25,6	1 920	576
2015	24,0	1 800	540
2016	22,4	1 680	504
2017	20,8	1 560	468
2018	19,2	1 440	432

Jahr	Versorgungsfreibetrag		Zuschlag
	in Prozent	bis Euro	in Euro
2019	17,6	1 320	396
2020	**16,0**	**1 200**	**360**
2021	15,2	1 140	342
2022	14,4	1 080	324
2023	13,6	1 020	306
2024	12,8	960	288
2025	12,0	900	270
2026	11,2	840	252
2027	10,4	780	234
2028	9,6	720	216
2029	8,8	660	198
2030	8,0	600	180
2031	7,2	540	162
2032	6,4	480	144
2033	5,6	420	126
2034	4,8	360	108
2035	4,0	300	90
2036	3,2	240	72
2037	2,4	180	54
2038	1,6	120	36
2039	0,8	60	18
2040	0,0	0	0

Steuerfreie Nebeneinkünfte für Rentner

Viele Ruheständler fragen sich, wie viel Zinsen, Miete, Lohn oder anderes sie neben der Rente steuerfrei kassieren können. Die Antwort hängt von mehreren Faktoren ab, zum Beispiel davon, ob und welche Freibeträge zur Verfügung stehen oder wie viel Prozent der Rente steuerpflichtig sind. Folgendes Beispiel zeigt, wie man es herausbekommen kann.

Beispiel: Der ledige Rentner Andreas A. aus Wuppertal ging 2005 mit 65 Jahren in Rente, 2020 erhält er 12 000 Euro gesetzliche Bruttorente (Spalte 1, ganz links). Er kann 5 417 Euro Nebeneinkünfte, für die ihm der Altersentlastungsbetrag zusteht, steuerfrei kassieren (Spalte 3). Ohne Altersentlastungsbetrag wären es 3 517 Euro (Spalte 2). Wäre Andreas 2020 in Rente gegangen, dürfte er mit Altersentlastungsbetrag 1 493 Euro steuerfrei verdienen (Spalte 5), also 3 924 Euro weniger als bei einem Rentenbeginn 2005 (5 417 minus 1 493). Ohne Altersentlastungsbetrag blieben bei Rentenbeginn im Jahr 2020 nur 1 254 Euro steuerfrei (Spalte 4). Für alle, die zwischen 2005 und 2019 in Rente gingen, bewegen sich die steuerfreien Nebeneinkünfte zwischen den jeweiligen Tabellenwerten. Je später dabei der Rentenbeginn, umso geringer die steuerfreien Nebeneinkünfte.

In der folgenden Tabelle handelt es sich um Näherungswerte, die individuell abweichen können. Bei der Berechnung wurden Beiträge zur Kranken- und Pflegeversicherung mit 10,9 Prozent der Bruttorente berücksichtigt, dazu die Werbungskostenpauschale (102 Euro) und die Sonderausgabenpauschale (36 Euro). Höhere Abzugsbeträge führen zu höheren steuerfreien Nebeneinkünften. Die gingen immer nach Abzug von Werbungskosten, Betriebsausgaben und Freibeträgen in die Berechnung ein (zum Begriff Einkünfte → Seite 10). Annahme bei Ehepaaren/eingetragenen Partnerschaften: Beide Partner sind Rentner aus den alten Bundesländern, nur einem steht ein Altersentlastungsbetrag zu.

Maximale steuerfreie Nebeneinkünfte für Rentner				
Bruttorente im Jahr 2020	steuerfreie Nebeneinkünfte ohne Altersentlastungsbetrag	steuerfreie Nebeneinkünfte mit Altersentlastungsbetrag	steuerfreie Nebeneinkünfte ohne Altersentlastungsbetrag	steuerfreie Nebeneinkünfte mit Altersentlastungsbetrag
	Rentenbeginn 2005 oder früher		Rentenbeginn 2020	
alleinstehend				
5 000	7 034	8 934	6 091	6 851
5 500	6 783	8 683	5 746	6 506
6 000	6 532	8 432	5 400	6 160
6 500	6 280	8 180	5054	5 814
7 000	6 029	7 929	4 709	5 469
7 500	5 778	7 678	4 364	5 124
8 000	5 527	7 427	4 018	4 778
8 500	5 276	7 176	3 672	4 372
9 000	5 024	6 924	3 327	3 961
9 500	4 773	6 673	2 982	3 549
10 000	4 522	6 422	2 636	3 138
11 000	4 020	5 920	1 945	2 315
12 000	3 517	5 417	1 254	1 493
13 000	3 015	4 915	563	670
14 000	2 513	4 188	0	0
15 000	2 010	3 350	0	0
16 000	1 508	2 513	0	0
17 000	1 005	1 676	0	0
18 000	503	838	0	0
19 000	0	0	0	0
20 000	0	0	0	0

Bruttorente im Jahr 2020	steuerfreie Nebeneinkünfte ohne Altersentlastungsbetrag	steuerfreie Nebeneinkünfte mit Altersentlastungsbetrag	steuerfreie Nebeneinkünfte ohne Altersentlastungsbetrag	steuerfreie Nebeneinkünfte mit Altersentlastungsbetrag
	Rentenbeginn 2005 oder früher		Rentenbeginn 2020	
verheiratet/verpartnert				
8 000	15 072	16 972	13 564	14 324
8 500	14 821	16 721	13 218	13 978
9 000	14 569	16 469	12 873	13 633
9 500	14 318	16 218	12 528	13 288
10 000	14 067	15 967	12 182	12 942
11 000	13 565	15 465	11 491	12 251
12 000	13 062	14 962	10 800	11 560
13 000	12 560	14 460	10 109	10 869
14 000	12 058	13 958	9 418	10 178
15 000	11 555	13 455	8 727	9 487
16 000	11 053	12 953	8 036	8 796
17 000	10 550	12 450	7 345	8 105
18 000	10 048	11 948	6 654	7 414
19 000	9 546	11 446	5 963	6 723
20 000	9 043	10 943	5 272	6 032
21 000	8 541	10 441	4 581	5 341
22 000	8 038	9 938	3 890	4 631
23 000	7 536	9 436	3 199	3 808
24 000	7 034	8 934	2 508	2 986
25 000	6 531	8 431	1 817	2 163
26 000	6 029	7 929	1 126	1 340

Bruttorente im Jahr 2020	steuerfreie Nebeneinkünfte ohne Altersentlastungsbetrag	steuerfreie Nebeneinkünfte mit Altersentlastungsbetrag	steuerfreie Nebeneinkünfte ohne Altersentlastungsbetrag	steuerfreie Nebeneinkünfte mit Altersentlastungsbetrag
	Rentenbeginn 2005 oder früher		Rentenbeginn 2020	
27 000	5 526	7 426	435	518
28 000	5 024	6 924	0	0
29 000	4 522	6 422	0	0
30 000	4 019	5 919	0	0
31 000	3 517	5 417	0	0
32 000	3 014	4 914	0	0
33 000	2 512	4 187	0	0
34 000	2 010	3 349	0	0
35 000	1 507	2 512	0	0
36 000	1 005	1 675	0	0
37 000	503	838	0	0
38 000	0	0	0	0
39 000	0	0	0	0
40 000	0	0	0	0

Steuersätze

Der Durchschnittssteuersatz gibt an, wie viel Prozent der Fiskus im Durchschnitt vom ersten bis zum letzten Euro des zu versteuernden Einkommens nimmt. Er ist deutlich niedriger als der Grenzsteuersatz. Der beziffert die Steuerbelastung des letzten zu versteuernden Euros (→ auch www.test.de/Steuersparrechner und www.bmf-steuerrechner.de).

Beispiel: Ein Alleinstehender mit einem zu versteuerndem Einkommen von 18 000 Euro (1. Spalte), hat 25,4 Prozent Grenzsteuersatz (2. Spalte) und 10,2 Prozent Durchschnittssteuersatz (3. Spalte, alle Werte ohne Solidaritätszuschlag).

zu versteuerndes Einkommen	Grenzsteuersatz	Durchschnittssteuersatz	Grenzsteuersatz	Durchschnittssteuersatz
	alleinstehend		verheiratet/verpartnert	
9 408	0,0 %	0,00 %	0,0 %	0,00 %
10 000	15,2 %	0,90 %	0,0 %	0,00 %
12 000	19,0 %	3,60 %	0,0 %	0,00 %
14 000	22,9 %	6,10 %	0,0 %	0,00 %
16 000	24,6 %	8,30 %	0,0 %	0,00 %
18 000	**25,4 %**	**10,20 %**	0,0 %	0,00 %
20 000	26,3 %	11,70 %	15,2 %	0,90 %
30 000	30,5 %	17,30 %	24,2 %	7,20 %
40 000	34,8 %	21,10 %	26,3 %	11,70 %
50 000	39,0 %	24,30 %	28,4 %	14,90 %
60 000	42,0 %	27,10 %	30,5 %	17,30 %
70 000	42,0 %	29,20 %	32,6 %	19,30 %
80 000	42,0 %	30,80 %	34,8 %	21,10 %
90 000	42,0 %	32,00 %	36,9 %	22,80 %
100 000	42,0 %	33,00 %	39,0 %	24,30 %

Sozialversicherungsbeiträge pflichtversicherter Rentner

Hat ein alleinstehender, kinderloser und pflichtversicherter Rentner in diesem Jahr zum Beispiel 15 000 Euro Bruttorente, 1 000 Euro betriebliche Altersversorgung aus einem Pensionsfonds und 2 000 Euro Zinseinkünfte oberhalb des Sparerpauschbetrags, zahlt er auf seine Bruttorente 1 177,50 Euro Krankenversicherung (KV 7,3 Prozent allgemeiner Beitrag plus 0,55 Prozent durchschnittlicher Zusatzbeitrag) und 495,00 Euro Pflegeversicherung (PV 3,3 Prozent). Der Zusatzbeitrag kann je nach Krankenkasse variieren.

Zusätzlich zahlt die Rentenversicherung für ihn ebenfalls 1 177,50 Euro KV-Beitrag (7,3 Prozent plus 0,55 Prozent, zusammen 7,85 Prozent). Weiterhin allein zahlen Rentner den Beitrag zur Pflegeversicherung von 3,05 Prozent sowie gegebenenfalls den Aufschlag von 0,25 Prozent bei Kinderlosigkeit.

Auf seine Firmenrente von 1 000 Euro zahlt der Rentner ebenfalls den vollen KV- und PV-Beitrag von zusammen 19,0 Prozent aus eigener Tasche (15,7 Prozent KV plus 3,3 Prozent PV ergeben 190 Euro).

Auf seine Zinseinkünfte muss ein Rentner als Pflichtversicherter keine Beiträge zahlen. Wäre er freiwillig sozialversichert, wären auch darauf 19 Prozent fällig.

	Beitragsanteil pflichtversicherter Rentner	Zuschuss der Rentenversicherung (RV)	Gesamter Beitrag
Krankenversicherung (KV) auf die gesetzliche Rente	7,85 %*	7,85 %*	15,7 %
Krankenversicherung (KV) auf die betriebliche Altersversorgung	15,7 %*	0 %	15,7 %
Pflegeversicherung** (PV)	3,05 %	0 %	3,05 %

* einschließlich eines durchschnittlichen Zusatzbeitrags von 1,1 Prozent. Dieser kann im Einzelfall abweichen.

** Erhöhung des PV-Beitrags für Kinderlose um 0,25 Prozent auf 3,3 Prozent. Von Beiträgen zur Rentenversicherung (insgesamt 18,6 Prozent) und zur Arbeitslosenversicherung (insgesamt 2,4 Prozent) bleiben Ruheständler in der Regel verschont.

Steuererklärung: Pflicht oder nicht?

Mithilfe des Berechnungsschemas können Sie überschlagen, ob Sie eine Steuererklärung abgeben müssen oder nicht. Nutzen Sie dazu auch die Beispiele ab Seite 10 und die Ausführungen zu den einzelnen Einkünften, insbesondere zu Beamten- und Werkspensionen, Kapitalerträgen, Arbeitslohn und Vermietung. Der Zeitraum, um den es hier geht, ist immer das Kalenderjahr. Alleinstehende müssen keine Steuererklärung abgeben, wenn das Ergebnis in Zeile 15 nicht über 9 408 Euro liegt, bei Ehepaaren und Lebenspartnerschaften darf es 18 816 Euro nicht überschreiten. Ausnahmen: Wer neben der Rente Arbeitslohn oder eine Pension bezogen hat, muss grundsätzlich eine Steuererklärung abgeben, gleichfalls, wer die Lohnsteuerklasse V oder VI gewählt hat oder wenn das Finanzamt zur Abgabe auffordert.

Bitte tragen Sie in die Zeilen 7 bis 12 nur die Werte ein, die schon um Werbungskosten, Betriebsausgaben beziehungsweise andere Abzugsbeträge verringert sind: zum Beispiel Lohn minus Arbeitnehmerpauschbetrag (1 000 Euro) beziehungsweise minus höherer tatsächlicher Werbungskosten.

Sehen Sie sich vor dem Ausfüllen bitte die Abschnitte an, in denen die in dieser Tabelle genannten Einkünfte und Abzugsbeträge erläutert werden. Mithilfe des Berechnungsschemas auf Seite 175 können Sie das zu versteuernde Einkommen ermitteln.

Infos im Internet: Unter test.de (Suche: „Steuerberechnung für Rentner“) sowie unter bmf-steuerrechner.de (Suchfenster: „Berechnung der Einkommensteuer“) können Sie Ihre individuelle Steuerbelastung ebenfalls berechnen lassen. In der Tabelle ab Seite 177 können Sie die Höhe der Einkommensteuer überschlägig feststellen.

Zeile	Renten und Pensionen	Betrag in Euro
1	Steuerpflichtiger Teil gesetzlicher Renten (einschließlich Rentenerhöhungen seit 2005, → Seite 159)	
2	plus steuerpflichtiger Teil privater Renten (→ Seite 160 bzw. 161)	+
3	minus Werbungskosten (tatsächliche oder pauschal 102/204 Euro)	–
4	**Renteneinkünfte** (Ergebnis aus Zeilen 1 bis 3)	=
5	Beamten- und Werkspensionen (Bruttobeträge) minus Versorgungsfreibetrag (→ Seite 166) minus Zuschlag zum Versorgungsfreibetrag (→ Seite 166) minus Werbungskosten (tatsächliche oder pauschal 102/204 Euro)	 – – –
6	**Pensionseinkünfte**	=
	Weitere Einkünfte	
7	aus Kapitalvermögen*	
8	plus aus sonstigen Einkünften (→ Seite 103)**	+
9	plus aus Arbeitslohn	+
10	plus aus gewerblicher und freiberuflicher Tätigkeit	+
11	plus aus Vermietung und Verpachtung	+
12	plus aus Land- und Forstwirtschaft	+
13	minus Altersentlastungsbetrag (→ Seite 163)	–
14	**Weitere Einkünfte insgesamt** (Ergebnis aus Zeilen 7 bis 13)	=
15	**Steuerpflichtig insgesamt** (Ergebnisse der Zeilen 4 + 6 + 14)	=

* Einkünfte aus Kapitalvermögen, für die Abgeltungsteuer einbehalten wurde, gehören in der Regel nicht hierher. Es gibt aber Ausnahmen, die hier aufgeführt werden müssen, so unterliegen etwa Zinsen aus bestimmten Privatdarlehen nicht der Abgeltungsteuer (→ ab Seite 93). Außerdem: Wenn der persönliche Steuersatz günstiger ist als die Abgeltungsteuer (→ ab Seite 91), sollten sämtliche Kapitaleinkünfte hierher, egal ob und wie viel Abgeltungsteuer bereits abgezogen wurde.
** Dazu gehören zum Beispiel Riester-Renten und Zahlungen von Pensionskassen.

Zu versteuerndes Einkommen

Bevor Sie ablesen können, wie viel Steuern Sie zu zahlen haben, müssen Sie Ihr zu versteuerndes Einkommen ermitteln Dabei geben Ihnen das Berechnungsschema auf Seite 175 und 176, die Beispiele im ersten Teil und die folgende vereinfachte Übersicht eine Orientierung

Bitte beachten Sie: Ihre steuerliche Gesamtbelastung ist mit der Einkommensteuer noch nicht ermittelt Sie müssen den Solidaritätszuschlag (5,5 Prozent der Einkommensteuer) und eventuell Kirchensteuer (8 oder 9 Prozent der Einkommensteuer) hinzurechnen Bis zu 972 Euro Einkommensteuer bei Ledigen und 1944 Euro bei Ehepaaren fällt kein Solizuschlag an, danach steigt er stufenweise bis auf 5,5 Prozent Außerdem: Wer haushaltsnahe Dienstleistungen, Handwerkerleistungen (Anlage Haushaltsnahe Aufwendungen) oder Parteispenden (Anlage Sonderausgaben, Zeilen 7 und 8) geltend macht, kann die zu zahlende Einkommensteuer durch Steuererstattungen weiter verringern

	Betrag in Euro
Einkünfte aus der Tabelle auf Seite 175, Zeile 15	
minus Versicherungsbeiträge (siehe Anlage Vorsorgeaufwand Zeile 4 bis 50)	–
minus weitere Sonderausgaben (siehe Anlage Sonderausgaben), mindestens 36 Euro pro Person	–
minus außergewöhnliche Belastungen (siehe Anlage Außergewöhnliche Belastungen)*	–
Zu versteuerndes Einkommen**	

* unter Berücksichtigung der zumutbaren Belastung (siehe Seite 164)
** Abzugsbeträge wie der Kinderfreibetrag, der Freibetrag für Alleinerziehende, Schulgeld und ein eventueller Verlustabzug sind hier nicht berücksichtigt Sie würden das zu versteuernde Einkommen weiter drücken

Einkommensteuertabelle

Wie viel Einkommensteuer Sie zahlen müssen, hängt vom zu versteuernden Einkommen ab, das Sie auf der Seite 175 und 176 ermittelt haben Außerdem wird Ihre Steuerlast davon bestimmt, ob Sie als Alleinstehender besteuert werden oder als Ehepaar/Lebenspartner

zu versteuerndes Einkommen in Euro	Einkommensteuer* in Euro	
	alleinstehend	verheiratet/verpartnert
9 409	0	0
9 500	12	0
9 600	27	0
9 700	41	0
9 800	56	0
9 900	71	0
10 000	86	0
10 100	101	0
10 200	116	0
10 300	132	0
10 400	148	0
10 500	164	0
10 600	180	0
10 700	197	0
10 800	213	0
10 900	230	0
11 000	247	0
11 100	264	0
11 200	282	0
11 300	299	0
11 400	317	0
11 500	335	0
11 600	353	0
11 700	371	0
11 800	390	0
11 900	409	0
12 000	428	0
12 100	447	0
12 200	466	0
12 300	486	0
12 400	505	0
12 500	525	0
12 600	546	0
12 700	566	0
12 800	586	0
12 900	607	0
13 000	628	0
13 100	649	0
13 200	670	0
13 300	692	0

zu versteuerndes Einkommen in Euro	Einkommensteuer* in Euro	
	alleinstehend	verheiratet/verpartnert
13400	713	0
13500	735	0
13600	757	0
13700	780	0
13800	802	0
13900	825	0
14000	848	0
14100	871	0
14200	894	0
14300	917	0
14400	941	0
14500	965	0
14600	989	0
14700	1013	0
14800	1037	0
14900	1061	0
15000	1085	0
15100	1109	0
15200	1133	0
15300	1158	0
15400	1182	0
15500	1206	0
15600	1231	0
15700	1255	0
15800	1280	0

zu versteuerndes Einkommen in Euro	Einkommensteuer* in Euro	
	alleinstehend	verheiratet/verpartnert
15900	1304	0
16000	1329	0
16100	1353	0
16200	1378	0
16300	1403	0
16400	1427	0
16500	1452	0
16600	1477	0
16700	1502	0
16800	1527	0
16900	1552	0
17000	1577	0
17100	1602	0
17200	1627	0
17300	1652	0
17400	1677	0
17500	1702	0
17600	1728	0
17700	1753	0
17800	1778	0
17900	1804	0
18000	1829	0
18100	1855	0
18200	1880	0
18300	1906	0

zu versteuerndes Einkommen in Euro	Einkommensteuer* in Euro	
	alleinstehend	verheiratet/verpartnert
18 400	1 931	0
18 500	1 957	0
18 600	1 982	0
18 700	2 008	0
18 800	2 034	0
18 900	2 060	10
19 000	2 086	24
19 100	2 111	40
19 200	2 137	54
19 300	2 163	68
19 400	2 189	82
19 500	2 215	98
19 600	2 242	112
19 700	2 268	126
19 800	2 294	142
19 900	2 320	156
20 000	2 346	172
20 100	2 373	186
20 200	2 399	202
20 300	2 425	218
20 400	2 452	232
20 500	2 478	248
20 600	2 505	264
20 700	2 531	280
20 800	2 558	296

zu versteuerndes Einkommen in Euro	Einkommensteuer* in Euro	
	alleinstehend	verheiratet/verpartnert
20 900	2 585	312
21 000	2 611	328
21 100	2 638	344
21 200	2 665	360
21 300	2 692	376
21 400	2 719	394
21 500	2 745	410
21 600	2 772	426
21 700	2 799	444
21 800	2 826	460
21 900	2 853	478
22 000	2 881	494
22 100	2 908	512
22 200	2 935	528
22 300	2 962	546
22 400	2 990	564
22 500	3 017	580
22 600	3 044	598
22 700	3 072	616
22 800	3 099	634
22 900	3 127	652
23 000	3 154	670
23 100	3 182	688
23 200	3 209	706
23 300	3 237	724

zu versteuerndes Einkommen in Euro	Einkommensteuer* in Euro	
	alleinstehend	verheiratet/ verpartnert
23400	3265	742
23500	3292	762
23600	3320	780
23700	3348	798
23800	3376	818
23900	3404	836
24000	3432	856
24100	3460	874
24200	3488	894
24300	3516	914
24400	3544	932
24500	3572	952
24600	3601	972
24700	3629	992
24800	3657	1010
24900	3685	1030
25000	3714	1050
25500	3856	1152
26000	4000	1256
26500	4145	1362
27000	4290	1470
27500	4437	1582
28000	4585	1696
28500	4734	1810
29000	4884	1930

zu versteuerndes Einkommen in Euro	Einkommensteuer* in Euro	
	alleinstehend	verheiratet/ verpartnert
29500	5035	2050
30000	5187	2170
30500	5340	2290
31000	5495	2412
31500	5650	2534
32000	5806	2658
32500	5964	2780
33000	6122	2904
33500	6282	3028
34000	6442	3154
34500	6604	3278
35000	6767	3404
35500	6930	3532
36000	7095	3658
36500	7261	3786
37000	7428	3914
37500	7596	4042
38000	7765	4172
38500	7935	4300
39000	8107	4430
39500	8279	4562
40000	8452	4692
40500	8627	4824
41000	8802	4956
41500	8978	5090

zu versteuerndes Einkommen in Euro	Einkommensteuer* in Euro	
	alleinstehend	verheiratet/ verpartnert
42000	9156	5222
42500	9335	5356
43000	9514	5490
43500	9695	5626
44000	9877	5762
44500	10060	5898
45000	10244	6034
45500	10429	6170
46000	10615	6308
46500	10802	6446
47000	10990	6584
47500	11179	6724
48000	11369	6864
48500	11561	7004
49000	11753	7144
49500	11947	7286
50000	12141	7428
50500	12337	7570
51000	12533	7712
51500	12731	7856
52000	12930	8000
52500	13130	8144
53000	13331	8290
53500	13532	8434
54000	13735	8580

zu versteuerndes Einkommen in Euro	Einkommensteuer* in Euro	
	alleinstehend	verheiratet/ verpartnert
54500	13940	8728
55000	14145	8874
55500	14351	9022
56000	14558	9170
56500	14766	9318
57000	14976	9468
57500	15186	9618
58000	15396	9768
58500	15606	9918
59000	15816	10070
59500	16026	10222
60000	16236	10374
60500	16446	10528
61000	16656	10680
61500	16866	10834
62000	17076	10990
62500	17286	11144
63000	17496	11300
63500	17706	11456
64000	17916	11612
64500	18126	11770
65000	18336	11928
66000	18756	12244
67000	19176	12564
68000	19596	12884

zu versteuerndes Einkommen in Euro	Einkommensteuer* in Euro	
	alleinstehend	verheiratet/verpartnert
69 000	20 016	13 208
70 000	20 436	13 534
71 000	20 856	13 860
72 000	21 276	14 190
73 000	21 696	14 522
74 000	22 116	14 856
75 000	22 536	15 192
76 000	22 956	15 530
77 000	23 376	15 870
78 000	23 796	16 214
79 000	24 216	16 558
80 000	24 636	16 904
81 000	25 056	17 254
82 000	25 476	17 604
83 000	25 896	17 956
84 000	26 316	18 312
85 000	26 736	18 670
86 000	27 156	19 028
87 000	27 576	19 390
88 000	27 996	19 754
89 000	28 416	20 120
90 000	28 836	20 488
91 000	29 256	20 858
92 000	29 676	21 230
93 000	30 096	21 604
94 000	30 516	21 980
95 000	30 936	22 358
96 000	31 356	22 738
97 000	31 776	23 122
98 000	32 196	23 506
99 000	32 616	23 894
100 000	33 036	24 282
101 000	33 456	24 674
102 000	33 876	25 066
103 000	34 296	25 462
104 000	34 716	25 860
105 000	35 136	26 260
106 000	35 556	26 662
107 000	35 976	27 064
108 000	36 396	27 470
109 000	36 816	27 880
110 000	37 236	28 290
111 000	37 656	28 702
112 000	38 076	29 116
113 000	38 496	29 532
114 000	38 916	29 952
115 000	39 336	30 372
116 000	39 756	30 792

* Tabellenauszug, ohne Solidaritätszuschlag, ohne Kirchensteuer

Musterformulare

Die folgenden Originalformulare 2020 helfen beim Ausfüllen der Steuererklärung, egal ob das auf Papier oder elektronisch geschieht. Den unterschriebenen Hauptvordruck verlangt das Finanzamt von allen Rentnern, die eine Steuererklärung abgeben müssen. Viele Ruheständler benötigen weitere Anlagen, etwa die Anlage KAP für Kapitalerträge, die Anlage V für Miet- oder Pachteinnahmen oder S für einen selbstständigen Nebenjob. Für die Steuererklärung auf Papier kann der Rentner häufig auf die Angaben in den dunkelgrünen Feldern verzichten. In diesem Buch sind die Formulare vollständig ausgefüllt, auch für die E-Daten.
Bei unserem Musterehepaar Steuer sind beide zum Jahresende 2020 im Ruhestand. Ihr erwachsener Sohn Alexander ist 27 Jahre alt und studiert noch. Ehefrau Sieglinde beendet im März 2020 das Berufsleben und erhält vor dem Rentenbeginn Arbeitslosengeld. Außerdem bezieht sie eine Privatrente und eine Riester-Rente. Ehemann Heinz hat zu seiner Pension zusätzlich Einkünfte aus Kapitalerträgen und einer selbstständigen Tätigkeit als Übungsleiter, für die er einen Freibetrag erhält. Die Eheleute Steuer brauchen neben dem **Hauptvordruck** folgende weitere Anlagen:

- **Anlage N** zweimal für Arbeitslohn, Pension und die Werbungskosten
- **Anlage R** für die gesetzliche Rente von Sieglinde
- **Anlage R-AV/bAV** für Sieglindes Riester-Rente
- **Anlage S** für Heinz Honorar von der Volkshochschule
- **Anlage KAP** zweimal für jeden Ehegatten für die Kapitalerträge
- **Anlage Sonderausgaben** für die Kirchensteuer und Spenden
- **Anlage Vorsorgeaufwand** für die Versicherungen
- **Anlage Unterhalt** für die Unterstützung von Sohn Alexander
- **Anlage Außergewöhnliche Belastungen** für Zahnarztrechnung usw.
- **Anlage Haushaltsnahe Aufwendungen** für die Handwerker

Die Anlagen sind ab Seite 184 abgebildet (außer leere Seiten der Anlagen R, N, Kap für Sieglinde, Kind und Unterhalt).

Hauptvordruck ESt 1 A

Eingangsstempel

1 [x] Einkommensteuererklärung | [ ] Festsetzung der Arbeitnehmer-Sparzulage

2 [ ] Erklärung zur Festsetzung der Kirchensteuer auf Kapitalerträge | [ ] Erklärung zur Feststellung des verbleibenden Verlustvortrags

3 **Steuernummer** 12/345/678910

An das Finanzamt

4 BERLIN-STEGLITZ

Daten für die mit (e) gekennzeichneten Zeilen liegen im Regelfall vor und müssen nicht eingetragen werden. – Bitte Infoblatt eDaten / Anleitung beachten –

Bei **Wohnsitzwechsel: bisheriges Finanzamt**

5

Allgemeine Angaben

6 Telefonische Rückfragen tagsüber unter Nr. 030/11223344

Steuerpflichtige Person (**stpfl. Person**)
Nur bei Zusammenveranlagung: **Ehemann** oder **Person A** *) (Ehegatte A / Lebenspartner[in] A nach dem LPartG)

*) Bitte Anleitung beachten.

Identifikationsnummer (IdNr.)

7 13 579 111 315 — Geburtsdatum 24121951

Name

8 STEUER

Religionsschlüssel:
Evangelisch = EV
Römisch-Katholisch = RK
nicht kirchensteuerpflichtig = VD
Weitere siehe Anleitung

Vorname

9 HEINZ

Titel, akademischer Grad

10 — Religion EV

Straße (derzeitige Adresse)

11 STEUERPFAD

Hausnummer / Hausnummerzusatz / Adressergänzung

12 88 / C /

Postleitzahl (Inland) / Postleitzahl (Ausland)

13 12167 /

Wohnort

14 BERLIN

Staat (falls Anschrift im Ausland)

15

Ausgeübter Beruf

16 PENSIONÄR

Verheiratet / Lebenspartnerschaft begründet seit dem / Verwitwet seit dem / Geschieden / Lebenspartnerschaft aufgehoben seit dem / Dauernd getrennt lebend seit dem

17 30051980 / T T M M J J J J / T T M M J J J J / T T M M J J J J

Nur bei Zusammenveranlagung: **Ehefrau** oder **Person B** (Ehegatte B / Lebenspartner[in] B nach dem LPartG)

IdNr.

18 24 681 012 141 — Geburtsdatum 24051954

Name

19 STEUER

Religionsschlüssel:
Evangelisch = EV
Römisch-Katholisch = RK
nicht kirchensteuerpflichtig = VD
Weitere siehe Anleitung

Vorname

20 SIEGLINDE

Titel, akademischer Grad

21 — Religion VD

Bitte füllen Sie die Zeilen 22 bis 26 nur aus, wenn die Adressangaben von den Zeilen 11 bis 15 abweichen.

Straße

22

Hausnummer / Hausnummerzusatz / Adressergänzung

23

Postleitzahl (Inland) / Postleitzahl (Ausland)

24

Wohnort

25

Staat (falls Anschrift im Ausland)

26

Ausgeübter Beruf

27 ANGESTELLTE/RENTNERIN

Nur von Ehegatten / Lebenspartnern auszufüllen

28 [x] Zusammenveranlagung | [ ] Einzelveranlagung von Ehegatten / Lebenspartnern | [ ] Wir haben Gütergemeinschaft vereinbart

Bankverbindung – Bitte stets angeben –

31 IBAN (inländisches Geldinstitut): DE20 1007 0800 0815 0815 08

32 IBAN (ausländisches Geldinstitut):

33 BIC zu Zeile 32:

34 ☒ **Kontoinhaber** lt. Zeile 8 und 9 ☐ lt. Zeile 19 und 20 oder: **Name** (im Fall der Abtretung bitte amtlichen Abtretungsvordruck einreichen)

Der Steuerbescheid soll nicht mir / uns zugesandt werden, sondern:

– Nur ausfüllen, wenn dem Finanzamt keine entsprechende Bekanntgabevollmacht vorliegt –

35 Name

36 Vorname

37 Straße

38 Hausnummer | Hausnummerzusatz | Postfach

39 Postleitzahl (Inland) | Postleitzahl (Ausland)

40 Wohnort

41 Staat (falls Anschrift im Ausland)

Antrag auf Festsetzung der Arbeitnehmer-Sparzulage

15

Zeile		stpfl. Person / Ehemann / Person A	Ehefrau / Person B
42	Für alle vom Anbieter übermittelten elektronischen Vermögensbildungsbescheinigungen wird die Festsetzung der Arbeitnehmer-Sparzulage beantragt.	17 ☐ 1 = Ja	18 ☐ 1 = Ja

Einkommensersatzleistungen

18

Zeile	**– ohne Beträge lt. Zeile 28 der Anlage N –**	stpfl. Person / Ehemann / Person A EUR	Ehefrau / Person B EUR
43	– die dem Progressionsvorbehalt unterliegen, z. B. Arbeitslosengeld, Elterngeld, Insolvenzgeld, Krankengeld, Mutterschaftsgeld, Verdienstausfallentschädigung (Infektionsschutzgesetz)	120 ,–	121 2494 ,– ⓔ
44	– vergleichbare Leistungen i. S. d. Zeile 43 aus einem EU- / EWR-Staat oder der Schweiz	136 ,–	137 ,–

Ergänzende Angaben zur Steuererklärung

45 Über die Angaben in der Steuererklärung hinaus sind weitere oder abweichende Angaben oder Sachverhalte zu berücksichtigen. Diese ergeben sich aus der beigefügten Anlage, welche mit der Überschrift **„Ergänzende Angaben zur Steuererklärung"** gekennzeichnet ist. 175 ☐ 1 = Ja

Hinweis: Wenn über die Angaben in der Steuererklärung hinaus weitere oder abweichende Angaben oder Sachverhalte berücksichtigt werden sollen, tragen Sie bitte eine „1" ein. Gleiches gilt, wenn bei den in der Steuererklärung erfassten Angaben bewusst eine von der Verwaltungsauffassung abweichende Rechtsauffassung zugrunde gelegt wurde. Falls Sie mit Abgabe der Steuererklärung lediglich Belege und Aufstellungen einreichen, ist keine Eintragung vorzunehmen.

Unterschrift

Datenschutzhinweis:
Die mit der Steuererklärung / dem Antrag angeforderten Daten werden aufgrund der §§ 149, 150 und 181 Abs. 2 der Abgabenordnung, der §§ 25, 46 und 51a Abs. 2d des Einkommensteuergesetzes sowie des § 14 Abs. 4 des Fünften Vermögensbildungsgesetzes erhoben.
Informationen über die Verarbeitung personenbezogener Daten in der Steuerverwaltung und über Ihre Rechte nach der Datenschutz-Grundverordnung sowie über Ihre Ansprechpartner in Datenschutzfragen entnehmen Sie bitte dem allgemeinen Informationsschreiben der Finanzverwaltung. Dieses Informationsschreiben finden Sie unter www.finanzamt.de (unter der Rubrik „Datenschutz") oder erhalten Sie bei Ihrem Finanzamt.

46 Die Steuererklärung wurde unter Mitwirkung eines Angehörigen der steuerberatenden Berufe i. S. d. §§ 3 und 4 des Steuerberatungsgesetzes erstellt: ☐ 1 = Ja

20.1.2021

47 Heinz Steuer   Sieglinde Steuer

Datum, Unterschrift(en) **Steuererklärungen sind eigenhändig – bei Ehegatten / Lebenspartnern von beiden – zu unterschreiben.**

Bei der Anfertigung dieser Steuererklärung hat mitgewirkt:

1	Name: STEUER	
2	Vorname: HEINZ	
3	**Steuernummer** 12/345/678910	
4	Sofern keine IdNr. vorhanden: **eTIN** lt. Lohnsteuerbescheinigung(en) / **eTIN** lt. weiterer Lohnsteuerbescheinigung(en)	

Anlage N

Jeder Ehegatte / Lebenspartner mit Einkünften aus nichtselbständiger Arbeit hat eine eigene Anlage N abzugeben.

☒ stpfl. Person / Ehemann / Person A

☐ Ehefrau / Person B

Einkünfte aus nichtselbständiger Arbeit

Daten für die mit ⓔ gekennzeichneten Zeilen liegen im Regelfall vor und müssen nicht eingetragen werden. – Bitte Infoblatt eDaten / Anleitung beachten –

4

Angaben zum Arbeitslohn

Zeile		Kz	Lohnsteuerbescheinigung(en) Steuerklasse 1 – 5 (EUR, Ct)	Kz	Lohnsteuerbescheinigung(en) Steuerklasse 6 oder einer Urlaubskasse (EUR, Ct)	
5	Steuerklasse	168	4			ⓔ
6	Bruttoarbeitslohn	110	40086,—	111	,—	ⓔ
7	Lohnsteuer	140	7037,00	141	,	ⓔ
8	Solidaritätszuschlag	150	387,03	151	,	ⓔ
9	Kirchensteuer des Arbeitnehmers	142	633,33	143	,	ⓔ
10	**Nur bei Konfessionsverschiedenheit:** Kirchensteuer für den Ehegatten / Lebenspartner	144	,	145	,	ⓔ

Zeile		Kz	1. Versorgungsbezug	Kz	2. Versorgungsbezug	
11	**Steuerbegünstigte Versorgungsbezüge** (in Zeile 6 enthalten)	200	40086,—	210	,—	ⓔ
12	Bemessungsgrundlage für den Versorgungsfreibetrag lt. Nr. 29 der Lohnsteuerbescheinigung	201	36060,—	211	,—	ⓔ
13	Maßgebendes Kalenderjahr des Versorgungsbeginns lt. Nr. 30 der Lohnsteuerbescheinigung	206	2015	216	J J J J	ⓔ
14	Bei unterjähriger Zahlung: Erster und letzter Monat, für den Versorgungsbezüge gezahlt wurden, lt. Nr. 31 der Lohnsteuerbescheinigung	202 – 203	Monat M M – Monat M M	212 – 213	Monat M M – Monat M M	ⓔ
15	Sterbegeld, Kapitalauszahlungen / Abfindungen und Nachzahlungen von Versorgungsbezügen lt. Nr. 32 der Lohnsteuerbescheinigung (in den Zeilen 6 und 11 enthalten)	204	,—	214	,—	ⓔ
16	Ermäßigt zu besteuernde Versorgungsbezüge für mehrere Jahre lt. Nr. 9 der Lohnsteuerbescheinigung	205	,—	215	,—	ⓔ
17	**Ermäßigt besteuerte Entschädigungen / Arbeitslohn für mehrere Jahre** lt. Nr. 10 der Lohnsteuerbescheinigung			166	,—	ⓔ
18	**Entschädigungen / Arbeitslohn für mehrere Jahre** – ggf. lt. Nr. 19 der Lohnsteuerbescheinigung – vom Arbeitgeber nicht ermäßigt besteuert			165	,—	ⓔ

Steuerabzugsbeträge zu den Zeilen 16 und 17

Zeile		Kz			Kz		
19	Lohnsteuer	146	,	Solidaritätszuschlag	152	,	ⓔ
20	Kirchensteuer Arbeitnehmer	148	,	Kirchensteuer Ehegatte / Lebenspartner	149	,	ⓔ

Zeile		Kz	EUR
21	Steuerpflichtiger Arbeitslohn, von dem kein Steuerabzug vorgenommen worden ist (soweit nicht in der Lohnsteuerbescheinigung enthalten)	115	,—
22	Steuerfreier Arbeitslohn nach Doppelbesteuerungsabkommen / sonstigen zwischenstaatlichen Übereinkommen (Übertrag aus den Zeilen 52, 71 und / oder 82 der ersten **Anlage N-AUS**)	139	,—
23	Steuerfreier Arbeitslohn nach Auslandstätigkeitserlass (Übertrag aus Zeile 67 der ersten **Anlage N-AUS**)	136	,—
24	Steuerfreie Einkünfte (Besondere Lohnbestandteile) nach Doppelbesteuerungsabkommen / sonstigen zwischenstaatlichen Übereinkommen / Auslandstätigkeitserlass (Übertrag aus Zeile 81 der ersten **Anlage N-AUS**)	178	,—
25	Beigefügte **Anlage(n) N-AUS**		Anzahl

Zeile		Kz		Kz	Arbeitslohn in EUR / CHF	Kz	Schweizerische Abzugsteuer in CHF
26	Grenzgänger nach	117	2 = Frankreich 3 = Schweiz 4 = Österreich	116	,—	135	,

Zeile			Kz	EUR	
27	Steuerfrei erhaltene Aufwandsentschädigungen / Einnahmen	aus der Tätigkeit als	118	,—	
28	**Kurzarbeitergeld einschließlich Zuschuss des Arbeitgebers, Zuschuss zum Mutterschaftsgeld, Verdienstausfallentschädigung (Infektionsschutzgesetz), Aufstockungsbeträge nach dem Altersteilzeitgesetz, Altersteilzeitzuschläge nach Besoldungsgesetzen (lt. Nr. 15 der Lohnsteuerbescheinigung)**		119	,—	ⓔ

Reisekosten bei beruflich veranlassten Auswärtstätigkeiten

61 Die Fahrten wurden ganz oder teilweise mit einem Firmenwagen oder im Rahmen einer unentgeltlichen Sammelbeförderung des Arbeitgebers durchgeführt — 401 — 1 = Ja, 2 = Nein

– Falls „Ja": Für die Fahrten mit Firmenwagen oder Sammelbeförderung dürfen mangels Aufwands keine Eintragungen zu Fahrtkosten in Zeile 62 vorgenommen werden. –

62 Fahrtkosten ,—

63 Übernachtungskosten + ,—

64 Reisenebenkosten + ,— ▶ 410 ,—

65 **Pauschbeträge für Berufskraftfahrer bei Übernachtung im Kfz** — 411 — Anzahl der Tage

66 **Vom Arbeitgeber steuerfrei ersetzt** — 420 ,—

Pauschbeträge für Mehraufwendungen für Verpflegung

Bei einer Auswärtstätigkeit im Inland:

67 Abwesenheit von mehr als 8 Stunden (bei Auswärtstätigkeit ohne Übernachtung) — 470 — Anzahl der Tage

68 An- und Abreisetage (bei einer mehrtägigen Auswärtstätigkeit mit Übernachtung) — 471 — Anzahl der Tage

69 Abwesenheit von 24 Stunden — 472 — Anzahl der Tage

70 Kürzungsbeträge wegen Mahlzeitengestellung (eigene Zuzahlungen sind ggf. gegenzurechnen) — 473 ,—

71 Bei einer Auswärtstätigkeit im Ausland (Berechnung bitte in einer gesonderten Aufstellung): — 474 ,—

72 **Vom Arbeitgeber steuerfrei ersetzt** — 490 ,—

Werbungskosten in Sonderfällen

– Die in den Zeilen 73 bis 76 erklärten Werbungskosten dürfen nicht in den Zeilen 31 bis 72 und 91 bis 117 enthalten sein –

Werbungskosten zu steuerbegünstigten Versorgungsbezügen lt. Zeile 11

Art der Aufwendungen — EUR

73 GEWERKSCHAFTSBEITRAG — 682 — 212,—

Werbungskosten zu steuerbegünstigten Versorgungsbezügen für mehrere Jahre lt. Zeile 16

Art der Aufwendungen

74 — 659 ,—

Werbungskosten zu Entschädigungen / Arbeitslohn für mehrere Jahre lt. Zeile 17 und / oder 18

Art der Aufwendungen

75 — 660 ,—

76 Werbungskosten zu steuerfreiem Arbeitslohn lt. Zeile 22 und 23 (**Übertrag** aus den Zeilen 76 und 83 der ersten Anlage N-AUS) — 657 ,—

Werbungskosten zu steuerpflichtigem Arbeitslohn, von dem kein Steuerabzug vorgenommen worden ist lt. Zeile 21 – in den Zeilen 31 bis 72 und 91 bis 117 enthalten –

Art der Aufwendungen

77 — 656 ,—

78 Werbungskosten zu Arbeitslohn für eine Tätigkeit im Inland, wenn ein weiterer Wohnsitz in Belgien vorhanden ist – in den Zeilen 31 bis 72 und 91 bis 117 enthalten – — 675 ,—

Zeile		
1	Name	STEUER
2	Vorname	SIEGLINDE
3	**Steuernummer**	12/345/678910
4	Sofern keine IdNr. vorhanden: **eTIN** lt. Lohnsteuerbescheinigung(en) / **eTIN** lt. weiterer Lohnsteuerbescheinigung(en)	

Anlage N

Jeder Ehegatte / Lebenspartner mit Einkünften aus nichtselbständiger Arbeit hat eine eigene Anlage N abzugeben.

☐ stpfl. Person / Ehemann / Person A

☒ Ehefrau / Person B

Einkünfte aus nichtselbständiger Arbeit

Daten für die mit (e) gekennzeichneten Zeilen liegen im Regelfall vor und müssen nicht eingetragen werden. – Bitte Infoblatt eDaten / Anleitung beachten –

4

Angaben zum Arbeitslohn

Zeile			Lohnsteuerbescheinigung(en) Steuerklasse 1 – 5		Lohnsteuerbescheinigung(en) Steuerklasse 6 oder einer Urlaubskasse	
5	Steuerklasse	168	4			(e)
			EUR Ct		EUR Ct	
6	Bruttoarbeitslohn	110	8400,—	111	,—	(e)
7	Lohnsteuer	140	898,23	141	,	(e)
8	Solidaritätszuschlag	150	49,38	151	,	(e)
9	Kirchensteuer des Arbeitnehmers	142	,	143	,	(e)
10	Nur bei Konfessionsverschiedenheit: Kirchensteuer für den Ehegatten / Lebenspartner	144	,	145	,	(e)

Zeile			1. Versorgungsbezug		2. Versorgungsbezug	
11	**Steuerbegünstigte Versorgungsbezüge** (in Zeile 6 enthalten)	200	,—	210	,—	(e)
12	Bemessungsgrundlage für den Versorgungsfreibetrag lt. Nr. 29 der Lohnsteuerbescheinigung	201	,—	211	,—	(e)
13	Maßgebendes Kalenderjahr des Versorgungsbeginns lt. Nr. 30 der Lohnsteuerbescheinigung	206	JJJJ	216	JJJJ	(e)
14	Bei unterjähriger Zahlung: Erster und letzter Monat, für den Versorgungsbezüge gezahlt wurden, lt. Nr. 31 der Lohnsteuerbescheinigung	202	Monat MM – 203 Monat MM	212	Monat MM – 213 Monat MM	(e)
15	Sterbegeld, Kapitalauszahlungen / Abfindungen und Nachzahlungen von Versorgungsbezügen lt. Nr. 32 der Lohnsteuerbescheinigung (in den Zeilen 6 und 11 enthalten)	204	,—	214	,—	(e)
16	Ermäßigt zu besteuernde Versorgungsbezüge für mehrere Jahre lt. Nr. 9 der Lohnsteuerbescheinigung	205	,—	215	,—	(e)
17	**Ermäßigt besteuerte Entschädigungen / Arbeitslohn für mehrere Jahre** lt. Nr. 10 der Lohnsteuerbescheinigung			166	,—	(e)
18	**Entschädigungen / Arbeitslohn für mehrere Jahre** – ggf. lt. Nr. 19 der Lohnsteuerbescheinigung – vom Arbeitgeber nicht ermäßigt besteuert			165	,—	(e)
	Steuerabzugsbeträge zu den Zeilen 16 und 17					
19	Lohnsteuer	146	,	Solidaritätszuschlag 152	,	(e)
20	Kirchensteuer Arbeitnehmer	148	,	Kirchensteuer Ehegatte / Lebenspartner 149	,	(e)

Zeile			
21	Steuerpflichtiger Arbeitslohn, von dem kein Steuerabzug vorgenommen worden ist (soweit nicht in der Lohnsteuerbescheinigung enthalten)	115	,—
22	Steuerfreier Arbeitslohn nach Doppelbesteuerungsabkommen / sonstigen zwischenstaatlichen Übereinkommen (Übertrag aus den Zeilen 52, 71 und / oder 82 der ersten **Anlage N-AUS**)	139	,—
23	Steuerfreier Arbeitslohn nach Auslandstätigkeitserlass (Übertrag aus Zeile 67 der ersten **Anlage N-AUS**)	136	,—
24	Steuerfreie Einkünfte (Besondere Lohnbestandteile) nach Doppelbesteuerungsabkommen / sonstigen zwischenstaatlichen Übereinkommen / Auslandstätigkeitserlass (Übertrag aus Zeile 81 der ersten **Anlage N-AUS**)	178	,—
25	Beigefügte **Anlage(n) N-AUS**		Anzahl

Zeile						
26	Grenzgänger nach	117	2 = Frankreich 3 = Schweiz 4 = Österreich	116 Arbeitslohn in EUR / CHF ,—	135	Schweizerische Abzugsteuer in CHF ,
27	Steuerfrei erhaltene Aufwandsentschädigungen / Einnahmen	aus der Tätigkeit als			118	EUR ,—
28	**Kurzarbeitergeld einschließlich Zuschuss des Arbeitgebers, Zuschuss zum Mutterschaftsgeld, Verdienstausfallentschädigung (Infektionsschutzgesetz), Aufstockungsbeträge nach dem Altersteilzeitgesetz, Altersteilzeitzuschläge nach Besoldungsgesetzen (lt. Nr. 15 der Lohnsteuerbescheinigung)**				119	,— (e)

Werbungskosten – ohne Beträge lt. Zeile 73 bis 76 – 8

Wege zwischen Wohnung und erster Tätigkeitsstätte / Sammelpunkt / weiträumigem Tätigkeitsgebiet (Entfernungspauschale)

Zeile	Erste Tätigkeitsstätte in (PLZ, Ort und Straße)	vom	bis	Arbeitstage je Woche	Urlaubs-, Krankheits-, Heimarbeits- und Dienstreisetage
31	ORANIENBURG	0101	3103	5	8
32		TTMM	TTMM		
	Sammelpunkt / nächstgelegener Zugang zum weiträumigen Tätigkeitsgebiet (PLZ, Ort und Straße)				
33		TTMM	TTMM		
34		TTMM	TTMM		

Zeile	Ort lt. Zeile		aufgesucht an Tagen		einfache Entfernung (auf volle Kilometer abgerundet)		davon mit eigenem oder zur Nutzung überlassenem Pkw zurückgelegt		davon mit Sammelbeförderung des Arbeitgebers zurückgelegt		davon mit öffentl. Verkehrsmitteln, Motorrad, Fahrrad o. Ä., als Fußgänger, als Mitfahrer einer Fahrgemeinschaft zurückgelegt		Aufwendungen für Fahrten mit öffentlichen Verkehrsmitteln (ohne Fähr- und Flugkosten) EUR		Behinderungsgrad mind. 70 oder mind. 50 und Merkzeichen „G"
35	31	110	45	111	41 km	112	41 km	113	km		km	114	,—	115	1 = Ja
36		130		131	km	132	km	133	km		km	134	,—	135	1 = Ja
37		150		151	km	152	km	153	km		km	154	,—	155	1 = Ja
38		170		171	km	172	km	173	km		km	174	,—	175	1 = Ja

Zeile				
39	Arbeitgeberleistungen lt. Nr. 17 und 18 der Lohnsteuerbescheinigung	steuerfrei ersetzt 290	EUR ,—	pauschal besteuert 295 EUR ,—
40	Von der Agentur für Arbeit oder dem Jobcenter gezahlte Fahrtkostenzuschüsse			291 ,—

Beiträge zu Berufsverbänden (Bezeichnung der Verbände)

41 VERDI 310 256,—

Aufwendungen für Arbeitsmittel – soweit nicht steuerfrei ersetzt – (Art der Arbeitsmittel bitte einzeln angeben.)

Zeile		EUR		
42		,—		
43		+ ,—	▶ 320	,—

Aufwendungen für ein häusliches Arbeitszimmer

44 325 ,—

Fortbildungskosten – soweit nicht steuerfrei ersetzt –

45 330 ,—

Weitere Werbungskosten – soweit nicht steuerfrei ersetzt –

Fähr- und Flugkosten bei Wegen zwischen Wohnung und erster Tätigkeitsstätte / Sammelpunkt / weiträumigem Tätigkeitsgebiet

46 ,—

Sonstiges (z. B. Bewerbungskosten, Kontoführungsgebühren)

47 KONTOFÜHRUNG + 16,—

48 UNFALLVERSICHERUNG, BERUFL. + 156,— ▶ 380 172,—

1 Name: STEUER

2 Vorname: SIEGLINDE

3 **Steuernummer** 12/345/678910 lfd. Nr. der Anlage

Anlage R

Jeder Ehegatte / Lebenspartner mit Renten und Leistungen hat eine eigene Anlage R abzugeben.

☐ stpfl. Person / Ehemann / Person A

☒ Ehefrau / Person B

Daten für die mit ⓔ gekennzeichneten Zeilen liegen im Regelfall vor und müssen nicht eingetragen werden. – Bitte Infoblatt eDaten / Anleitung beachten –

Renten und andere Leistungen aus dem Inland

– Ohne Leistungen aus Altersvorsorgeverträgen und aus der betrieblichen Altersversorgung –

7

Leibrenten / Leistungen aus gesetzlichen Rentenversicherungen, landwirtschaftlicher Alterskasse, berufsständischen Versorgungseinrichtungen, eigenen zertifizierten Basisrentenverträgen

Zeile			1. Rente EUR		2. Rente EUR	
4	Rentenbetrag (einschließlich Einmalzahlung und Leistungen)	101	9120,-	151	,-	ⓔ
5	Rentenanpassungsbetrag (in Zeile 4 enthalten)	102	,-	152	,-	ⓔ
6	Beginn der Rente	103	01062020	153	TTMMJJJJ	ⓔ
	Vorhergehende Rente:					
7	Beginn der Rente	105	TTMMJJJJ	155	TTMMJJJJ	ⓔ
8	Ende der Rente	106	TTMMJJJJ	156	TTMMJJJJ	ⓔ
9	Nachzahlungen für mehrere vorangegangene Jahre / Kapitalauszahlung (in Zeile 4 enthalten)	111	,-	161	,-	ⓔ
	Öffnungsklausel:					
10	Prozentsatz (lt. Bescheinigung Ihres Versorgungsträgers)	112	, %	162	, %	
11	die Rente erlischt / wird umgewandelt spätestens am	113	TTMMJJJJ	163	TTMMJJJJ	
12	bei Einmalzahlung: Betrag	114	,-	164	,-	

Leibrenten aus privaten Rentenversicherungen (auf Lebenszeit / mit zeitlich befristeter Laufzeit)

(ohne Renten lt. Zeile 4 bis 12)

Zeile			1. Rente EUR		2. Rente EUR	
13	Rentenbetrag	131	2940,-	181	,-	ⓔ
14	Beginn der Rente	132	01062020	182	TTMM	ⓔ
15	Geburtsdatum des Erblassers bei Garantiezeitrenten	136	TTMMJJJJ	186	TTMMJJJJ	
16	Die Rente erlischt mit dem Tod von					
17	Die Rente erlischt / wird umgewandelt spätestens am	133	TTMMJJJJ	183	TTMMJJJJ	ⓔ
18	Nachzahlungen für mehrere vorangegangene Jahre (in Zeile 13 enthalten)	134	,-	184	,-	ⓔ

Zeile			
1	Name	STEUER	
2	Vorname	SIEGLINDE	
3	Steuernummer	12/345/678910	lfd. Nr. der Anlage

Anlage R-AV / bAV

Jeder Ehegatte / Lebenspartner mit Leistungen hat eine eigene Anlage R-AV / bAV abzugeben.

- stpfl. Person / Ehemann / Person A
- X Ehefrau / Person B

Daten für die mit (e) gekennzeichneten Zeilen liegen im Regelfall vor und müssen nicht eingetragen werden. – Bitte Infoblatt eDaten / Anleitung beachten –

Leistungen aus inländischen Altersvorsorgeverträgen und aus der inländischen betrieblichen Altersversorgung

7

Leistungen

Zeile		Kz	1. Rente EUR	Kz	2. Rente EUR	
4	Leistungen aus einem Altersvorsorgevertrag, einem Pensionsfonds, einer Pensionskasse oder aus einer Direktversicherung lt. Nummer 1 der Leistungsmitteilung	500	665,–	550	,–	(e)
5	Leistungen aus einem Pensionsfonds lt. Nummer 2 der Leistungsmitteilung	501	,–	551	,–	(e)
6	Bemessungsgrundlage für den Versorgungsfreibetrag	502	,–	552	,–	
7	Maßgebendes Kalenderjahr des Versorgungsbeginns	524	JJJJ	574	JJJJ	
8	Bei unterjähriger Zahlung: Erster und letzter Monat, für den Versorgungsbezüge gezahlt wurden	522	Monat MM – 523 Monat MM	572	Monat MM – 573 Monat MM	
9	Leistungen zur Abfindung einer Kleinbetragsrente lt. Nummer 3 der Leistungsmitteilung	525	,–	575	,–	(e)
10	Leistungen aus einer betrieblichen Altersversorgung lt. Nummer 4 der Leistungsmitteilung	505	,–	555	,–	(e)
11	In Zeile 10 enthaltener Rentenanpassungsbetrag	526	,–	576	,–	(e)
12	Beginn der Leistung	506	TTMMJJJJ	556	TTMMJJJJ	(e)
13	Beginn der vorhergehenden Leistung	518	TTMMJJJJ	568	TTMMJJJJ	(e)
14	Ende der vorhergehenden Leistung	519	TTMMJJJJ	569	TTMMJJJJ	(e)
15	Leibrente aus einem Altersvorsorgevertrag oder aus einer betrieblichen Altersversorgung lt. Nummer 5 oder Leistungen wegen schädlicher Verwendung lt. Nummer 9a der Leistungsmitteilung	507	,–	557	,–	(e)
16	Beginn der Rente	508	TTMMJJJJ	558	TTMMJJJJ	(e)
17	Geburtsdatum des Erblassers bei Rentengarantiezeit	530	TTMMJJJJ	580	TTMMJJJJ	
18	Abgekürzte Leibrente aus einem Altersvorsorgevertrag oder aus einer betrieblichen Altersversorgung lt. Nummer 6 oder Leistungen wegen schädlicher Verwendung lt. Nummer 9b der Leistungsmitteilung	509	,–	559	,–	(e)
19	Beginn der Rente	510	TTMMJJJJ	560	TTMMJJJJ	(e)
20	Die Rente erlischt / wird umgewandelt spätestens am	511	TTMMJJJJ	561	TTMMJJJJ	(e)
21	Andere Leistungen lt. den Nummern 7, 8 und 10 oder Leistungen wegen schädlicher Verwendung lt. den Nummern 9c und 9d der Leistungsmitteilung oder der Auflösungsbetrag bei Aufgabe der Selbstnutzung oder der Reinvestitionsabsicht **vor** dem Beginn der Auszahlungsphase oder der Verminderungsbetrag lt. Bescheid der Zentralen Zulagenstelle für Altersvermögen	512	,–	562	,–	(e)
22	Auflösungsbetrag bei Wahl der Einmalbesteuerung des Wohnförderkontos lt. Bescheid der Zentralen Zulagenstelle für Altersvermögen	535	,–	585	,–	(e)
23	Auflösungsbetrag bei Aufgabe der Selbstnutzung oder der Reinvestitionsabsicht **nach** dem Beginn der Auszahlungsphase lt. Bescheid der Zentralen Zulagenstelle für Altersvermögen	536	,–	586	,–	(e)
24	Beginn der Auszahlungsphase	537	TTMMJJJJ	587	TTMMJJJJ	(e)
25	Zeitpunkt der Aufgabe der Selbstnutzung oder Reinvestitionsabsicht	538	TTMMJJJJ	588	TTMMJJJJ	(e)
26	Nachzahlungen für mehrere vorangegangene Jahre (lt. Nummer 11 der Leistungsmitteilung)	516	,–	566	,–	(e)

1 Name: STEUER

2 Vorname: HEINZ

3 **Steuernummer** 12/345/678910

Bitte Anlage Corona-Hilfen übermitteln.

Anlage S

Jeder Ehegatte / Lebenspartner mit Einkünften aus selbständiger Arbeit hat eine eigene Anlage S abzugeben.

☒ stpfl. Person / Ehemann / Person A

☐ Ehefrau / Person B

Einkünfte aus selbständiger Arbeit

Für jeden Betrieb ist zusätzlich eine Bilanz oder – soweit keine Bilanz erstellt wird – eine Anlage EÜR elektronisch zu übermitteln.

Gewinn (ohne die Beträge in den Zeilen 31, 36 und 42; bei ausländischen Einkünften: Anlage AUS beachten) 22

Zeile		Kz	EUR
4	aus freiberuflicher Tätigkeit (genaue Berufsbezeichnung oder Tätigkeit)	100/300	,–
5	aus einer weiteren freiberuflichen Tätigkeit (genaue Berufsbezeichnung oder Tätigkeit)	101/301	,–
6	lt. gesonderter Feststellung (Finanzamt und Steuernummer)	110/310	,–
7	aus Beteiligung (Gesellschaft, Finanzamt und Steuernummer) 1. Beteiligung	120/320	,–
8	aus allen weiteren Beteiligungen	130/330	,–
9	aus Gesellschaften / Gemeinschaften / ähnlichen Modellen i. S. d. § 15b EStG		,–
10	aus sonstiger selbständiger Arbeit (z. B. als Aufsichtsratsmitglied)	140/340	,–
11	aus allen weiteren Tätigkeiten (genau bezeichnen)	150/350	,–
12	In den Zeilen 4 bis 8, 10 und 11 nicht enthaltener steuerfreier Teil der Einkünfte, für die das **Teileinkünfteverfahren** gilt	160/360	,–
13	In den Zeilen 4 bis 8, 10 und 11 enthaltene positive Einkünfte i. S. d. § 2 Abs. 4 UmwStG		,–
14	Steuerpflichtiger Teil der Leistungsvergütungen als Beteiligter einer Wagniskapitalgesellschaft, die **vor** dem 1.1.2009 gegründet wurde (§ 18 Abs. 1 Nr. 4 EStG) Gesellschaft, Finanzamt und Steuernummer	170/370	,–
15	Steuerpflichtiger Teil der Leistungsvergütungen als Beteiligter einer Wagniskapitalgesellschaft, die **nach** dem 31.12.2008 gegründet wurde (§ 18 Abs. 1 Nr. 4 EStG) Gesellschaft, Finanzamt und Steuernummer	180/380	,–
16	Ich beantrage für den in den Zeilen 4 bis 8 und 36 enthaltenen Gewinn die Begünstigung nach § 34a EStG und / oder es wurde zum 31.12.2019 ein nachversteuerungspflichtiger Betrag festgestellt. Einzureichende **Anlage(n) 34a**		Anzahl

Veräußerungsgewinn

vor Abzug etwaiger Freibeträge bei Veräußerung / Aufgabe eines **ganzen Betriebs,** eines **Teilbetriebs,** eines ganzen **Mitunternehmeranteils** (§ 16 EStG)

Zeile		Kennzahl	EUR
31	Veräußerungsgewinn, für den der **Freibetrag nach § 16 Abs. 4 EStG** wegen dauernder Berufsunfähigkeit oder Vollendung des 55. Lebensjahres **beantragt** wird. Für nach dem 31.12.1995 erfolgte Veräußerungen / Aufgaben wurde der Freibetrag nach § 16 Abs. 4 EStG bei keiner Einkunftsart in Anspruch genommen.	200/400	,–
32	In Zeile 31 enthaltener steuerpflichtiger Teil, für den das **Teileinkünfteverfahren** gilt	210/410	,–
	Auf den Veräußerungsgewinn lt. Zeile 31 wurde zumindest teilweise § 6b oder § 6b i. V. m. § 6c EStG angewendet. Die Übertragungen von aufgedeckten stillen Reserven und / oder die in Anspruch genommenen Rücklagen nach		
33	– § 6b Abs. 1 bis 9 ggf. i. V. m. § 6c EStG betragen	202/402	,–
34	– § 6b Abs. 10 ggf. i. V. m. § 6c EStG betragen	203/403	,–
35	Veräußerungsgewinn lt. Zeile 31, für den der **ermäßigte Steuersatz** des § 34 Abs. 3 EStG wegen dauernder Berufsunfähigkeit oder Vollendung des 55. Lebensjahres beantragt wird. Für nach dem 31.12.2000 erfolgte Veräußerungen / Aufgaben wurde der ermäßigte Steuersatz des § 34 Abs. 3 EStG bei keiner Einkunftsart in Anspruch genommen.	220/420	,–
36	Veräußerungsgewinn(e), für den / die der **Freibetrag nach § 16 Abs. 4 EStG nicht beantragt** wird oder **nicht zu gewähren** ist	230/430	,–
37	In Zeile 36 enthaltener steuerpflichtiger Teil, für den das **Teileinkünfteverfahren** gilt	240/440	,–
	Auf den / die Veräußerungsgewinn(e) lt. Zeile 36 wurde zumindest teilweise		
38	– § 6b Abs. 1 bis 9 ggf. i. V. m. § 6c EStG angewendet	231/431	1 = Ja, für die / alle Veräußerung(en) 2 = Ja, aber nicht für alle Veräußerungen
39	– § 6b Abs. 10 ggf. i. V. m. § 6c EStG angewendet	204/404	1 = Ja
40	In Zeile 36 enthaltener Veräußerungsgewinn, für den der **ermäßigte Steuersatz** des § 34 Abs. 3 EStG wegen dauernder Berufsunfähigkeit oder Vollendung des 55. Lebensjahres beantragt wird. Für nach dem 31.12.2000 erfolgte Veräußerungen / Aufgaben wurde der ermäßigte Steuersatz des § 34 Abs. 3 EStG bei keiner Einkunftsart in Anspruch genommen.	250/450	,–
41	In Zeile 40 enthaltener steuerpflichtiger Teil, für den das **Teileinkünfteverfahren** gilt	260/460	,–
42	Veräußerungsverlust nach § 16 EStG	270/470	,–
43	In Zeile 42 enthaltener steuerpflichtiger Teil, für den das **Teileinkünfteverfahren** gilt	280/480	,–

44 **Zu den Zeilen 31 bis 41:**
Erwerber ist eine Gesellschaft, an der die veräußernde Person oder ein Angehöriger beteiligt ist **(lt. gesonderter Aufstellung).**

Sonstiges

Zeile		Kennzahl	EUR
45	In den Zeilen 4 bis 11 enthaltene begünstigte sonstige Gewinne i. S. d. § 34 Abs. 2 Nr. 2 bis 4 EStG	190/390	,–

Einnahmen aus der nebenberuflichen Tätigkeit als

Zeile		Kennzahl	Gesamtbetrag	Kennzahl	davon als steuerfrei behandelt	Rest enthalten in Zeile(n)
46	DOZENT VOLKSHOCHSCHULE	191/391	2350 €	192/392	2350 €	–
47		193/393	€	194/394	€	

Zeile		
1	Name: STEUER	
2	Vorname: HEINZ	
3	**Steuernummer** 12/345/678910	

Anlage KAP

☒ zur Einkommensteuererklärung
☐ zur Erklärung zur Festsetzung der Kirchensteuer auf Kapitalerträge

☒ stpfl. Person / Ehemann / Person A
☐ Ehefrau / Person B

Einkünfte aus Kapitalvermögen / Anrechnung von Steuern

54

Anträge

Zeile		Kennzahl	Eintrag	
4	Ich beantrage die Günstigerprüfung für sämtliche Kapitalerträge. **(Bei Zusammenveranlagung: Die Anlage KAP meines Ehegatten / Lebenspartners ist beigefügt.)**	201/401	1	1 = Ja
5	Ich beantrage eine Überprüfung des Steuereinbehalts für bestimmte Kapitalerträge.	202/402		1 = Ja

Erklärung zur Kirchensteuerpflicht

Zeile		Kennzahl	Eintrag	
6	Ich bin kirchensteuerpflichtig und habe Kapitalerträge erzielt, von denen Kapitalertragsteuer, aber keine Kirchensteuer einbehalten wurde.	203/403		1 = Ja

Kapitalerträge, die dem inländischen Steuerabzug unterlegen haben

Zeile			Beträge lt. Steuerbescheinigung(en) EUR		korrigierte Beträge (lt. gesonderter Aufstellung) EUR
7	Kapitalerträge	210/410	1955,—	220/420	,—
8	In Zeile 7 enthaltene Gewinne aus Aktienveräußerungen	212/412	,—	222/422	,—
frei					
10	In Zeile 7 enthaltene Gewinne aus der Veräußerung bestandsgeschützter Alt-Anteile i. S. d. § 56 Abs. 6 Satz 1 Nr. 2 InvStG	219/419	,—	229/429	,—
11	In Zeile 7 enthaltene Ersatzbemessungsgrundlage	214/414	,—	224/424	,—
12	Nicht ausgeglichene Verluste **ohne** Verluste aus der Veräußerung von Aktien	215/415	,—	225/425	,—
13	Nicht ausgeglichene Verluste aus der Veräußerung von Aktien	216/416	,—	226/426	,—
frei					
15	Verluste aus der ganzen oder teilweisen Uneinbringlichkeit einer Kapitalforderung, Ausbuchung, Übertragung wertlos gewordener Wirtschaftsgüter oder aus einem sonstigen Ausfall von Wirtschaftsgütern	616/816	,—	626/826	,—

Sparer-Pauschbetrag

Zeile			EUR
16	In Anspruch genommener Sparer-Pauschbetrag, der auf die in den Zeilen 7 bis 15, 30 und 33 erklärten Kapitalerträge entfällt (ggf. „0“)	217/417	801,—
	Bei Eintragungen in den Zeilen 7 bis 15, 18 bis 27, 30, 33, 47 und 49 dieser Anlage, in den Zeilen 6 bis 25, 28 und 29 der Anlage KAP-BET sowie in der Anlage KAP-INV:		
17	In Anspruch genommener Sparer-Pauschbetrag, der auf die in der Anlage KAP **nicht** erklärten Kapitalerträge entfällt (ggf. „0“)	218/418	,—

Kapitalerträge, die nicht dem inländischen Steuerabzug unterlegen haben

– ohne Investmenterträge lt. Anlage KAP-INV –

Zeile			EUR
18	Inländische Kapitalerträge (ohne Betrag lt. Zeile 26)	230/430	,—
19	Ausländische Kapitalerträge (ohne Betrag lt. Zeile 47)	234/434	,—
20	In den Zeilen 18 und 19 enthaltene Gewinne aus Aktienveräußerungen i. S. d. § 20 Abs. 2 Satz 1 Nr. 1 EStG	232/432	,—
frei			
22	In den Zeilen 18 und 19 enthaltene Verluste **ohne** Verluste aus der Veräußerung von Aktien	235/435	,—
23	In den Zeilen 18 und 19 enthaltene Verluste aus der Veräußerung von Aktien i. S. d. § 20 Abs. 2 Satz 1 Nr. 1 EStG	236/436	,—
frei			
25	Verluste aus der ganzen oder teilweisen Uneinbringlichkeit einer Kapitalforderung, Ausbuchung, Übertragung wertlos gewordener Wirtschaftsgüter oder aus einem sonstigen Ausfall von Wirtschaftsgütern	636/836	,—
26	Zinsen, die vom Finanzamt für Steuererstattungen gezahlt wurden	260/460	,—

Kapitalerträge, die der tariflichen Einkommensteuer unterliegen

(nicht in den Zeilen 7, 18 und 19 der Anlage KAP sowie in den Zeilen 6 und 14 der Anlage KAP-BET enthalten)

Zeile		Kennzahl	EUR
27	Hinzurechnungsbetrag nach § 10 AStG	275/475	,—
28	Laufende Einkünfte aus sonstigen Kapitalforderungen jeder Art, aus stiller Gesellschaft und partiarischen Darlehen (ohne Betrag lt. Zeile 49)	270/470	,—
29	Gewinne aus der Veräußerung oder Einlösung von Kapitalanlagen aus sonstigen Kapitalforderungen jeder Art, aus stiller Gesellschaft und partiarischen Darlehen, Verluste aus der ganzen oder teilweisen Uneinbringlichkeit der Kapitalforderungen	271/471	,—
30	Kapitalerträge aus Lebensversicherungen i. S. d. § 20 Abs. 1 Nr. 6 Satz 2 EStG	268/468	,—
31	Ich beantrage für die Einkünfte lt. Zeile 32 die Anwendung der tariflichen Einkommensteuer. *– bitte Anleitung beachten –*		1 = Ja
	Laufende Einkünfte aus einer unternehmerischen Beteiligung an einer Kapitalgesellschaft Gesellschaft, Finanzamt und Steuernummer		EUR
32		272/472	,—
33	Bezüge und Einnahmen i. S. d. § 32d Abs. 2 Nr. 4 EStG (ohne Betrag lt. Zeile 49) – Korrespondenzprinzip –	277/477	,—
34	Ich habe Einkünfte aus Spezial-Investmentanteilen i. S. d. § 20 Abs. 1 Nr. 3a EStG erzielt. (lt. gesonderter Aufstellung)	209/409	1 = Ja

Kapitalerträge, für die die ermäßigte Besteuerung nach § 34 Abs. 1 EStG anzuwenden ist

Zeile		Kennzahl	EUR
35	In den Zeilen 7, 18 und / oder 19 der Anlage KAP sowie in den Zeilen 6 und 14 der Anlage KAP-BET enthaltene Erträge	265/465	,—
36	In den Zeilen 27 bis 29, 32 und / oder 33 der Anlage KAP sowie in den Zeilen 25 bis 27 und / oder 29 der Anlage KAP-BET enthaltene Erträge	279/479	,—

Steuerabzugsbeträge zu Erträgen in den Zeilen 7 bis 25 und zu Investmenterträgen lt. Anlage KAP-INV

Zeile		Kennzahl	lt. Bescheinigung(en) EUR, Ct
37	Kapitalertragsteuer	280/480	282,15
38	Solidaritätszuschlag	281/481	15,52
39	Kirchensteuer zur Kapitalertragsteuer	282/482	25,39
40	Angerechnete ausländische Steuern	283/483	,
41	Anrechenbare noch nicht angerechnete ausländische Steuern	284/484	,
42	Fiktive ausländische Quellensteuer (nicht in den Zeilen 40 und / oder 41 enthalten)	285/485	,

Anzurechnende Steuern zu Erträgen in den Zeilen 28 bis 34 sowie aus anderen Einkunftsarten

Zeile		Kennzahl	EUR, Ct
43	Kapitalertragsteuer	286/486	,
44	Solidaritätszuschlag	287/487	,
45	Kirchensteuer zur Kapitalertragsteuer	288/488	,

Beschränkung der Anrechenbarkeit der Kapitalertragsteuer nach § 36a EStG

Zeile		Kennzahl	
46	Ich habe Kapitalerträge erzielt, bei denen die Voraussetzungen für eine volle Anrechnung der Kapitalertragsteuer nach § 36a EStG nicht erfüllt sind.	206/406	1 = Ja

Familienstiftungen nach § 15 AStG (lt. Feststellung)

Zeile		Kennzahl	EUR, Ct
	Einkünfte einer ausländischen Familienstiftung, die **nicht** der tariflichen Einkommensteuer unterliegen Bezeichnung, Finanzamt und Steuernummer		
47		238/438	,—
48	Anzurechnende ausländische Steuern (zu Zeile 47)	208/408	,
49	Einkünfte einer ausländischen Familienstiftung, die der tariflichen Einkommensteuer unterliegen (siehe Zeile 18 der Anlage AUS)	278/478	,—

Steuerstundungsmodelle

Einkünfte aus Gesellschaften / Gemeinschaften / ähnlichen Modellen i. S. d. § 15b EStG (lt. gesonderter Aufstellung)

Zeile		EUR
50		,—

1	Name	STEUER
2	Vorname	SIEGLINDE
3	**Steuernummer**	12/345/678910

Anlage KAP

- [x] zur Einkommensteuererklärung
- [ ] zur Erklärung zur Festsetzung der Kirchensteuer auf Kapitalerträge
- [ ] stpfl. Person / Ehemann / Person A
- [x] Ehefrau / Person B

54

Einkünfte aus Kapitalvermögen / Anrechnung von Steuern

Anträge

Zeile		Kennzahl	Eintrag	
4	Ich beantrage die Günstigerprüfung für sämtliche Kapitalerträge. **(Bei Zusammenveranlagung: Die Anlage KAP meines Ehegatten / Lebenspartners ist beigefügt.)**	201/401	1	1 = Ja
5	Ich beantrage eine Überprüfung des Steuereinbehalts für bestimmte Kapitalerträge.	202/402		1 = Ja

Erklärung zur Kirchensteuerpflicht

Zeile		Kennzahl	Eintrag	
6	Ich bin kirchensteuerpflichtig und habe Kapitalerträge erzielt, von denen Kapitalertragsteuer, aber keine Kirchensteuer einbehalten wurde.	203/403		1 = Ja

Kapitalerträge, die dem inländischen Steuerabzug unterlegen haben

Zeile		Kennzahl	Beträge lt. Steuerbescheinigung(en) EUR	Kennzahl	korrigierte Beträge (lt. gesonderter Aufstellung) EUR
7	Kapitalerträge	210/410	602,—	220/420	,—
8	In Zeile 7 enthaltene Gewinne aus Aktienveräußerungen	212/412	,—	222/422	,—
frei					
10	In Zeile 7 enthaltene Gewinne aus der Veräußerung bestandsgeschützter Alt-Anteile i. S. d. § 56 Abs. 6 Satz 1 Nr. 2 InvStG	219/419	,—	229/429	,—
11	In Zeile 7 enthaltene Ersatzbemessungsgrundlage	214/414	,—	224/424	,—
12	Nicht ausgeglichene Verluste **ohne** Verluste aus der Veräußerung von Aktien	215/415	,—	225/425	,—
13	Nicht ausgeglichene Verluste aus der Veräußerung von Aktien	216/416	,—	226/426	,—
frei					
15	Verluste aus der ganzen oder teilweisen Uneinbringlichkeit einer Kapitalforderung, Ausbuchung, Übertragung wertlos gewordener Wirtschaftsgüter oder aus einem sonstigen Ausfall von Wirtschaftsgütern	616/816	,—	626/826	,—

Sparer-Pauschbetrag

Zeile		Kennzahl	EUR
16	In Anspruch genommener Sparer-Pauschbetrag, der auf die in den Zeilen 7 bis 15, 30 und 33 erklärten Kapitalerträge entfällt (ggf. „0")	217/417	602,—
17	**Bei Eintragungen in den Zeilen 7 bis 15, 18 bis 27, 30, 33, 47 und 49 dieser Anlage, in den Zeilen 6 bis 25, 28 und 29 der Anlage KAP-BET sowie in der Anlage KAP-INV:** In Anspruch genommener Sparer-Pauschbetrag, der auf die in der Anlage KAP **nicht** erklärten Kapitalerträge entfällt (ggf. „0")	218/418	,—

Kapitalerträge, die nicht dem inländischen Steuerabzug unterlegen haben

– ohne Investmenterträge lt. Anlage KAP-INV –

Zeile		Kennzahl	EUR
18	Inländische Kapitalerträge (ohne Betrag lt. Zeile 26)	230/430	,—
19	Ausländische Kapitalerträge (ohne Betrag lt. Zeile 47)	234/434	,—
20	In den Zeilen 18 und 19 enthaltene Gewinne aus Aktienveräußerungen i. S. d. § 20 Abs. 2 Satz 1 Nr. 1 EStG	232/432	,—
frei			
22	In den Zeilen 18 und 19 enthaltene Verluste **ohne** Verluste aus der Veräußerung von Aktien	235/435	,—
23	In den Zeilen 18 und 19 enthaltene Verluste aus der Veräußerung von Aktien i. S. d. § 20 Abs. 2 Satz 1 Nr. 1 EStG	236/436	,—
frei			
25	Verluste aus der ganzen oder teilweisen Uneinbringlichkeit einer Kapitalforderung, Ausbuchung, Übertragung wertlos gewordener Wirtschaftsgüter oder aus einem sonstigen Ausfall von Wirtschaftsgütern	636/836	,—
26	Zinsen, die vom Finanzamt für Steuererstattungen gezahlt wurden	260/460	,—

Anlage Kind

Für jedes Kind bitte eine eigene Anlage Kind abgeben.

Daten für die mit (e) gekennzeichneten Zeilen liegen im Regelfall vor und müssen nicht eingetragen werden.
– Bitte Infoblatt eDaten / Anleitung beachten –

1 Name: STEUER

2 Vorname: HEINZ

3 **Steuernummer** 12/345/678910 lfd. Nr. der Anlage

Angaben zum Kind

3

4 **Identifikationsnummer** 01 47 110 815 471

5 Vorname: ALEXANDER ggf. abweichender Familienname

6 Geburtsdatum 16 17031995 Anspruch auf Kindergeld (einschließlich Kinderbonus) oder vergleichbare Leistungen für 2020 15 EUR 912,–

Für die Kindergeldfestsetzung zuständige Familienkasse

7 BERLIN SÜD

8 Wohnsitz im Inland 00 vom 0101 bis 3112 ggf. abweichende Adresse

9 Wohnsitz im Ausland 07 vom TTMM bis TTMM ggf. abweichende Adresse (bei Wohnsitz im Ausland bitte auch den Staat angeben) (Kz 14)

Kindschaftsverhältnis zur stpfl. Person / Ehemann / Person A

Kindschaftsverhältnis zur Ehefrau / Person B

10 02 1 — 1 = leibliches Kind / Adoptivkind 2 = Pflegekind 3 = Enkelkind / Stiefkind — 03 1 — 1 = leibliches Kind / Adoptivkind 2 = Pflegekind 3 = Enkelkind / Stiefkind

Kindschaftsverhältnis zu einer anderen Person

11 Name, Vorname — Geburtsdatum dieser Person TTMMJJJJ — Dauer des Kindschaftsverhältnisses 04 vom TTMM bis TTMM

12 Letzte bekannte Adresse — Art des Kindschaftsverhältnisses: 1 = leibliches Kind / Adoptivkind 2 = Pflegekind

13 Der andere Elternteil lebte im Ausland 37 TTMM TTMM

14 Das Kindschaftsverhältnis zum anderen Elternteil ist durch dessen Tod erloschen am 06 TTMMJJJJ

15 Der Wohnsitz oder gewöhnliche Aufenthalt des anderen Elternteiles ist nicht zu ermitteln oder der Vater des Kindes ist amtlich nicht feststellbar 05 1 = Ja

Angaben für ein volljähriges Kind

Das Kind

- befand sich in einer Schul-, Hochschul- oder Berufsausbildung,
- befand sich in einer Übergangszeit von höchstens vier Monaten (z. B. zwischen zwei Ausbildungsabschnitten),
- konnte eine Berufsausbildung mangels Ausbildungsplatzes nicht beginnen oder fortsetzen und / oder
- hat ein freiwilliges soziales oder ökologisches Jahr (Jugendfreiwilligendienstegesetz), eine europäische Freiwilligenaktivität, einen entwicklungspolitischen Freiwilligendienst, einen Freiwilligendienst aller Generationen (§ 2 Abs. 1a SGB VII), einen Internationalen Jugendfreiwilligendienst, Bundesfreiwilligendienst oder einen Anderen Dienst im Ausland (§ 5 Bundesfreiwilligendienstgesetz) geleistet.

(Folgen diese Abschnitte unmittelbar aufeinander, sind sie zu einem Zeitraum zusammenzufassen.)

16 1. Zeitraum: 80 vom 01012020 bis 31122020 — 2. Zeitraum: 81 vom TTMMJJJJ bis TTMMJJJJ

17 Erläuterungen zu den Berücksichtigungszeiträumen: AUSBILDUNG / STUDIUM

18 Das Kind war ohne Beschäftigung und bei einer Agentur für Arbeit als arbeitsuchend gemeldet 82 TTMMJJJJ TTMMJJJJ

19 Das Kind war wegen einer vor Vollendung des 25. Lebensjahres eingetretenen Behinderung außerstande, sich selbst finanziell zu unterhalten (Bitte Anleitung beachten.) 83 TTMMJJJJ TTMMJJJJ

Angaben zur Erwerbstätigkeit eines volljährigen Kindes (nur bei Eintragungen in Zeile 16)

20 Das Kind hat bereits eine erstmalige Berufsausbildung oder ein Erststudium abgeschlossen 84 2 — 1 = Ja 2 = Nein

Falls Zeile 20 mit „Ja" beantwortet wurde:

21 Das Kind war erwerbstätig (kein Ausbildungsdienstverhältnis) — 1 = Ja 2 = Nein

Falls Zeile 21 mit „Ja" beantwortet wurde:

22 Das Kind übte eine / mehrere geringfügige Beschäftigung(en) im Sinne der §§ 8, 8a SGB IV (sog. Minijob) aus — 1 = Ja 2 = Nein — Beschäftigungszeitraum vom TTMM bis TTMM

23 Das Kind übte andere Erwerbstätigkeiten aus (bei mehreren Erwerbstätigkeiten bitte Angaben lt. gesonderter Aufstellung) — 1 = Ja 2 = Nein — Erwerbszeitraum TTMM TTMM

24 (Vereinbarte) regelmäßige wöchentliche Arbeitszeit der Tätigkeit(en) lt. Zeile 22 Stunden lt. Zeile 23 Stunden

Freibetrag zur Abgeltung eines Sonderbedarfs bei Berufsausbildung eines volljährigen Kindes

1. Zeitraum (vom – bis) / 2. Zeitraum (vom – bis)

61 Das Kind war auswärtig untergebracht 85 vom 0101 bis 3112 | 86 vom TTMM bis TTMM

62 Es handelte sich zumindest zeitweise um eine auswärtige Unterbringung im Ausland 87 [ ] 1 = Ja

Anschrift(en), Staat(en) – falls im Ausland

63 14469 POTSDAM, BREITER WEG 14

Nur bei nicht zusammen veranlagten Eltern:

64 Laut gesondertem gemeinsamen Antrag ist der Freibetrag zur Abgeltung eines Sonderbedarfs bei Berufsausbildung in einem anderen Verhältnis als je zur Hälfte aufzuteilen. Der bei mir zu berücksichtigende Anteil beträgt 88 [ ] %

Schulgeld

für den Besuch einer Privatschule (Bezeichnung der Schule oder deren Träger) — Gesamtaufwendungen der Eltern EUR

65 24 [ ] ,–

Nur bei nicht zusammen veranlagten Eltern:

66 Das von mir übernommene Schulgeld beträgt 56 [ ] ,–

67 Laut gesondertem gemeinsamen Antrag ist für das Kind der Höchstbetrag für das Schulgeld in einem anderen Verhältnis als je zur Hälfte aufzuteilen. Der bei mir zu berücksichtigende Anteil beträgt 57 [ ] %

Übertragung des Behinderten- und / oder Hinterbliebenen-Pauschbetrags

– bei erstmaliger Beantragung / Änderung bitte Nachweis einreichen –

Die Übertragung des **Behinderten-Pauschbetrags** wird beantragt:

Ausweis / Rentenbescheid / Bescheinigung gültig von – bis; unbefristet gültig; Grad der Behinderung

68 MMJJ – MMJJ | X | 25 [ ]

69 Das Kind ist – geh- und stehbehindert (Merkzeichen „G“ oder „aG“) [ ] 1 = Ja

70 – blind / ständig hilflos (Merkzeichen „Bl“ und / oder „H“), schwerstpflegebedürftig (Pflegegrad 4 oder 5) 55 [ ] 1 = Ja

71 Die Übertragung des **Hinterbliebenen-Pauschbetrags** wird beantragt: 26 [ ] 1 = Ja

Nur bei nicht zusammen veranlagten Eltern:

72 Laut gesondertem gemeinsamen Antrag sind die für das Kind zu gewährenden Pauschbeträge für Behinderte / Hinterbliebene in einem anderen Verhältnis als je zur Hälfte aufzuteilen. Der bei mir zu berücksichtigende Anteil beträgt 28 [ ] %

Kinderbetreuungskosten

Art der Dienstleistung, Name und Anschrift des Dienstleisters — vom — bis — Gesamtaufwendungen der Eltern EUR

73 [ ] TTMM TTMM 51 [ ] ,–

74 Steuerfreier Ersatz (z. B. vom Arbeitgeber), Erstattungen TTMM TTMM 79 [ ] ,–

75 Es bestand ein **gemeinsamer** Haushalt der Elternteile vom TTMM bis TTMM | Das Kind gehörte zu unserem Haushalt vom TTMM bis TTMM

76 Es bestand **kein gemeinsamer** Haushalt der Elternteile TTMM TTMM | Das Kind gehörte zu meinem Haushalt TTMM TTMM

77 Das Kind gehörte zum Haushalt des anderen Elternteils TTMM TTMM

Nur bei nicht zusammen veranlagten Eltern: — vom — bis — Aufwendungen EUR

78 Ich habe Kinderbetreuungskosten in folgender Höhe getragen TTMM TTMM [ ] ,–

79 Laut übereinstimmendem Antrag ist für das Kind der Höchstbetrag für die Kinderbetreuung in einem anderen Verhältnis als je zur Hälfte aufzuteilen. Der bei mir zu berücksichtigende Anteil beträgt [ ] %

Anlage Sonderausgaben

Diese Anlage ist bei Zusammenveranlagung von Ehegatten / Lebenspartnern gemeinsam auszufüllen.

1 Name: STEUER

2 Vorname: HEINZ

3 **Steuernummer** 12/345/678910

Angaben zu Sonderausgaben

– Ohne Versicherungsaufwendungen und Altersvorsorgebeiträge –

52

Kirchensteuer

		2020 gezahlt EUR		2020 erstattet EUR
4 soweit diese nicht als Zuschlag zur Abgeltungsteuer einbehalten oder gezahlt wurde	103	634,–	104	83,–

Zuwendungen (Spenden und Mitgliedsbeiträge)

		lt. Bestätigungen EUR		lt. Betriebsfinanzamt EUR
Spenden und Mitgliedsbeiträge (ohne Beträge in den Zeilen 9 bis 12)				
5 – zur Förderung steuerbegünstigter Zwecke an Empfänger im Inland	123	520,–	124	,–
6 – zur Förderung steuerbegünstigter Zwecke an Empfänger im EU- / EWR-Ausland	133	,–	134	,–
7 – an politische Parteien (§§ 34g, 10b EStG)	127	,–	128	,–
8 – an unabhängige Wählervereinigungen (§ 34g EStG)	129	200,–	130	,–

		stpfl. Person / Ehemann / Person A EUR		Ehefrau / Person B EUR
Spenden in das zu erhaltende Vermögen (Vermögensstock) einer Stiftung				
9 2020 geleistete Spenden an Empfänger im Inland (lt. Bestätigungen / lt. Betriebsfinanzamt)	208	,–	209	,–
10 2020 geleistete Spenden (lt. Bestätigungen / lt. Betriebsfinanzamt) an Empfänger im EU- / EWR-Ausland	224	,–	225	,–
11 Von den Spenden in den Zeilen 9 und 10 sollen 2020 berücksichtigt werden	212	,–	213	,–
12 2020 zu berücksichtigende Spenden aus Vorjahren in das zu erhaltende Vermögen (Vermögensstock) einer Stiftung, die bisher noch nicht berücksichtigt wurden	214	,–	215	,–

Berufsausbildungskosten

Aufwendungen für die eigene **Berufsausbildung: stpfl. Person / Ehemann / Person A**

		EUR
13 Bezeichnung der Ausbildung, Art und Höhe der Aufwendungen	200	,–

Aufwendungen für die eigene **Berufsausbildung: Ehefrau / Person B**

		EUR
14 Bezeichnung der Ausbildung, Art und Höhe der Aufwendungen	201	,–

Weitere Aufwendungen

Gezahlte Versorgungsleistungen

			abziehbar		tatsächlich gezahlt EUR
15 Renten	Rechtsgrund, Datum des Vertrags	102	%	101	,–
16	lt. gesonderter und einheitlicher Feststellung	150	%	151	,–
17 Dauernde Lasten	Rechtsgrund, Datum des Vertrags			100	,–
18	lt. gesonderter und einheitlicher Feststellung			152	,–

Unterhaltsleistungen lt. **Anlage U** an den

19 – geschiedenen Ehegatten, Lebenspartner einer aufgehobenen Lebenspartnerschaft – dauernd getrennt lebenden Ehegatten / Lebenspartner	117	IdNr. der unterstützten Person	116	,–
20 In Zeile 19 enthaltene Beiträge (abzgl. Erstattungen und Zuschüsse) zur Basis-Kranken- und gesetzlichen Pflegeversicherung	118	EUR ,–	119 Davon entfallen auf Krankenversicherungsbeiträge mit Anspruch auf Krankengeld	,–

Ausgleichszahlungen im Rahmen des schuldrechtlichen Versorgungsausgleichs

21 Rechtsgrund, Datum der erstmaligen Zahlung			121	,–
22 Name der empfangsberechtigten Person	132	IdNr. der empfangsberechtigten Person		
23 **Ausgleichsleistungen** zur Vermeidung des Versorgungsausgleichs lt. **Anlage U**	135	IdNr. der empfangsberechtigten Person	131	,–

1 Name: STEUER

2 Vorname: HEINZ

3 Steuernummer: 12/345/678910

Anlage Vorsorgeaufwand

Diese Anlage ist bei Zusammenveranlagung von Ehegatten / Lebenspartnern gemeinsam auszufüllen.

Daten für die mit (e) gekennzeichneten Zeilen liegen im Regelfall vor und müssen nicht eingetragen werden. – Bitte Infoblatt eDaten / Anleitung beachten –

52

Angaben zu Vorsorgeaufwendungen

Zeile		Kz	stpfl. Person / Ehemann / Person A EUR	Kz	Ehefrau / Person B EUR	
	Beiträge zur Altersvorsorge					
4	Arbeitnehmeranteil lt. Nr. 23 a/b der Lohnsteuerbescheinigung	300	,–	400	782,–	(e)
5	Beiträge zur landwirtschaftlichen Alterskasse, zu berufsständischen Versorgungseinrichtungen, die den gesetzlichen Rentenversicherungen vergleichbare Leistungen erbringen (abzüglich steuerfreier Zuschüsse lt. Nr. 22 b der Lohnsteuerbescheinigung) – ohne Beiträge, die in Zeile 4 geltend gemacht werden –	301	,–	401	,–	
6	Beiträge zu gesetzlichen Rentenversicherungen – ohne Beiträge, die in Zeile 4 geltend gemacht werden –	302	,–	402	,–	
7	Erstattete Beiträge und / oder steuerfreie Zuschüsse zu den Zeilen 4 bis 6 (ohne Zuschüsse, die von den Beiträgen lt. Zeile 8 abzuziehen sind und ohne Zuschüsse lt. Zeile 9 und 10)	309	,–	409	,–	(e)
8	Beiträge zu zertifizierten Basisrentenverträgen (sog. Rürup-Verträge) mit Laufzeitbeginn nach dem 31.12.2004 (abzüglich steuerfreier Zuschüsse) – ohne Altersvorsorgebeiträge, die in der Anlage AV geltend gemacht werden –	303	,–	403	,–	(e)
9	Arbeitgeberanteil / -zuschuss lt. Nr. 22 a/b der Lohnsteuerbescheinigung	304	,–	404	782,–	(e)
10	Arbeitgeberanteil zu gesetzlichen Rentenversicherungen im Rahmen einer pauschal besteuerten geringfügigen Beschäftigung (bitte Anleitung beachten)	306	,–	406	,–	
	Beiträge zur inländischen gesetzlichen Kranken- und Pflegeversicherung					
11	Arbeitnehmerbeiträge zu Krankenversicherungen lt. Nr. 25 der Lohnsteuerbescheinigung	320	,–	420	660,–	(e)
12	In Zeile 11 enthaltene Beiträge, aus denen sich kein Anspruch auf Krankengeld ergibt	322	,–	422	,–	
13	Arbeitnehmerbeiträge zu sozialen Pflegeversicherungen lt. Nr. 26 der Lohnsteuerbescheinigung	323	,–	423	129,–	(e)
14	Zu den Zeilen 11 bis 13: Von der Kranken- und / oder sozialen Pflegeversicherung erstattete Beiträge	324	,–	424	,–	(e)
15	In Zeile 14 enthaltene Beiträge zur Krankenversicherung, aus denen sich kein Anspruch auf Krankengeld ergibt, und zur sozialen Pflegeversicherung	325	,–	425	,–	(e)
16	Beiträge zu Krankenversicherungen – ohne Beiträge, die in Zeile 11 geltend gemacht werden – (z. B. bei Rentnern, bei freiwillig gesetzlich versicherten Selbstzahlern)	326	,–	426	716,–	(e)
17	In Zeile 16 enthaltene Beiträge zur Krankenversicherung, aus denen sich ein Anspruch auf Krankengeld ergibt	328	,–	428	,–	
18	Beiträge zu sozialen Pflegeversicherungen – ohne Beiträge, die in Zeile 13 geltend gemacht werden – (z. B. bei Rentnern, bei freiwillig gesetzlich versicherten Selbstzahlern)	329	,–	429	279,–	(e)
19	Zu den Zeilen 16 bis 18: Von der Kranken- und / oder sozialen Pflegeversicherung erstattete Beiträge	330	,–	430	,–	(e)
20	In Zeile 19 enthaltene Beiträge zur Krankenversicherung, aus denen sich ein Anspruch auf Krankengeld ergibt	331	,–	431	,–	
21	Zuschuss zu den Beiträgen lt. Zeile 16 und / oder 18 – ohne Beträge lt. Zeile 37 und 39 – (z. B. von der Deutschen Rentenversicherung)	332	,–	432	,–	(e)
22	Über die Basisabsicherung hinausgehende Beiträge zu Krankenversicherungen (z. B. für Wahlleistungen, Zusatzversicherungen) abzüglich erstatteter Beiträge	338	,–	438	,–	
	Beiträge zur inländischen privaten Kranken- und Pflegeversicherung					
23	Beiträge zu Krankenversicherungen (nur Basisabsicherung, keine Wahlleistungen)	350	1937,–	450	,–	(e)
24	Beiträge zu Pflege-Pflichtversicherungen	351	355,–	451	,–	(e)
25	Zu den Zeilen 23 und 24: Von der privaten Kranken- und / oder Pflege-Pflichtversicherung erstattete Beiträge	352	444,–	452	,–	(e)
26	Zuschuss von dritter Seite zu den Beiträgen lt. Zeile 23 und / oder 24 (z. B. von der Deutschen Rentenversicherung)	353	0,–	453	,–	(e)
27	Über die Basisabsicherung hinausgehende Beiträge zu Krankenversicherungen (z. B. für Wahlleistungen, Zusatzversicherungen) und / oder zu zusätzlichen Pflegeversicherungen abzüglich erstatteter Beiträge	354	413,–	454	,–	

Beiträge zur ausländischen gesetzlichen oder privaten Kranken- und Pflegeversicherung

Zeile			stpfl. Person / Ehemann / Person A EUR		Ehefrau / Person B EUR
31	Beiträge (abzüglich steuerfreier Zuschüsse – ohne Beiträge lt. Zeile 37 –) zur Krankenversicherung, die mit einer inländischen Krankenversicherung vergleichbar ist (nur Basisabsicherung, keine Wahlleistungen)	333	,–	433	,–
32	In Zeile 31 enthaltene Beiträge zur Krankenversicherung, aus denen sich kein Anspruch auf Krankengeld ergibt	334	,–	434	,–
33	Beiträge (abzüglich steuerfreier Zuschüsse – ohne Beiträge lt. Zeile 39 –) zur sozialen Pflegeversicherung / Pflege-Pflichtversicherung, die mit einer inländischen Pflegeversicherung vergleichbar ist	335	,–	435	,–
34	**Zu den Zeilen 31 bis 33:** Von der Kranken- und / oder sozialen Pflegeversicherung / Pflege-Pflichtversicherung erstattete Beiträge	336	,–	436	,–
35	In Zeile 34 enthaltene Beiträge zur Krankenversicherung, aus denen sich kein Anspruch auf Krankengeld ergibt, und zur sozialen Pflegeversicherung	337	,–	437	,–
36	Über die Basisabsicherung hinausgehende Beiträge (abzüglich erstatteter Beiträge) zu Krankenversicherungen und zusätzlichen Pflegeversicherungen (z. B. für Wahlleistungen, Zusatzversicherungen)	339	,–	439	,–

Steuerfreie Arbeitgeberzuschüsse

Zeile					
37	Gesetzliche Krankenversicherung lt. Nr. 24 a der Lohnsteuerbescheinigung	360	,–	460	,– ⓔ
38	Private Krankenversicherung lt. Nr. 24 b der Lohnsteuerbescheinigung	361	,–	461	,– ⓔ
39	Gesetzliche Pflegeversicherung lt. Nr. 24 c der Lohnsteuerbescheinigung	362	,–	462	,– ⓔ

Als Versicherungsnehmer für andere Personen übernommene Kranken- und Pflegeversicherungsbeiträge

– „Andere Personen" sind z. B. Kinder, für die **kein** Anspruch auf Kindergeld / Kinderfreibetrag besteht (bei Anspruch auf Kindergeld / Kinderfreibetrag sind die Eintragungen in den Zeilen 31 bis 42 der Anlage Kind vorzunehmen). –

40 600 IdNr. der mitversicherten Person: ____ Name, Vorname, Geburtsdatum der mitversicherten Person: ____

Zeile			stpfl. Person / Ehegatten / Lebenspartner EUR
41	Beiträge (abzüglich steuerfreier Zuschüsse) zu privaten Krankenversicherungen (nur Basisabsicherung, keine Wahlleistungen)	601	,– ⓔ
42	Beiträge (abzüglich steuerfreier Zuschüsse) zu Pflege-Pflichtversicherungen	602	,– ⓔ
43	**Zu den Zeilen 41 und 42:** Von der privaten Kranken- und / oder Pflege-Pflichtversicherung erstattete Beiträge	603	,– ⓔ
44	Beiträge (abzüglich erstatteter Beiträge) zu privaten Kranken- und / oder Pflegeversicherungen (ohne Basisabsicherung, z. B. für Wahlleistungen, Zusatzversicherungen)	604	,–

Weitere sonstige Vorsorgeaufwendungen

Zeile			stpfl. Person / Ehemann / Person A EUR		Ehefrau / Person B EUR
45	Arbeitnehmerbeiträge zur Arbeitslosenversicherung lt. Nr. 27 der Lohnsteuerbescheinigung	370	,–	470	101,– ⓔ

Beiträge (abzüglich steuerfreier Zuschüsse und erstatteter Beiträge) zu

Zeile			stpfl. Person / Ehegatten / Lebenspartner EUR
46	– Versicherungen gegen Arbeitslosigkeit – ohne Beiträge, die in Zeile 45 geltend gemacht werden –	500	,–
47	– freiwilligen eigenständigen Erwerbs- und Berufsunfähigkeitsversicherungen	501	,–
48	– Unfall- und Haftpflichtversicherungen sowie Risikoversicherungen, die nur für den Todesfall eine Leistung vorsehen	502	486,–
49	– Rentenversicherungen mit Kapitalwahlrecht und / oder Kapitallebensversicherungen mit einer Laufzeit von mindestens 12 Jahren sowie einem Laufzeitbeginn und der ersten Beitragszahlung vor dem 1.1.2005	503	,–
50	– Rentenversicherungen ohne Kapitalwahlrecht mit Laufzeitbeginn und erster Beitragszahlung vor dem 1.1.2005 (auch steuerpflichtige Beiträge zu Versorgungs- und Pensionskassen) – ohne Altersvorsorgebeiträge, die in der Anlage AV geltend gemacht werden –	504	,–

Ergänzende Angaben zu Vorsorgeaufwendungen

Zeile			stpfl. Person / Ehemann / Person A		Ehefrau / Person B
51	Haben Sie zu Ihrer Krankenversicherung oder Ihren Krankheitskosten Anspruch auf steuerfreie Zuschüsse, steuerfreie Arbeitgeberbeiträge oder steuerfreie Beihilfen?	307	2 = Nein	407	2 = Nein
	Es bestand 2020 keine gesetzliche Rentenversicherungspflicht aus dem **aktiven** Dienstverhältnis / aus der Tätigkeit				
52	– als Beamter / Beamtin	380	1 = Ja	480	1 = Ja
53	– als Vorstandsmitglied / GmbH-Gesellschafter-Geschäftsführer/in	381	1 = Ja	481	1 = Ja
54	– als (z. B. Praktikant/in, Student/in im Praktikum) Bezeichnung: ____	382	1 = Ja	482	1 = Ja
55	Aufgrund des genannten Dienstverhältnisses / der Tätigkeit bestand hingegen eine Anwartschaft auf Altersversorgung	383	1 = Ja 2 = Nein	483	1 = Ja 2 = Nein
56	Es wurde Arbeitslohn aus einem **nicht aktiven** Dienstverhältnis – insbesondere Betriebsrente / Werkspension – bezogen, bei dem es sich nicht um steuerbegünstigte Versorgungsbezüge (Zeilen 11 bis 16 der Anlage N) handelt. Bei Altersteilzeit ist hier keine Eintragung vorzunehmen.	385	1 = Ja	485	1 = Ja

1 Name: STEUER

2 Vorname: HEINZ

3 **Steuernummer** 12/345/678910 lfd. Nr. der Anlage

Anlage Unterhalt

Diese Anlage ist bei Zusammenveranlagung von Ehegatten / Lebenspartnern gemeinsam auszufüllen.

Für jeden unterstützten Haushalt bitte eine eigene Anlage Unterhalt abgeben.

Angaben zu Unterhaltsleistungen an bedürftige Personen

Haushalt, in dem die unterstützte(n) Person(en) lebte(n)

53

Anschrift dieses Haushaltes

4 14469 POTSDAM, BREITER WEG 14

Wohnsitzstaat, wenn Ausland

5

Die Eintragungen in den Zeilen 6 bis 10 und 17 bis 26 sind nur in der ersten Anlage Unterhalt je Haushalt erforderlich.

6 Anzahl der Personen, die in dem Haushalt lt. Zeile 4 lebten — Anzahl: 01

Aufwendungen für den Unterhalt

		vom	bis	Gesamtaufwendungen EUR
7	Erster Unterstützungszeitraum, für den Unterhalt geleistet wurde, und Höhe der Aufwendungen (einschließlich von mir getragener Beträge lt. den Zeilen 11 bis 25)	0101	3112	7056,–
8	Zeitpunkt der ersten Unterhaltsleistung für den ersten Unterstützungszeitraum im Kalenderjahr	01012020		
9	Zweiter Unterstützungszeitraum, für den Unterhalt geleistet wurde, und Höhe der Aufwendungen (einschließlich von mir getragener Beträge lt. den Zeilen 11 bis 25)	T T M M	T T M M	,–
10	Zeitpunkt der ersten Unterhaltsleistung für den zweiten Unterstützungszeitraum im Kalenderjahr	T T M M J J J J		

	Beiträge zu Basis-Kranken- und gesetzlichen Pflegeversicherungen, die von der / den unterstützten Person(en) als Versicherungsnehmer geschuldet wurden.	Auf den ersten Unterstützungszeitraum entfallen EUR	Auf den zweiten Unterstützungszeitraum entfallen EUR
11	Basis-Kranken- und gesetzliche Pflegeversicherungsbeiträge (abzüglich steuerfreier Zuschüsse und erstatteter Beiträge) für die unterstützte Person lt. Zeile 32	611,–	,–
12	in Zeile 11 enthaltene Beiträge, aus denen sich ein Anspruch auf Krankengeld ergibt	,–	,–
13	Basis-Kranken- und gesetzliche Pflegeversicherungsbeiträge (abzüglich steuerfreier Zuschüsse und erstatteter Beiträge) für die unterstützte Person lt. Zeile 62	164,–	,–
14	In Zeile 13 enthaltene Beiträge, aus denen sich ein Anspruch auf Krankengeld ergibt	,–	,–
15	Basis-Kranken- und gesetzliche Pflegeversicherungsbeiträge (abzüglich steuerfreier Zuschüsse und erstatteter Beiträge) für die unterstützte Person lt. Zeile 92	,–	,–
16	In Zeile 15 enthaltene Beiträge, aus denen sich ein Anspruch auf Krankengeld ergibt	,–	,–

Unterhaltsleistungen an im Ausland lebende Personen

		Einreisedatum	Übergabedatum	EUR
17	Unterhaltszahlungen durch Bank- oder Postüberweisung			,–
18	Unterhaltszahlungen durch Übergabe von Bargeld			
19	Mitgenommene Beträge			,–
20				,–
21	Unterhaltszahlungen im Rahmen von Familienheimfahrten zum Ehegatten / Lebenspartner			
22				,–
23				,–
24		T T M M J J J J	T T M M J J J J	,–
25		T T M M J J J J	T T M M J J J J	,–
26	Nettomonatslohn der unterstützenden stpfl. Person			,–

Allgemeine Angaben zur unterstützten Person

31 Identifikationsnummer: 47 110 815 471 — lfd. Nr.

32 Name, Vorname: STEUER, ALEXANDER — Geburtsdatum: 17031995 — wenn 2020 verstorben: Sterbedatum T T M M J J J J

33 Beruf, Familienstand: STUDENT, LEDIG — Verwandtschaftsverhältnis zur unterstützenden Person: SOHN

34 **Bei Unterhaltsempfängern im Ausland:** Die von der Heimatbehörde und der unterstützten Person bestätigte Unterhaltserklärung über die Bedürftigkeit liegt mir vor. — 1 = Ja 2 = Nein

35 Name, Vorname des im selben Haushalt lebenden Ehegatten / Lebenspartners — Name, Vorname

Zeile		Angabe	1 = Ja / 2 = Nein		vom	bis
36	Die unterstützte Person lebte in meinem inländischen Haushalt.	2	1 = Ja 2 = Nein	Falls ja (wenn nicht ganzjährig)	T T M M	T T M M
37	Hatte jemand für diese Person Anspruch auf Kindergeld oder Freibeträge für Kinder?	1	1 = Ja 2 = Nein	Falls ja (wenn nicht ganzjährig)	0101	3103
38	Die unterstützte Person ist mein – geschiedener Ehegatte – Lebenspartner einer aufgehobenen Lebenspartnerschaft – dauernd getrennt lebender Ehegatte / Lebenspartner (kein Abzug von Sonderausgaben nach § 10 Abs. 1a Nr. 1 EStG, keine Zusammenveranlagung).	2	1 = Ja 2 = Nein			
39	Die unterstützte Person ist mein nicht dauernd getrennt lebender und nicht unbeschränkt einkommensteuerpflichtiger Ehegatte / Lebenspartner	2	1 = Ja 2 = Nein			
40	Die unterstützte Person ist als Kindesmutter / Kindesvater gesetzlich unterhaltsberechtigt (bis zur Vollendung des dritten Lebensjahres des Kindes).	2	1 = Ja 2 = Nein	Falls ja (wenn nicht ganzjährig)	T T M M	T T M M
41	Die unterstützte Person ist nicht unterhaltsberechtigt, jedoch wurden oder würden bei ihr wegen der Unterhaltszahlungen öffentliche Mittel gekürzt oder nicht gewährt.	2	1 = Ja 2 = Nein	Falls ja (wenn nicht ganzjährig)	T T M M	T T M M

42 Gesamtwert des Vermögens der unterstützten Person — EUR 0,–

Zum Unterhalt der bedürftigen Person haben auch beigetragen (Name, Anschrift)

43

44 vom T T M M bis T T M M — Betrag EUR ,–

Einkünfte und Bezüge der unterstützten Person

Zeile	Diese Person hatte vom	bis	Bruttoarbeitslohn EUR	darauf entfallende Werbungskosten (ohne Werbungskosten zu Versorgungsbezügen) EUR	Versorgungsbezüge – im Arbeitslohn enthalten – EUR	Bemessungsgrundlage für den Versorgungsfreibetrag EUR	Werbungskosten zu Versorgungsbezügen EUR
45	0104	3112	3320				
46	T T M M	T T M M					

Zeile	maßgebendes Kalenderjahr des Versorgungsbeginns Jahr	vom	bis	Renten EUR	steuerpflichtiger Teil der Rente EUR	Werbungskosten zu Renten EUR
47		T T M M	T T M M			
48		T T M M	T T M M			

Zeile	vom	bis	Einkünfte aus Kapitalvermögen (tarifliche Einkommensteuer) EUR	vom	bis	Übrige Einkünfte EUR
49	T T M M	T T M M		T T M M	T T M M	
50	T T M M	T T M M		T T M M	T T M M	

Zeile	vom	bis	Erträge aus Kapitalvermögen (Abgeltungsteuer) EUR	vom	bis	Sozialleistungen / übrige Bezüge (z. B. aus Minijobs) EUR
51	T T M M	T T M M		T T M M	T T M M	
52	T T M M	T T M M		T T M M	T T M M	

Zeile	vom	bis	Kosten zu allen Bezügen EUR	vom	bis	Öffentliche Ausbildungshilfen EUR
53	T T M M	T T M M		T T M M	T T M M	
54	T T M M	T T M M		T T M M	T T M M	

1 Name: STEUER

2 Vorname: HEINZ

3 **Steuernummer** 12/345/678910

Anlage Außergewöhnliche Belastungen

Diese Anlage ist bei Zusammenveranlagung von Ehegatten / Lebenspartnern gemeinsam auszufüllen.

53

Außergewöhnliche Belastungen / Pauschbeträge

Behinderten-Pauschbetrag

– bei erstmaliger Beantragung / Änderung bitte Nachweis einreichen –

Zeile		Ausweis / Rentenbescheid / Bescheinigung gültig von	bis	unbefristet gültig	Grad der Behinderung
4	stpfl. Person / Ehemann / Person A	100 MMJJ	101 MMJJ	102 1 = Ja	105
7	Ehefrau / Person B	150 0418	151 MMJJ	152 1 1 = Ja	155 50

5 Ich bin – geh- und stehbehindert (Merkzeichen „G“ oder „aG“) 104 1 = Ja

6 – blind / ständig hilflos (Merkzeichen „Bl“ und / oder „H“), schwerstpflegebedürftig (Pflegegrad 4 oder 5) 103 1 = Ja

8 Ich bin – geh- und stehbehindert (Merkzeichen „G“ oder „aG“) 154 1 = Ja

9 – blind / ständig hilflos (Merkzeichen „Bl“ und / oder „H“), schwerstpflegebedürftig (Pflegegrad 4 oder 5) 153 1 = Ja

Hinterbliebenen-Pauschbetrag

Zeile		stpfl. Person / Ehemann / Person A	Ehefrau / Person B
10	Ich beantrage den Hinterbliebenen-Pauschbetrag	380 1 = Ja	381 1 = Ja

Pflege-Pauschbetrag

– bei erstmaliger Beantragung / Änderung bitte Nachweis einreichen –

11 Die **unentgeltliche** persönliche Pflege einer ständig hilflosen Person in ihrer oder in meiner Wohnung erfolgte durch 200

1 = stpfl. Person / Ehemann / Person A
2 = Ehefrau / Person B
3 = beide Ehegatten / Lebenspartner

Name, Anschrift und Verwandtschaftsverhältnis der hilflosen Person(en)

12 Anzahl weiterer Pflegepersonen 201

Andere Aufwendungen

Zeile	Art der Aufwendungen	Summe der Aufwendungen EUR	Anspruch auf zu erwartende / Erhaltene Versicherungsleistungen, Beihilfen, Unterstützungen; Wert des Nachlasses usw. EUR
13	Krankheitskosten (z. B. Arznei-, Heil- und Hilfsmittel, Kurkosten) Art der Aufwendungen: ZAHNARZTRECHNUNG V. 5.6.2020	302 7265,–	303 1870,–
14	Pflegekosten (z. B. häusliche Pflege und Heimunterbringung) Art der Aufwendungen	304 ,–	305 ,–
15	Behinderungsbedingte Aufwendungen (z. B. Umbaukosten) Art der Aufwendungen	306 ,–	307 ,–
16	Behinderungsbedingte Kfz-Kosten Art der Aufwendungen	308 ,–	309 ,–
17	Bestattungskosten (z. B. Grabstätte, Sarg, Todesanzeige) Art der Aufwendungen	310 ,–	311 ,–
18	Sonstige außergewöhnliche Belastungen Art der Aufwendungen	312 ,–	313 ,–

Für folgende Aufwendungen wird die Steuerermäßigung für haushaltsnahe Beschäftigungsverhältnisse / Dienstleistungen / Handwerkerleistungen beantragt, soweit sie wegen Abzugs der zumutbaren Belastung nicht als außergewöhnliche Belastungen berücksichtigt werden (die Beträge sind nicht zusätzlich in den Zeilen 4 bis 9 der Anlage Haushaltsnahe Aufwendungen einzutragen):

Zeile		Aufwendungen (abzüglich Erstattungen) EUR
19	Die in Zeile 14 enthaltenen Pflegeleistungen im Rahmen eines geringfügigen Beschäftigungsverhältnisses im Privathaushalt – sog. Minijob – betragen	370 ,–
20	Die in Zeile 14 enthaltenen übrigen haushaltsnahen Pflegeleistungen (ohne Minijob) und in Heimunterbringungskosten enthaltenen Aufwendungen für Dienstleistungen, die denen einer Haushaltshilfe vergleichbar sind, betragen	371 ,–
21	Die in Zeile 13 bis 18 enthaltenen Arbeitskosten für Handwerkerleistungen betragen	372 ,–

1 Name: STEUER

2 Vorname: HEINZ

3 **Steuernummer** 12/345/678910

Anlage Haushaltsnahe Aufwendungen

Diese Anlage ist bei Zusammenveranlagung von Ehegatten / Lebenspartnern gemeinsam auszufüllen.

Haushaltsnahe Beschäftigungsverhältnisse, Dienstleistungen und Handwerkerleistungen

Steuerermäßigung für Aufwendungen

18

Geringfügige Beschäftigungen im Privathaushalt – sog. Minijobs –

Aufwendungen (abzüglich Erstattungen) EUR

4 Art der Tätigkeit — 202 ,–

Haushaltsnahe Beschäftigungsverhältnisse / Dienstleistungen

- sozialversicherungspflichtige Beschäftigungen im Privathaushalt
- haushaltsnahe Dienstleistungen, Hilfe im eigenen Haushalt
- Pflege- und Betreuungsleistungen im Haushalt, bei eigener Heimunterbringung in den Heimkosten enthaltene Aufwendungen für Dienstleistungen, die mit denen einer Haushaltshilfe vergleichbar sind; das in Zeile 14 der Anlage Außergewöhnliche Belastungen als Erstattung für häusliche Pflege- und Betreuungskosten berücksichtigte Pflegegeld (§ 37 SGB XI) / Pflegetagegeld

5 Art der Tätigkeit / Aufwendungen: HAUSWART, ANTEIL LT. BETRIEBSKOSTENABRECHNUNG — 212 187,–

Handwerkerleistungen

für Renovierungs-, Erhaltungs- und Modernisierungsmaßnahmen im eigenen Haushalt (ohne öffentlich geförderte Maßnahmen, für die zinsverbilligte Darlehen oder steuerfreie Zuschüsse in Anspruch genommen werden, z. B. KfW-Bank, BAFA, landeseigener Förderbanken oder Gemeinden)

Zeile	Art der Aufwendungen	Rechnungsbeträge EUR	darin enthaltene Lohnanteile, Maschinen- und Fahrtkosten inkl. Umsatzsteuer EUR
6	MALERARBEITEN, FIRMA KUNTERBUNT	2927,–	585,–
7		,–	+ ,–
8		,–	+ ,–

9 Summe steuerlich berücksichtigungsfähiger Lohnanteile, Maschinen- und Fahrtkosten inkl. Umsatzsteuer — 214 585,–

Nur bei Alleinstehenden und Eintragungen in den Zeilen 19 bis 21 der Anlage Außergewöhnliche Belastungen und / oder in den Zeilen 4 bis 9 der Anlage Haushaltsnahe Aufwendungen:

Anzahl der weiteren Personen

10 Es bestand ganzjährig ein gemeinsamer Haushalt mit einer oder mehreren anderen alleinstehenden Person(en) — 223

11 Name, Vorname, Geburtsdatum

Nur bei Alleinstehenden oder Einzelveranlagung von Ehegatten / Lebenspartnern und Eintragungen in den Zeilen 19 bis 21 der Anlage Außergewöhnliche Belastungen und / oder in den Zeilen 4 bis 9 der Anlage Haushaltsnahe Aufwendungen:

Laut einzureichendem gemeinsamen Antrag ist der Höchstbetrag für die Aufwendungen

12 – lt. Zeile 19 der Anlage Außergewöhnliche Belastungen und / oder Zeile 4 der Anlage Haushaltsnahe Aufwendungen in einem anderen Verhältnis als je zur Hälfte aufzuteilen. Der bei mir zu berücksichtigende Anteil beträgt — 224 %

13 – lt. Zeile 20 der Anlage Außergewöhnliche Belastungen und / oder Zeile 5 der Anlage Haushaltsnahe Aufwendungen in einem anderen Verhältnis als je zur Hälfte aufzuteilen. Der bei mir zu berücksichtigende Anteil beträgt — 225 %

14 – lt. Zeile 21 der Anlage Außergewöhnliche Belastungen und / oder Zeile 9 der Anlage Haushaltsnahe Aufwendungen in einem anderen Verhältnis als je zur Hälfte aufzuteilen. Der bei mir zu berücksichtigende Anteil beträgt — 226 %

Nur in Fällen der Zusammenveranlagung oder Einzelveranlagungen von Ehegatten / Lebenspartnern und Eintragungen in den Zeilen 19 bis 21 der Anlage Außergewöhnliche Belastungen und / oder in den Zeilen 4 bis 9 der Anlage Haushaltsnahe Aufwendungen:

	stpfl. Person / Ehemann / Person A	Ehefrau / Person B
15 Es wurde 2020 ein gemeinsamer Haushalt begründet oder aufgelöst und für einen Teil des Kalenderjahres ein Einzelhaushalt geführt	219 1 = Ja	220 1 = Ja

Begriffsübersicht von A–Z

Alters- sowie Versorgungsbezüge tragen verschiedene und manchmal auch ziemlich verwirrende Bezeichnungen. Meist sind sie mit den Begriffen „Rente" oder „Pension" verbunden. Die folgende Übersicht listet Bezeichnungen in alphabetischer Reihenfolge auf, die in diesem Zusammenhang häufig verwendet werden. Sie konzentriert sich dabei vor allem auf die steuerliche Seite der aufgeführten Schlagworte. Außerdem geht es darum, welche Konsequenzen sich für die Steuererklärung ergeben können. Alle blau gedruckten Begriffe werden in dieser Begriffsübersicht erläutert.

AKA-Rente: Das sind Bezüge aus kommunalen und kirchlichen Zusatzversorgungskassen. Die Abkürzung geht auf die „Arbeitsgemeinschaft kommunale und kirchliche Altersversorgung" zurück. Die AKA-Rente wird vor allem als Zusatzversorgung an ehemalige Mitarbeiter kommunaler und kirchlicher Einrichtungen beziehungsweise an ihre Hinterbliebenen gezahlt. Die Besteuerung richtet sich nach der Art und Weise der vorausgegangenen Einzahlung. So werden Rentenzahlungen, für die der Arbeitgeber pauschal besteuerte Leistungen eingezahlt hat, mit dem Ertragsanteil besteuert (→ Seite 160). Gleiches gilt für Rentenzahlungen, die auf Pflichtbeiträgen beruhen, die Arbeitnehmer aus eigenem versteuertem Einkommen eingezahlt haben. Wenn Arbeitnehmer Teile ihres Gehalts steuer- und sozialabgabenfrei umgewandelt und als Beiträge in ihre AKA-Rente eingezahlt haben, sind so entstandene Rentenzahlungen voll steuerpflichtig. Steuerpflicht gilt auch für Rentenzahlungen, für die in der Einzahlungsphase die Riester-Förderung in Anspruch genommen wurde. Was wie zu versteuern ist, ergibt sich aus der Leistungsmitteilung des Versicherungsträgers und wird von dort in die Anlage R übernommen (→ Seite 84 und 84, 85).

Altersrente: Das sind Zahlungen wegen Alters vor allem aus der gesetzlichen Rentenversicherung. Die wichtigste Form ist die Regelaltersrente für Menschen ab 65. Andere Formen der Altersrente sind zum Beispiel die vorgezogenen Renten für langjährig Versicherte, für Frauen, wegen Arbeitslosigkeit, für Schwerbehinderte und nach Altersteilzeit. Die Altersrente wird häufig auch als gesetzliche Rente, Sozialversicherungsrente oder als Versichertenrente bezeichnet. Steuerlich werden die verschiedenen Formen der Altersrente gleich behandelt. Es gibt einen steuerfreien und einen steuerpflichtigen Teil. Die genaue Aufteilung richtet sich seit 2005 nach dem Jahr des Rentenbeginns. Wer 2005 oder früher in Rente ging, muss 50 Prozent seiner damaligen Rente versteuern. Die andere Hälfte bleibt steuerfrei. Rentenbeginn im Jahr 2006 bedeutete 52 Prozent Steuerpflicht, 2020 müssen Neurentner 80 Prozent versteuern. Für jeden neuen Rentnerjahrgang erhöht sich der steuerpflichtige Anteil (→ Seite 159). Der bei Renteneintritt festgelegte steuerfreie Euro-Betrag bleibt lebenslang erhalten.

Auslandsrente: Wer in Deutschland Zahlungen ausländischer Versorgungsträger erhält, sollte zumindest bei der ersten Steuererklärung fachlichen Rat einholen. Ob die Einkünfte in Deutschland oder in dem Land besteuert werden, aus dem die Zahlung kommt, ist unterschiedlich und abhängig von den Festlegungen im jeweiligen Doppelbesteuerungsabkommen, die Deutschland mit vielen Ländern abgeschlossen hat. Falls die Einkünfte in Deutschland steuerfrei bleiben, werden sie beim Steuersatz für das übrige Einkommen berücksichtigt (Progressionsvorbehalt. In beiden Fällen müssen die Auslandsbezüge in die Steuererklärung eingetragen werden, weil sie – anders als Renten aus Deutschland – nicht vom Versorgungsträger elektronisch an die deutschen Steuerbehörden gemeldet werden (→ Seite 80). Wenn Auslandsbezüge in Deutschland besteuert werden, kann das ebenso wie Altersbezüge aus Deutschland sehr unterschiedlich erfolgen, beispielsweise wie eine **Altersrente** aus gesetzlicher Versicherung, wie eine **Betriebliche Altersversorgung** oder wie eine Zahlung aus **privater Rentenversicherung.** Im umgekehrten Fall sind auch Rentenzahlung aus Deutschland an Ruheständler, die im Ausland leben, häufig in Deutschland zu besteuern. Die Besteuerung hängt von verschiedenen Faktoren ab, zum Beispiel von der Aufenthaltsdauer im Ausland, vom konkreten Aufenthaltsland, von der Art des Altersbezugs, von den zwischenstaatlichen Vereinbarungen zwischen Deutschland und dem Aufenthaltsland oder von zusätzlichen Einkünften. Rentner und Pensionäre, die ganz oder teilweise ins Ausland übersiedeln wollen, sollten sich rechtzeitig über die steuerlichen Konsequenzen informieren. Übrigens werden auch die gut eine halbe Million ins Ausland gezahlten Renten an die Finanzverwaltung gemeldet. Für die Besteuerung im Ausland lebender Rentner, die keine weiteren deutschen Einkünfte haben, ist bundesweit das Finanzamt Neubrandenburg zuständig.

Basisrente: Das ist eine monatliche lebenslange Rente aus einer privaten Rentenversicherung. Verträge konnten seit 2005 abgeschlossen werden. Bekannter ist die Basisrente unter dem Begriff „Rürup-Rente“, benannt nach dem Wirtschaftswissenschaftler Professor Bert Rürup. Die Beiträge zu einer Basisrente dürfen grundsätzlich als Sonderausgaben abgesetzt werden. Die Basisrente gibt es frühestens ab 60 und sie unterliegt einer Reihe von Bedingungen, zum Beispiel ist sie weder vererbbar noch beleihbar. Wurde der Vertrag 2012 oder später abgeschlossen, erfolgt die Rentenzahlung frühestens ab dem 62. Geburtstag. Die Rente ist ebenso steuerpflichtig wie die **Altersrente** (siehe dort). Ihr steuerpflichtiger Anteil richtet sich nach dem Jahr des Rentenbeginns (→ Seite 159).

Beamtenpension: siehe **Pension**

Berufsunfähigkeitsrente: siehe **Erwerbsminderungsrente**

Betriebliche Altersversorgung: Betriebliche Altersversorgung ist ein Sammelbegriff für alle Leistungen, die Rentner und Pensionäre (und ihre Hinterbliebenen) im Zusammenhang mit einer früheren Erwerbstätigkeit erhalten. Darunter fallen Leistungen, die ausschließlich oder teilweise vom Arbeitgeber beziehungsweise vom Arbeitnehmer finanziert wurden. Es gibt fünf Formen oder „Durchführungswege“ der betrieblichen Altersversorgung: **Direktzusage, Unterstützungskasse, Pensionskasse, Direktversicherung** und **Pensionsfonds**. Die Besteuerung von Leistungen aus der betrieblichen Altersversorgung ist nicht einheitlich. Je nach Form, Finanzierung und Förderung sind die Leistungen entweder voll oder mit dem Ertragsanteil (→ Seite 160) oder gar nicht steuerpflichtig. Was wie zu versteuern ist, ergibt sich in der Regel aus der Leistungsmitteilung des Versicherungsträgers. Daraus geht hervor, was auf welches Steuerformular gehört. Wenn in diesem Zusammenhang Unklarheiten auftreten, kann es zweckmäßig sein, beim Versicherungsträger oder beim Finanzamt nachzufragen.

Betriebspension: siehe **Pension**

Betriebsrente: Betriebsrente ist ein umgangssprachlich sehr häufig gebrauchter Sammelbegriff für alle Arten der Altersversorgung, die aus einer früheren Erwerbstätigkeit stammen. Er bezeichnet Renten ebenso wie Pensionen und andere Zahlungen. Die Altersbezüge werden folglich steuerlich sehr unterschiedlich behandelt. Deshalb kommt der Begriff Betriebsrente in diesem Ratgeber, der sich auf die verschiedenen steuerlichen Aspekte der Altersversorgung konzentriert, eher selten vor (siehe **betriebliche Altersversorgung**).

Direktversicherung: Die Direktversicherung ist die wohl unbürokratischste Form der **betrieblichen Altersversorgung**. Es handelt sich um eine **Lebensversicherung**, die der Arbeitgeber für den Arbeitnehmer abschließt. In Versicherungsverträge, die vor 2005 abgeschlossen wurden, dürfen jährlich bis zu 1752 Euro eingezahlt werden, die der Arbeitgeber pauschal versteuert, bei bestimmten Gruppenverträgen erhöht sich diese Grenze auf 2 148 Euro. Für Neuverträge ab 2005 entfällt die Möglichkeit einer Pauschalbesteuerung. Die Erträge einer Direktversicherung sind entweder voll, teilweise oder gar nicht steuerpflichtig. Hat der Arbeitgeber die Beiträge pauschal versteuert, muss der Arbeitnehmer Rentenzahlungen mit dem Ertragsanteil versteuern (→ Seite 160). Erfolgt die Auszahlung als Kapitalabfindung „auf einen Schlag", kann sie steuerfrei sein, wenn der Vertrag vor 2005 abgeschlossen wurde, mindestens 12 Jahre gelaufen ist und einige weitere Bedingungen erfüllt sind (siehe **Lebensversicherung**). Wenn in der Einzahlungsphase die Riester-Förderung gewährt wurde, sind die Auszahlungen voll steuerpflichtig (→ Seite 84). Volle Steuerpflicht gilt auch bei Nutzung der sogenannten Entgeltumwandlung. Das bedeutet hier die Umwandlung von Lohn in Beiträge zu einer Direktversicherung. Seit 2018 dürfen bis zu acht Prozent der Beitragsbemessungsgrenze in der gesetzlichen Rentenversicherung steuerfrei bleiben. 2020 sind das maximal 6 624 Euro im Jahr. Die Sozialversicherungsfreiheit endet allerdings bei vier Prozent. Entscheidend für die Eintragung in die Steuererklärung ist, was auf der Leistungsmitteilung des Rentenversicherungsträgers steht (→ Seite 84).

Direktzusage: Die Direktzusage ist die weitaus häufigste Form der betrieblichen Altersversorgung. Der Arbeitgeber verpflichtet sich, dem Arbeitnehmer beziehungsweise dessen Hinterbliebenen eine zuvor vereinbarte Leistung zu zahlen. In der Regel ist das eine Altersrente oder eine Hinterbliebenenrente. Wenn der Arbeitgeber die Beiträge allein übernimmt, sind sie ohne Begrenzung in der Höhe steuer- und abgabenfrei. Es können aber auch Gehaltsteile des Arbeitnehmers in Beiträge umgewandelt werden. Die bleiben ebenfalls unbegrenzt steuerfrei. Die Freiheit von Sozialabgaben endet allerdings bei vier Prozent der Beitragsbemessungsgrenze in der gesetzlichen Rentenversicherung. Das entsprach 2020 einem Betrag von 3 312 Euro im Jahr. Eine Riester-Förderung ist nicht möglich. Durch die Möglichkeit des Arbeitgebers, relativ hohe Beiträge steuer- und sozialversicherungsfrei einzuzahlen, wird die Direktzusage häufig als Absicherung für Führungskräfte genutzt. Bei einem Wechsel des Arbeitgebers kann sie allerdings selten fortgeführt werden. Leistungen aus einer Direktzusage werden grundsätzlich wie Arbeitslohn besteuert (siehe **Pension**). Das Finanzamt berücksichtigt den Versorgungsfreibetrag, den Zuschlag zum Versorgungsfreibetrag (→ Seite 166) und die Werbungskostenpauschale von 102 Euro. Die Leistungen gehören auf die Anlage N.

Erwerbsminderungsrente: Erwerbsminderungsrenten sind Zahlungen, die das Einkommen ersetzen, wenn die Erwerbsfähigkeit ganz oder teilweise weggefallen ist. Gezahlt wird längstens bis zum 67. Geburtstag. Danach erfolgt die Umwandlung in eine Altersrente. Ab 2001 wurde das System der gesetzlichen Berufs- und Erwerbsunfähigkeitsrenten durch Erwerbsminderungsrenten abgelöst. Eine Erwerbsminderungsrente aus der gesetzlichen Rentenversicherung wird wie eine **Altersrente** besteuert. Je nach Jahr des Rentenbeginns sind mindestens 50 Prozent der Rente steuerpflichtig. Die Besteuerung privater Erwerbsminderungsrenten erfolgt mit dem Ertragsanteil, sodass meist der überwiegende Teil der Rentenzahlung steuerfrei bleibt (→ Seite 160). Gesetzliche und private Erwerbsminderungsrenten gehören in die Anlage R.

Erwerbsunfähigkeitsrente: siehe **Erwerbsminderungsrente**

Gesetzliche Rente: siehe **Altersrente**

Hinterbliebenenrente: Hinterbliebenenrenten sind Leistungen an nächste Angehörige eines Verstorbenen. Die wichtigsten Formen sind **die Witwen-/Witwerrente** und die **Waisenrente** aus der gesetzlichen Rentenversicherung. Die Hinterbliebenenrente aus der gesetzlichen Versicherung wird steuerlich wie Altersrente behandelt (→ Seite 159). Das gilt für zeitlich begrenzte Renten, zum Beispiel Waisenrenten, ebenso wie für lebenslange Renten. Hatte der Verstorbene selbst bereits eine Rente aus der gesetzlichen Rentenversicherung bezogen, ist für die Höhe des steuerpflichtigen Anteils einer Hinterbliebenenrente nicht das Jahr des Beginns der Hinterbliebenenrente maßgeblich, sondern das frühere Jahr des Rentenbeginns des Verstorbenen. Das ist für den Betroffenen steuerlich in der Regel das günstigere Jahr, weil der steuerpflichtige Rentenanteil mit jedem neuen Jahr wächst (→ Beispiele Seite 32).

Kapitallebensversicherung: siehe **Lebensversicherung**

Kriegsdienstbeschädigtenrente: siehe **Steuerfreie Rente**

Lebensversicherung: Leistungen privater Lebens- und Rentenversicherungen gehören für viele Menschen zur Altersversorgung. Die Auszahlung einer Lebensversicherung kann als Kapitalabfindung „auf einen Schlag", in Form von Raten oder als Rentenzahlung erfolgen. Lebensversicherungen, die vor 2005 abgeschlossen wurden, bleiben als Kapitalabfindung unter bestimmten Voraussetzungen steuerfrei, zum Beispiel wenn mindestens fünf Jahre Beiträge gezahlt wurden. Kapitalabfindungen aus Lebensversicherungen, die seit 2005 abgeschlossen wurden, sind nicht mehr steuerfrei. Erfolgt die Auszahlung nach mindestens 12 Jahren Laufzeit und frühestens nach dem 60. Geburtstag, kann die Hälfte der Erträge steuerfrei sein (→ Anlage KAP, Seite 94). Wurde der Vertrag 2012 oder später abgeschlossen, gilt das frühestens ab dem 62. Geburtstag. Wenn die Voraussetzungen der Steuerbegünstigung nicht erfüllt wurden, zum Beispiel die Mindestlaufzeit von 12 Jahren, werden die Erträge der Lebensversicherung voll steuerpflichtig und gehören als Kapitaleinkünfte auf die Anlage KAP, Zeile 7. Erfolgt anstelle der Auszahlung der Gesamtsumme eine Rentenzahlung , sind die Einnahmen mit dem Ertragsanteil steuerpflichtig. Das gilt auch für Verträge, die vor 2005 abgeschlossen wurden (→ Seite 160). Diese Zahlungen gehören auf die Anlage R.

Leibrente: Leibrente ist ein häufig genutzter Begriff für Rentenzahlungen, die regelmäßig (meist monatlich) in gleicher Höhe fließen, zum Beispiel als **Altersrente** oder als **Hinterbliebenenrente** aus der gesetzlichen Rentenversicherung. Eine Leibrente gibt es aber auch in Form einer **Privatrente**. Leibrenten werden bis zum Lebensende gezahlt oder als sogenannte abgekürzte Leibrente auf eine Höchstlaufzeit beschränkt. Das kann zum Beispiel eine private **Erwerbsminderungsrente** sein, die bis zum regulären Rentenbeginn läuft. Private Leibrenten sind mit dem Ertragsanteil steuerpflichtig.

Mütterrente: Der Begriff ist ein Schlagwort für die bessere rentenrechtliche Anerkennung von Kindererziehungszeiten für Mütter und Väter von Kindern, die vor 1992 geboren wurden. Diesen Eltern werden seit dem 1. Juli 2014 bei der Rentenberechnung zwei Jahre Kindererziehungszeit mit je einem Rentenpunkt gutgeschrieben. Vorher war es nur ein Rentenpunkt. Zum 1. Januar 2019 kam ein weiterer halber Rentenpunkt hinzu. Das bedeutet, dass sich zu diesen Stichtagen die monatliche Rente erhöhte. Die Mütterrente ist keine eigenständige Rente, sondern eine Rentenerhöhung der Altersrente (→ Seite 34).

Pension: Unter dem Begriff Pension werden landläufig Alters- und Hinterbliebenenbezüge von Beamten, Richtern und Berufssoldaten verstanden. Es sind in jedem Fall Zahlungen, die unmittelbar vom früheren Arbeitgeber geleistet werden. Es gibt solche Altersbezüge aber nicht nur im öffentlichen Dienst, sondern auch in der privaten Wirtschaft, zum Beispiel, wenn der Arbeitgeber seinen Beschäftigten ein von ihm finanziertes Ruhegehalt zahlt (siehe **Direktzusage**). In der privaten Wirtschaft kann diese Versorgungsleistung ganz unterschiedliche Bezeichnungen haben, zum Beispiel Werkspension, Betriebspension oder **Betriebsrente**. Sie wird steuerlich grundsätzlich wie eine Pension öffentlich Bediensteter behandelt. Steuererleichterungen für Werkspensionen in Form von Freibeträgen gibt es aber im Unterschied zu Beamtenpensionen in der Regel erst nach dem 63. Lebensjahr. Nach dem Alterseinkünftegesetz erhöht sich auch für jeden neuen Pensionärsjahrgang die Besteuerung, weil die Freibeträge abgeschmolzen werden.

Pensionen: Sie gelten steuerlich als nachträgliche Arbeitseinkünfte. Der Versorgungsfreibetrag, der Zuschlag zum Versorgungsfreibetrag (→ Seite 166) und die Werbungskostenpauschale von 102 Euro werden vom Finanzamt berücksichtigt. Pensionszahlungen gehören nicht auf die Anlage R, sondern auf die Anlage N.

Pensionsfonds: Pensionsfonds sind die jüngste Form der betrieblichen Altersversorgung. Es handelt sich um selbstständige Unternehmen, die gegen Beitragszahlung eine lebenslange kapitalgedeckte Altersversorgung anbieten und garantieren. Da sie keine Versicherungsunternehmen sind, unterliegen sie auch nicht den Einschränkungen, die für Versicherungen gelten. So dürfen sie beispielsweise mehr als 35 Prozent des angesparten Kapitals in Aktien investieren. Pensionsfonds können bei einem Arbeitgeberwechsel problemlos „mitgenommen" werden. Arbeitnehmer dürfen Gehaltsteile umwandeln und in einen Pensionsfonds einzahlen. Bis zu acht Prozent der Beitragsbemessungsgrenze in der gesetzlichen Rentenversicherung bleiben steuerfrei. 2020 sind das maximal 6 624 Euro im Jahr. Die Sozialversicherungsfreiheit endet allerdings bei vier Prozent. Für Einzahlungen aus bereits versteuertem Geld ist eine Riester-Förderung möglich. Rentenzahlungen sind in diesem

Fall voll steuerpflichtig. Eine Auszahlung als Kapitalabfindung ist grundsätzlich nicht möglich. Eine Ausnahme erlaubt aber unter bestimmten Voraussetzungen die Auszahlung von 30 Prozent des angesparten Vermögens bei Rentenbeginn. Die Bezüge aus Pensionsfonds gehören auf die Anlage R.

Pensionskasse: Pensionskassen sind Versicherungsunternehmen, die die betriebliche Altersversorgung entweder für ein größeres Unternehmen als „klassische Pensionskasse" oder für mehrere Unternehmen als „offene Pensionskasse" organisieren. Die Finanzierung erfolgt durch Einzahlungen des Arbeitgebers, des Arbeitnehmers und durch Erträge, die die Pensionskasse erwirtschaftet hat. Bei der Umwandlung von Arbeitslohn in Beiträge zu einer Pensionskasse dürfen 2020 bis zu acht Prozent der Beitragsbemessungsgrenze in der gesetzlichen Rentenversicherung steuerfrei bleiben, Maximal sind das 6 624 Euro im Jahr. Die Sozialversicherungsfreiheit endet bereits bei vier Prozent. Alternativ ist die Riester-Förderung nutzbar. Hat der Arbeitgeber die Beiträge pauschal versteuert, sind Rentenzahlungen mit dem Ertragsanteil steuerpflichtig (→ Seite 160). Erfolgt die Auszahlung als Kapitalabfindung „auf einen Schlag", kann sie steuerfrei sein, wenn der Vertrag vor 2005 abgeschlossen wurde, mindestens 12 Jahre gelaufen ist und einige weitere Bedingungen erfüllt sind (siehe **Lebensversicherung**). Wurde die Riester-Förderung oder die steuerlich geförderte Entgeltumwandlung genutzt, sind die Auszahlungen voll steuerpflichtig. Entscheidend für die Eintragung in die Steuererklärung ist die Leistungsmitteilung (→ Seite 84, 85).

Pensionszusage: siehe **Direktzusage**

Privatrente: Privatrenten sind Leistungen, die auf der Grundlage privater Vereinbarungen gezahlt werden. Beispielsweise gibt es Privatrenten als Gegenleistung für den Verkauf eines Grundstücks oder im Zusammenhang mit Vermögensübertragungen in der Familie. Privatrenten haben ganz unterschiedliche steuerliche Folgen und ihre Vereinbarung erfordert in der Regel professionellen steuerlichen Beistand. Erhält jemand von einem Verwandten oder Bekannten eine private Rente ohne Gegenleistung, ist sie als Unterhaltsleistung einkommensteuerfrei. Eventuelle erbschaft- und schenkungsteuerliche Folgen sind dabei allerdings immer mit einzukalkulieren. Erfolgt die Zahlung einer Privatrente als kaufmännisch kalkulierte Gegenleistung für den Verkauf eines Grundstücks oder anderer Vermögenswerte, ist die Rente mit dem Ertragsanteil steuerpflichtig (→ Seite

160). Wird im Ergebnis einer Vermögensübertragung unter Angehörigen eine Versorgungsleistung gezahlt, kann diese mit dem Ertragsanteil oder voll steuerpflichtig sein. Achtung: Der Gesetzgeber hat die Steuerbegünstigung von Privatrenten bei der Vermögensübertragung unter Angehörigen auf bestimmte Arten von Betriebsvermögen eingeschränkt. Geht es um andere Vermögensarten, kann der Zahler die Kosten nicht als Sonderausgaben absetzen, der Empfänger braucht aber auch nichts zu versteuern. Vor 2008 abgeschlossene Vereinbarungen werden weiter gefördert, auch wenn sie nicht auf Betriebsvermögen beruhen.

Private Rentenversicherung: siehe **Lebensversicherung**

Rente: In diesem Ratgeber wird Rente als Sammelbegriff für regelmäßig wiederkehrende Zahlungen aufgrund von Rechtsansprüchen verwendet. Nähere Erläuterungen finden Sie unter den verschieden Formen und Arten von Renten, zum Beispiel unter **Altersrente** oder **Hinterbliebenenrente**.

Regelaltersrente: siehe **Altersrente**

Riester-Rente: Die Riester-Rente ist eine staatlich geförderte Form der privaten beziehungsweise **betrieblichen Altersversorgung**. Namenspatron ist der ehemalige Bundesarbeitsminister Walter Riester. Die Förderung erfolgt zunächst durch eine „Grundzulage", die 2018 auf 175 Euro angestiegen ist. Wer den 25. Geburtstag noch nicht gefeiert hat, bekommt den (einmaligen) „Einsteiger-Bonus" von 200 Euro. Eltern erhalten zusätzlich eine Kinderzulage, die pro Kind 185 Euro beträgt. Für ab 2008 geborene Kinder gibt es 300 Euro Zulage. Neben den Zulagen berücksichtigt das Finanzamt einen Sonderausgabenabzug von maximal 2 100 Euro, wenn er eine höhere Entlastung bringt als die Zulagen. Eingezahlte Beiträge sind dadurch einschließlich der Zulagen bis maximal 2 100 Euro steuerfrei. Um die Förderung zu erhalten, müssen die Anlageprodukte zulagenfähig sein und dafür einige Kriterien erfüllen. So dürfen nur lebenslange Leistungen erbracht werden und zwar frühestens ab dem 60. Geburtstag, bei ab 2012 abgeschlossenen Verträgen frühestens ab dem 62. Geburtstag. Die Auszahlungen sind voll steuerpflichtig, egal ob sie aus Riester-Verträgen der privaten oder betrieblichen Altersversorgung stammen. Sie gehören in die Anlage R. Bei Wegzug ins Ausland muss die Riester-Förderung in Deutschland versteuert werden.

Rürup-Rente: siehe **Basisrente**

Schadensersatzrente: siehe **Steuerfreie Rente**

Schmerzensgeldrente: siehe **Steuerfreie Rente**

Sofortrente: Die Sofortrente ist eine Sonderform der privaten Altersversorgung. Der künftige Rentenempfänger zahlt an ein Versicherungsunternehmen einen größeren Betrag, und das Unternehmen beginnt sofort mit der Rentenzahlung. Die Sofortrente ist mit dem Ertragsanteil steuerpflichtig (→ Seite 160).

Sozialversicherungsrente: siehe **Altersrente**

Steuerfreie Rente: Manche Renten bleiben nach gesetzlichen Vorgaben steuerfrei, dazu gehören auch Renten aus der gesetzlichen Unfallversicherung (gezahlt von Berufsgenossenschaften) und Renten für Wehr- und Zivildienstgeschädigte, Kriegsbeschädigte sowie deren Hinterbliebene, Schadensersatz- und bestimmte Schmerzensgeldrenten.

Unfallrente: siehe **Steuerfreie Rente**

Unterstützungskasse: Unterstützungskassen sind häufig auch als „U-Kassen" bezeichnete eigenständige Versorgungseinrichtungen von Unternehmen und der traditionsreichste Weg der **betrieblichen Altersversorgung**. Es gibt sie bereits seit mehr als 160 Jahren. U-Kassen sind keine Versicherungsunternehmen und werden auch nicht von der Bundesanstalt für Finanzdienstleistungsaufsicht kontrolliert. Sie arbeiten eng mit dem Arbeitgeber zusammen. U-Kassen sind bei der Vermögensanlage besonders flexibel, allerdings können sie bei einem Wechsel des Arbeitgebers nur selten weitergenutzt werden. Die Finanzierung der Leistungen erfolgt durch Einzahlungen des Arbeitgebers, die Umwandlungen des Gehalts des Arbeitnehmers und durch Kapitalerträge, die von der U-Kasse erwirtschaftet worden sind. Eine Riester-Förderung ist nicht möglich. Andererseits gibt es aber keine Begrenzung der Steuer- und Abgabenfreiheit für Beiträge, die der Arbeitgeber einzahlt. Werden Gehaltsteile des Arbeitnehmers in Beitragszahlungen an eine U-Kasse umgewandelt, bleiben sie unbegrenzt steuerfrei. Die Sozialversicherungsfreiheit endet allerdings bei vier Prozent der Beitragsbemessungsgrenze in der gesetzlichen Rentenversicherung. Das entsprach 2020 einem Betrag von 3312 Euro im Jahr. Leistungen aus einer U-Kasse werden grundsätzlich wie Arbeitslohn besteuert (siehe auch **Pension**). Das Finanzamt zieht aber den Versorgungsfreibetrag, den Zuschlag zum Versorgungsfreibetrag (→ Seite 166) und die Werbungskostenpauschale von 102 Euro ab. Die Leistungen aus der U-Kasse gehören auf die Anlage N.

VBL-Rente: Das ist eine Rente für die Beschäftigten des öffentlichen Dienstes und deren Hinterbliebene. Die Abkürzung steht für Versorgungsanstalt des Bundes und der Länder. Die Besteuerung erfolgt unterschiedlich. Rentenzahlungen, für die der Arbeitgeber pauschal besteuerte Leistungen eingezahlt hat, werden mit dem Ertragsanteil besteuert (→ Seite 160). Gleiches gilt für Rentenzahlungen, die auf Pflichtbeiträgen beruhen, die der Arbeitnehmer aus versteuertem Einkommen eingezahlt hat. Wenn Einzahlungen über Gehaltsumwandlung oder mit Riester-Förderung liefen, sind die Auszahlungen voll steuerpflichtig. Oft muss ein einheitlicher Rentenbetrag aufgeteilt werden, weil seine einzelnen Bestandteile unterschiedlich besteuert werden. Darüber informiert die Leistungsmitteilung des Versicherungsträgers (→ Seite 84, 85). Die Auszahlungen gehören auf die Rückseite der Anlage R. Die auf der Leistungsmitteilung bescheinigten Beiträge zur Kranken- und Pflegeversicherung gehören als abzugsfähige Sonderausgaben in die Anlage Vorsorgeaufwand (→ Seite 73).

Veräußerungsrente: siehe **Privatrente**

Versorgungswerke: Versorgungswerke sind berufsständische (oder vergleichbare) Einrichtungen, in die zum Beispiel Anwälte, Ärzte oder andere Freiberufler einzahlen. Die Werke zahlen an ihre Mitglieder und deren Angehörige im Alter oder bei Bedürftigkeit Versorgungsbezüge aus. Diese Versorgungsbezüge werden im Prinzip so besteuert wie die Altersrente. Die Höhe des steuerpflichtigen Anteils richtet sich nach dem Jahr des Versorgungsbeginns. Lag der Versorgungsbeginn 2005 oder früher, beträgt der steuerpflichtige Anteil 50 Prozent, bei Versorgungsbeginn 2020 sind es 80 Prozent (→ Seite 159). Als Ausnahme gibt es eine sogenannte Öffnungsklausel für Menschen, die bis Ende 2004 mindestens zehn Jahre lang Beiträge oberhalb des Höchstbeitrags zur gesetzlichen Rentenversicherung eingezahlt haben. Das betrifft ganz besonders Selbstständige mit einem hohen Einkommen. Als Nachweis ist eine Bescheinigung erforderlich, die das Versorgungswerk auf Antrag des Versicherten ausstellt. Die geforderten zehn Jahre müssen nicht aufeinander folgen. Gelingt der Nachweis, wird der Teil der Rente, der auf Beiträgen oberhalb der Beitragsbemessungsgrenze beruht, nur mit dem Ertragsanteil besteuert (→ Seite 160).

Waisenrente: Waisenrente können Kinder Verstorbener unter bestimmten Voraussetzungen bis zum 18. Geburtstag erhalten. Wenn sie noch in der Ausbildung sind, geht das grundsätzlich auch noch bis 27. Das Höchstalter beträgt also nicht wie beim Kindergeld 25 Jahre. Steuerlich wird die Waisenrente dem Kind zugerechnet und erhöht somit nicht das Einkommen der Witwe oder des Witwers. Ebenso wie andere Renten aus der gesetzlichen Versicherung richtet sich der steuerpflichtige Rentenanteil von Waisenrenten nach dem Jahr des Rentenbeginns . War der Rentenbeginn 2005 oder früher, sind 50 Prozent der Rente steuerpflichtig. Ein Rentenbeginn 2020 bedeutet 80 Prozent Steuerpflicht (→ Seite 159). Waisenrenten aus einer privaten Rentenversicherung werden mit dem Ertragsanteil versteuert (→ Seite 160).

Wehrdienstgeschädigten-/Zivildienstgeschädigtenrente: siehe **steuerfreie Renten**

Werkspension/-rente: siehe **Pension**

Witwenrente/Witwerrente: Witwen- beziehungsweise Witwerrenten aus der gesetzlichen Versicherung werden ähnlich wie Altersrenten besteuert. Die Höhe des steuerpflichtigen Anteils richtet sich allerdings nach dem Jahr des Erstbezugs der Rente durch den Verstorbenen. Erfolgte dessen erster Rentenbezug 2005 oder früher, sind 50 Prozent der Rente steuerpflichtig. Mit diesem Prozentsatz wird dann der Freibetrag der Witwen- oder Witwerrente mit der Jahresrente im Jahr nach dem ersten Rentenbezug berechnet. War diese 2019, beträgt der Freibetrag der Hinterbliebenenrente 50 Prozent der Jahresrente 2020. Eine Kapitalabfindung anlässlich einer Wiederverheiratung bleibt steuerfrei. Wenn die neue Ehe geschieden wird, lebt die alte Witwen- beziehungsweise Witwerrente wieder auf, einschließlich des seinerzeitigen steuerpflichtigen Anteils. Witwen- und Witwerrenten aus einer privaten Rentenversicherung sind mit dem Ertragsanteil steuerpflichtig (→ Seite 160).

Zusatzversorgungskassen: Zusatzversorgungskassen sind Einrichtungen des öffentlichen Dienstes des Bundes, der Länder, Kommunen, Kirchen und Sparkassen. Sie bieten die ergänzende Altersversorgung des Personals dieser Einrichtungen an. Die größte Zusatzversorgungskasse ist die Versorgungsanstalt des Bundes und der Länder (siehe **VBL-Rente** und auch **AKA-Rente**).

Stichwortverzeichnis

W

Z

Die Stiftung Warentest wurde 1964 auf Beschluss des Deutschen Bundestages gegründet, um dem Verbraucher durch vergleichende Tests von Waren und Dienstleistungen eine unabhängige und objektive Unterstützung zu bieten.

15., aktualisierte Auflage,

Stiftung Warentest
Lützowplatz 11–13
10785 Berlin
Telefon 0 30/26 31–0
Fax 0 30/26 31–25 25
www.test.de
email@stiftung-warentest.de

USt-IdNr.: DE136725570

Vorstand: Hubertus Primus
Weitere Mitglieder der Geschäftsleitung:
Dr. Holger Brackemann, Julia Bönisch,
Daniel Gläser

Programmleitung: Niclas Dewitz

Autorin: Angela Rauhöft
Projektleitung: Philipp Sperrle
Lektorat: Heike Plank
Titelentwurf: Susann Unger, Berlin
Layout: Büro Brendel, Berlin
Grafik, Satz: Ulrike Hahn, Anne-Katrin Körbi

Bildredaktion: Anne-Katrin Körbi
Bildnachweis: Titel: Gettyimages, mludzen
Gettyimages: 13 Halfpoint; 8 Malerapaso; 17 Pekic; 20 Vetta; 25 VictorCap; 29 Portra; 31 Rike 33 Morsa Images; 35 shapecharge; 36, 38 kiddy0265; 46 Brothers91; 49 Simon Dux; 52 Gradyreese; 57 Rido; 60 Rike; 62 Rawf8; 64 RyanJLane 70 Alexander Jung; 78 AndreyPopov; 81 RgStudio; 85 bluecinema; 86 Jens Domschky; 90 Prostock-Studio; 92 ajcabeza; 103 mediaphotos; 109 hanohiki; 113 Geber86; 116 Portra; 120 Lechatnoir; 122 Olesia Bekh; 125 JST; 128 Sunnychicka; 130 seb_ra
Adobe Stock: 43 agenturfotografin; 133 fizkes 134 Calla; 136 Ralf Geithe; 138 One Pixel Studio

Produktion: Vera Göring
Verlagsherstellung: Rita Brosius (Ltg.), Susanne Beeh, Romy Alig
Litho: tiff.any, Berlin
Druck: brandenburgische universitätsdruckerei, potsdam

ISBN: 978-3-7471-0210-7

Wir haben für dieses Buch 100 % Recyclingpapier und mineralölfreie Druckfarben verwendet. Stiftung Warentest druckt ausschließlich in Deutschland, weil hier hohe Umweltstandards gelten und kurze Transportwege für geringe CO_2-Emissionen sorgen. Auch die Weiterverarbeitung erfolgt ausschließlich in Deutschland.